STUDENT ACTIVITIES MANUAL

(Workbook/Laboratory Manual/Video Manual)

PANORAMA

Introducción a la lengua española

Blanco • Dellinger • Donley • García

VISTA
HIGHER LEARNING

Boston, Massachusetts

ISBN 1-931100-69-1

3 4 5 6 7 8 9 B 05 04 03

Contenido

VIDEO MANUAL

Introduction

PANORAMA

Completely coordinated with the **PANORAMA** student textbook, the Student Activities Manual (SAM) for **PANORAMA** provides you with additional practice of the vocabulary, grammar, and language functions presented in each of the textbook's fifteen lessons. The SAM will also help you to continue building your Spanish language skills—listening, speaking, reading, and writing—both on its own and in conjunction with certain other components of the **PANORAMA** program.

The SAM for **PANORAMA** combines three major learning tools in a single volume: the Workbook, the Laboratory Manual and the Video Manual. Icons and page references in the **recursos** boxes of your textbook correlate these learning tools for you, letting you know exactly when exercises and activities are available for use.

The Workbook

Each lesson's workbook activities focus on developing your reading and writing skills as they recycle the language of the corresponding textbook lesson. Exercise formats include, but are not limited to, true/false, multiple choice, fill-in-the-blanks, sentence completions, fleshing out sentences from key elements, and answering questions. You will also find activities based on drawings, photographs, and maps.

Reflecting the overall organization of the textbook lessons, each workbook lesson consists of **Contextos, Estructura,** and **Panorama** sections. As in the textbook, each **Estructura** section ends with a **Síntesis** activity that pulls together all of the lesson's grammar points. After every three lessons, a **Repaso** section appears, providing cumulative practice of the grammar and vocabulary you learned over previous lessons.

The Laboratory Manual

The laboratory activities are designed for use with the **PANORAMA** Lab Audio Program (Cassettes, CDs, or WAV CD-ROMs). They focus on building your listening comprehension, speaking, and pronunciation skills in Spanish, as they reinforce the vocabulary and grammar of the corresponding textbook lesson. The laboratory manual guides you through the Lab Audio Program, providing the written cues—direction lines, models, charts, drawings, etc.—you will need in order to follow along easily. You will hear statements, questions, mini-dialogues, conversations, monologues, commercials, and many other kinds of listening passages, all recorded by native Spanish speakers. You will encounter a wide range of activities such as listening-and-repeating exercises, listening-and-speaking practice, listening-and-writing activities, illustration-based work, and dictations.

Each laboratory lesson contains a **Contextos** section that practices the active vocabulary taught in the corresponding textbook lesson. In **Lecciones 1-9**, a **Pronunciación** section follows; it parallels the one found in your textbook and, in addition, offers a dictation exercise. **Lecciones 10–15** also contain a **Pronunciación** section even though, in your textbook, **Pronunciación** changes to **Ortografía** in these lessons. Each laboratory lesson then continues with an **Estructura** section and ends with a **Vocabulario** section that allows you to listen to and repeat the active vocabulary listed on the final page of that lesson in your textbook.

The Video Manual

The **PANORAMA** video offers from 5 to 7 minutes of footage for each of the fifteen lessons in the student textbook. Each module tells the continuing story of four college students from various Spanish-speaking countries who are studying at the **Universidad San Francisco de Quito in Ecuador**. They have all decided to spend their vacation break taking a bus tour of the Ecuadorian countryside with the ultimate goal of climbing up a volcano. The video, shot in a variety of locations throughout Ecuador, tells their story and the story of the tour bus driver who accompanies them.

The video modules contain three distinct elements. First, you will see a dramatic episode that brings the themes, vocabulary, grammar, and language functions of the corresponding textbook lesson alive. These vignettes are always expanded versions of the ones featured in the **Fotonovela** sections of your textbook. Within virtually every episode, one of the main characters reminisces about where he or she is from. During these flashbacks, you will see collages of cultural images specially shot in Spain, Mexico, Puerto Rico, and Ecuador that will give you additional insights into the everyday life of Spanish speakers in several areas of the world. Finally, each module ends with a **Resumen** section in which a main character recaps the dramatic episode, emphasizing the grammar and vocabulary of the corresponding textbook lesson within the context of the episode's key events.

The video activities will guide you through the video modules. **Antes de ver el video** offers previewing activities to prepare you for successful video viewing experiences. **Mientras ves el video** contains while-viewing activities that will track you through each module, homing in on key ideas and events in the dramatic episodes, flashbacks, and **Resumen** sections. Lastly, **Después de ver el video** provides post-viewing activities that check your comprehension and ask you to apply these materials to your own life or offer your own opinions.

We hope that you will find the SAM for **PANORAMA** to be a useful language learning resource and that it will help you increase your Spanish language skills both effectively and enjoyably.

The PANORAMA authors and the Vista Higher Learning editorial staff

contextos

1 **La familia** Look at the family tree and describe the relationships between these people.

Juan Carlos   Sofía

Raquel   Eduardo   Ana María   Luis Miguel

Concha   José Antonio   Ramón

Pilar   Joaquín

> *modelo*
>
> Eduardo / Concha
> *Eduardo es el padre de Concha.*

1. Juan Carlos y Sofía / Pilar

   _____

2. Pilar / Ana María y Luis Miguel

   _____

3. Eduardo / Raquel

   _____

4. José Antonio y Ramón / Concha

   _____

5. Raquel / Pilar

   _____

6. Concha, José Antonio y Ramón / Pilar

   _____

7. Ana María / Raquel

   _____

8. Joaquín / Ana María y Luis Miguel

   _____

2   **Diferente** Write the word that does not belong in each group.

1. ingeniera, médica, programadora, periodista, hijastra _____

2. cuñado, nieto, yerno, suegra, nuera _____

3. sobrina, prima, artista, tía, hermana _____

4. padre, hermano, hijo, novio, abuelo _____

5. muchachos, tíos, niños, chicos, hijos _____

6. amiga, hermanastra, media hermana, madrastra _____

3   **Crucigrama** Complete this crossword puzzle.

Horizontales

3. el hijo de mi hermano
4. la esposa de mi padre, pero no soy su hijo
6. el hijo de mi hija
7. el esposo de mi hermana
8. hombre que estudió (*studied*) computación
10. la madre de mi padre
11. padre, madre e (*and*) hijos
12. el hijo de mi madrastra, pero no de mi padre
15. doctor
16. tus nietos son los _____ de tus hijos
17. personas en general
18. la hija de mi esposa, pero no es mi hija

Verticales

1. mujer que escribe (*writes*) para el *New York Times*
2. compañeros inseparables
4. chicos
5. el esposo de mi madre es el _____ de mis abuelos
8. el hijo de mi tía
9. abuelos, primos, tíos, etc.
13. Pablo Picasso y Diego de Velázquez
14. el hermano de mi madre

estructura

3.1 Descriptive adjectives

1 **¿Cómo son?** Use the adjective in parentheses that agrees with each subject to write descriptive sentences about them.

> **modelo**
> gordo, delgada
> **Lidia:** Lidia *es delgada.*
> **El novio de Olga:** *El novio de Olga es gordo.*

(simpático, guapos, alta)

1. la profesora de historia: _____

2. David y Simón: _____

3. el artista: _____

(trabajadora, viejo, delgadas, rubios)

4. esas (*those*) muchachas: _____

5. el abuelo de Alberto: _____

6. la programadora: _____

2 **Descripciones** Complete each sentence with the correct forms of the adjectives in parentheses.

1. Lupe, Rosa y Tomás son _____ (bueno) amigos.

2. Ignacio es _____ (alto) y _____ (guapo).

3. Lourdes y Virginia son _____ (bajo) y _____ (delgado).

4. Pedro y Vanessa son _____ (moreno), pero Diana es _____ (pelirrojo).

5. Nosotras somos _____ (inteligente) y _____ (trabajador).

6. Esos (*Those*) chicos son _____ (simpático), pero son _____ (tonto).

3 **Lo opuesto** (*The opposite*) Answer these questions using the adjective with the opposite meaning.

> **modelo**
> ¿Es alta Rosa?
> No, *es baja.*

1. ¿Es antipático el Sr. Lomas? _____

2. ¿Son morenas las hijas de Sara? _____

3. ¿Es fea la hermana de Eduardo? _____

4. ¿Son viejos los profesores de matemáticas? _____

5. ¿Son malos los nietos de la Sra. Sánchez? _____

6. ¿Es guapo el novio de Teresa? _____

4 **Origen y nacionalidad** Read the names and origins of the people in this tour group. Then write sentences saying what city they are from and their nationalities.

> **modelo**
> Álvaro Estrada / Miami, Estados Unidos
> Álvaro Estrada *es de Miami. Es estadounidense.*

1. Ling y Sammo Hung / Pekín, China _____

2. Pierre y Marie Lebrun / Montreal, Canadá _____

3. Luigi Mazzini / Roma, Italia _____

4. Elizabeth Mitchell / Londres, Inglaterra (*England*) _____

5. Roberto Morales / Madrid, España _____

6. Andrés y Patricia Padilla / Quito, Ecuador _____

7. Paula y Cecilia Robles / San Juan, Puerto Rico _____

8. Conrad Schmidt / Berlín, Alemania (*Germany*) _____

9. Antoinette y Marie Valois / París, Francia _____

10. Marta Zedillo / Guadalajara, México _____

5 **Completar** Complete each sentence with the correct form of each adjective in parentheses.

(bueno)

1. La clase de matemáticas es muy _____.

2. Rogelio es un _____ compañero de cuarto.

3. Agustina compra una _____ mochila para la computadora.

4. Andrés y Guillermo son muy _____ amigos.

(malo)

5. Federico es antipático y una _____ persona.

6. Ahora es un _____ momento para descansar.

7. La comida (*food*) de la cafetería es _____.

8. Son unas semanas _____ para viajar.

(grande)

9. Hay un _____ evento en el estadio hoy.

10. Los problemas en esa (*that*) familia son muy _____.

11. La biblioteca de la universidad es _____.

12. La prima de Irma es una _____ amiga.

3.2 Possessive adjectives

1 **¿De quién es?** Answer each question affirmatively using the correct possessive adjective.

> modelo
> ¿Es tu maleta?
> Sí, es mi maleta.

1. ¿Es la mochila de Adela? _____
2. ¿Es mi clase de español? _____
3. ¿Son los papeles de la profesora? _____
4. ¿Es el diccionario de tu compañera de cuarto? _____
5. ¿Es tu novia? _____
6. ¿Son los lápices de ustedes? _____

2 **Sus parientes** Complete each sentence with the correct possessive adjective.

> modelo
> Lupe habla con ____su____ sobrina.

1. Yo hablo con _____ abuelos.
2. Carmen llega con _____ esposo Rafael.
3. Bailamos con _____ parientes.
4. Tú no bailas con _____ hermanastra.
5. Pepe y Teresa hablan con _____ tíos.
6. Escucho música con _____ sobrina.

3 **Clarificar** Clarify each sentence by adding a prepositional phrase that clarifies to whom the item(s) belong.

> modelo
> ¿Es su libro? (ellos)
> ¿Es el libro de ellos?

1. ¿Cuál es su problema? (ella)

   _____

2. Trabajamos con su madre. (ellos)

   _____

3. ¿Dónde están sus papeles? (Uds.)

   _____

4. ¿Son sus plumas? (ella)

   _____

5. ¿Quiénes son sus compañeros de cuarto? (él)

   _____

6. ¿Cómo se llaman sus sobrinos? (Ud.)

   _____

4 Familia Write the appropriate forms of the possessive adjectives indicated in parentheses.

1. _____ (*My*) cuñada, Isabella, es italiana.

2. _____ (*Their*) parientes están en el Ecuador.

3. ¿Quién es _____ (*your* fam.) tío?

4. _____ (*Our*) padres regresan a las diez.

5. Es _____ (*his*) tarea de matemáticas.

6. Linda y María son _____ (*my*) hijas.

7. ¿Dónde trabaja _____ (*your* form.) esposa?

8. _____ (*Our*) familia es grande.

5 Posesiones Write sentences using possessive pronouns to indicate who owns these items.

> modelo
> Yo compro un escritorio.
> Es mi escritorio.

1. Uds. compran cuatro sillas. _____

2. Tú compras una mochila. _____

3. Nosotros compramos una mesa. _____

4. Yo compro una maleta. _____

5. Él compra unos lápices. _____

6. Ellos compran una grabadora. _____

6 Preguntas Answer these questions using possessive adjectives and the words in parentheses.

> modelo
> ¿Dónde está tu amiga? (Quito)
> Mi amiga está en Quito.

1. ¿Cómo es tu padre? (alto y moreno)

2. José, ¿dónde están mis papeles? (en el escritorio)

3. ¿Cómo es la escuela de Felipe? (pequeña y vieja)

4. ¿Son mexicanos los amigos de Uds.? (puertorriqueños)

5. Mami, ¿dónde está mi tarea? (en la mesa)

6. ¿Cómo son los hermanos de Pilar? (simpáticos)

3.3 Present tense of regular –er and –ir verbs

1   **Conversaciones**   Complete these conversations with the correct forms of the verbs in parentheses.

(leer)

1. —¿Qué _____, Ana?

2. —_____ un libro de historia.

(vivir)

3. —¿Dónde _____ Uds.?

4. —Nosotros _____ en Nueva York. ¿Y tú?

(comer)

5. —¿Qué _____ Uds.?

6. —Yo _____ un sándwich y Eduardo _____ pizza.

(deber)

7. —Profesora, ¿_____ abrir nuestros libros ahora?

8. —Sí, Uds. _____ abrir los libros en la página (*page*) 87.

(escribir)

9. —¿_____ una carta, Melinda?

10. —Sí, _____ una carta para (*for*) mis padres.

2   **Frases**   Write complete sentences using the correct forms of the verbs in parentheses.

1. (Nosotros) (Escribir) muchas composiciones en la clase de literatura.

   _____

2. Esteban y Luisa (aprender) a bailar el tango.

   _____

3. ¿Quién no (comprender) la lección de hoy?

   _____

4. (Tú) (Deber) comprar un mapa de Quito.

   _____

5. Ellos no (recibir) muchas cartas (*letters*) de sus padres.

   _____

6. (Yo) (Buscar) unas fotos de mis primos.

   _____

3   **¿Qué verbo es?**   Choose the most logical verb to complete each sentence, using the correct form.

1. Tú _____ en el parque (*park*), ¿no? (abrir, correr, decidir)

2. Yo _____ a conciertos de Gloria Estefan. (asistir, compartir, leer)

3. ¿_____ a leer tu sobrino? (aprender, creer, deber)

4. Yo no _____ la tarea de física. (beber, vivir, comprender)

5. Los estudiantes _____ hamburguesas en la cafetería. (escribir, beber, comer)

6. Mi esposo y yo _____ el *Miami Herald*. (decidir, leer, deber)

4 **Tú y ellos** Rewrite each sentence using the subject in parentheses. Change the verb form and possessive adjectives as needed.

> modelo
>
> No asistimos a clase los domingos. (yo)
> No asisto a clase los domingos.

1. Rubén cree que la lección 3 es fácil. (ellos)

   _____

2. Mis hermanos comen hamburguesas en la cafetería. (la gente)

   _____

3. Aprendemos a hablar, leer y escribir en la clase de español. (yo)

   _____

4. Sandra escribe en su diario todos los días (*every day*). (tú)

   _____

5. Comparto mis problemas con mis padres. (Víctor)

   _____

6. Vives en una residencia interesante y bonita. (nosotras)

   _____

5 **Descripciones** Look at the drawings and use these verbs to describe what the people are doing.

   abrir   aprender   comer   leer

1. Nosotros _____

2. Yo _____

3. Mirta _____

4. Los estudiantes _____

3.4 Present tense of **tener** and **venir**

1   **Completar**   Complete these sentences with the correct forms of **tener** and **venir**.

1. ¿A qué hora _____ Uds. al estadio?

2. ¿_____ tú a la universidad en autobús?

3. Nosotros _____ una prueba en la clase de psicología mañana.

4. ¿Por qué no _____ Juan a la clase de literatura?

5. Yo _____ dos hermanos y mi prima _____ tres.

6. ¿_____ Uds. fotos de sus parientes?

7. Mis padres _____ unos amigos japoneses.

8. Inés _____ con su esposo y yo _____ con Ernesto.

9. Marta y yo no _____ al laboratorio los sábados.

10. ¿Cuántos nietos _____ tú?

11. Yo _____ una clase de contabilidad a las once de la mañana.

12. Mis amigos _____ a comer a la cafetería hoy.

2   **¿Qué tienen?**   Rewrite each sentence, using the logical expression with **tener**.

1. Los estudiantes (tienen hambre a, tienen miedo de) tomar el examen de química.

   _____

2. Las turistas (tienen sueño, tienen prisa) por llegar al autobús.

   _____

3. Mi madre (tiene cincuenta años, tiene razón) siempre (*always*).

   _____

4. Vienes a la cafetería cuando (*when*) (tienes hambre, tienes frío).

   _____

5. (Tengo razón, Tengo frío) en la biblioteca porque abren las ventanas.

   _____

6. Rosaura y María (tienen calor, tienen ganas) de mirar la televisión.

   _____

7. Nosotras (tenemos cuidado, no tenemos razón) con el sol (*sun*).

   _____

8. David toma mucho agua cuando (*when*) (tiene miedo, tiene sed).

   _____

3 **Expresiones con tener** Complete each sentence with the correct expression.

tener cuidado	tener mucha suerte	tener razón
tener ganas	tener que	tener miedo

1. Mis sobrinos _____ del perro (*dog*) de mis abuelos.

2. Necesitas _____ con la computadora portátil (*laptop*).

3. Yo _____ practicar el vocabulario de la clase de español.

4. Lola y yo _____ de escuchar música latina.

5. Anita cree que (*that*) dos más dos son cinco. Ella no _____.

6. Ganas (*You win*) cien dólares en la lotería. Tú _____.

Síntesis

Tus parientes Choose an interesting relative of yours and write a description of that person. Answer these questions in your description.

1. ¿Quién es?
2. ¿Cómo es?
3. ¿De dónde viene?
4. ¿Cuántos hermanos/primos/hijos tiene?
5. ¿Cómo es su familia?
6. ¿Dónde vive?
7. ¿Cuántos años tiene?

_____

_____

_____

_____

_____

_____

_____

_____

_____

_____

_____

_____

_____

_____

panorama

Ecuador

1 **¿Cierto o falso?** Indicate whether the statements are **cierto** or **falso.** Correct the false statements.

1. El Ecuador tiene aproximadamente el área de Rhode Island.

_____

2. Panamá y Chile limitan con (*border*) el Ecuador.

_____

3. Las islas Galápagos están en el océano Pacífico.

_____

4. Quito está en la cordillera de los Andes.

_____

5. Todos (*All*) los ecuatorianos hablan lenguas indígenas.

_____

6. Rosalía Arteaga fue (*was*) presidenta del Ecuador.

_____

7. Hay volcanes activos en el Ecuador.

_____

8. Oswaldo Guayasamín fue un novelista ecuatoriano famoso.

_____

2 **El mapa de Ecuador** Fill in the blanks on this map of Ecuador with the correct geographical names.

1. _____

2. _____

3. _____

4. _____

5. _____

6. _____

7. _____

8. _____

9. _____

10. _____

3 **Fotos del Ecuador** Label the object(s) shown in each photograph.

1. _____

2. _____

3. _____

4 **Descripción del Ecuador** Answer these questions using complete sentences.

1. ¿Cómo se llama la moneda del Ecuador?

    _____

2. ¿Qué idiomas hablan los ecuatorianos?

    _____

3. ¿Por qué son las islas Galápagos un verdadero tesoro ecológico?

    _____

4. ¿Por qué vienen muchos turistas al Ecuador?

    _____

5. ¿Cómo es el estilo artístico de Guayasamín?

    _____

6. ¿Quiénes hacen (make) los tejidos?

    _____

7. ¿Qué tejen ellos?

    _____

8. ¿Usan todos (all) los pueblos los mismos colores, figuras y diseños?

    _____

repaso   Lecciones 1–3

1 **¿Ser o estar?** Complete each sentence with the correct form of **ser** or **estar**.

1. Los abuelos de Maricarmen _____ de España.

2. La cafetería de la universidad _____ cerca del estadio.

3. Gerónimo y Daniel _____ estudiantes de sociología.

4. —Hola, Gabriel. _____ María. ¿Cómo _____?

5. El cuaderno de español _____ debajo del libro de química.

6. Victoria no viene a clase hoy porque _____ enferma.

2 **¿Quiénes son?** Read the clues and complete the chart.

1. La persona de Estados Unidos tiene treinta y dos años.
2. David es del Canadá.
3. La programadora no es la persona del Ecuador.
4. El conductor tiene cuarenta y cinco años.
5. Gloria es artista.
6. La médica tiene cincuenta y un años.
7. La persona de España tiene ocho años menos que el conductor.
8. Ana es programadora.

Nombre	Profesión	Edad (*Age*)	Nacionalidad
Raúl	estudiante	diecinueve	mexicano
Carmen			
			estadounidense
David			
	programadora		

3 **Oraciones** Form complete sentences using the words provided. Write out the words for numbers.

1. cómo / estar / usted / Sra. Rodríguez

_____

2. estudiante / llegar / grande / biblioteca / 5:30 p.m.

_____

3. hay / 15 / cuadernos / sobre / escritorio

_____

4. nieto / Inés / aprender / español / escuela

_____

5. conductora / autobús / no / ser / antipático

_____

6. abuelo / Lisa / tener / 72 / años

_____

4 **Preguntas** Write sentences with the words provided. Then make each statement into a question.

1. clase de contabilidad / ser / 11:45 a.m.

_____

_____

2. su tía / favorito / tener / 35 años

_____

_____

3. tu profesor / biología / ser / México

_____

_____

4. biblioteca / estar / cerca / residencia estudiantil

_____

_____

5 **Los países** Complete these sentences with information from the **Panorama** sections.

1. En Miami, hay un barrio cubano que se llama la _____.

2. Las personas de origen _____ son el grupo hispano más grande en los EE.UU.

3. Las islas Baleares y las islas Canarias son parte de _____.

4. La lengua indígena que más se habla en el Ecuador es el _____.

6 **Tu familia** Imagine that these people are your relatives. Choose one and write several sentences about that person. First, say where the person is located in the photo. Include this information: name, relationship to you, profession, age, and place of origin. Describe the person and his or her activities using the adjectives and verbs you have learned.

_____

_____

_____

_____

_____

contextos

1 **Los deportes** Name the sport associated with each object.

1. _____

2. _____

3. _____

4. _____

5. _____

6. _____

2 **Una es diferente** Write the word that does not belong in each group.

1. pasatiempo, diversión, ratos libres, trabajar _____

2. patinar, descansar, esquiar, nadar, bucear _____

3. baloncesto, películas, fútbol, tenis, vóleibol _____

4. museo, equipo, jugador, partido, aficionados _____

5. correo electrónico, revista, periódico, tenis _____

6. cine, aficionado/a, gimnasio, piscina, restaurante _____

3 **¿Qué son?** Write each of these words in the appropriate column in the chart.

aficionado/a	excursionista	montañas
restaurante	fútbol	gimnasio
jugador(a)	béisbol	baloncesto

Deportes	Lugares	Personas

4 **Completar** Complete these sentences with a word or expression presented in **Contextos** on pages 94-96 of your textbook. If the answer is a verb, be sure to provide the correct present-tense form.

1. Pablo _____ montañas en los Andes.

2. Tiger Woods es un gran _____ de golf.

3. Hay nueve jugadores en un _____ de béisbol.

4. María _____ los deportes todos los días (*every day*).

5. Mi compañera de cuarto _____ un mensaje electrónico a su madre.

6. Me gusta el _____ acuático.

7. El sábado y el domingo son los días del _____.

8. Juan y Carla _____ con tanques (*tanks*) de oxígeno en el mar (*sea*) Caribe.

9. Yo _____ mi revista favorita cada (*each*) mes.

10. Mi familia y yo _____ el monumento a Lincoln.

estructura

4.1 The present tense of **ir**

1 **Vamos a la universidad** Complete the paragraph with the correct forms of **ir**.

Alina, Cristina y yo somos buenas amigas. (Nosotras) _____ a la universidad a las
₁

ocho de la mañana todos los días (*every day*). Ellas y yo _____ al centro de
₂

computación y leemos el correo electrónico. A las nueve Alina y Cristina _____ a
₃

su clase de psicología y yo _____ a mi clase de historia. A las diez y media yo
₄

_____ a la biblioteca a estudiar. A las doce (yo) _____ a la
₅   ₆

cafetería y como con ellas. Luego (*Afterwards*), Alina y yo _____ a practicar
₇

deportes. Yo _____ a practicar el fútbol y Alina _____ a la piscina.
₈   ₉

Cristina _____ a trabajar en la librería. Los fines de semana Alina, Cristina y yo
₁₀

_____ a ver películas y pasamos tiempo con nuestras familias y amigos.
₁₁

2 **Sujetos diferentes** Change the subject of these sentences as indicated. Then rewrite the sentences, changing the forms of **ir** as needed.

1. Mis padres y yo vamos a casa de mis abuelos los fines de semana. (Mi primo)

   _____

2. Uds. van a la librería a comprar unos cuadernos. (Los estudiantes)

   _____

3. Voy a la residencia estudiantil a buscar la mochila. (Tú)

   _____

4. Susana va al estadio a practicar hockey. (Yo)

   _____

5. Vas al museo de ciencias en autobús. (Nosotras)

   _____

6. El papá de Javier va mucho al cine. (Mario y tú)

   _____

3 **Preguntas** Answer these questions in complete sentences using the words in parentheses.

1. ¿Adónde va Ana hoy? (al laboratorio)

_____

2. ¿Cuándo van a bailar tus amigos? (mañana)

_____

3. ¿A qué hora vas a la clase de música? (a las 10:45)

_____

4. ¿Cuándo va a viajar José a Boston? (en septiembre)

_____

5. ¿Dónde vas a leer el correo electrónico? (en la residencia estudiantil)

_____

6. ¿Dónde va a nadar el novio de Silvia? (en la piscina)

_____

7. ¿Adónde va el autobús número diez? (al parque municipal)

_____

8. ¿Dónde vas a trabajar los sábados? (en la biblioteca)

_____

4 **¡Vamos!** Rewrite these sentences using **ir a** + *infinitive* to say what activities these people are going to do tomorrow.

1. La familia García va al parque.

_____

2. Los jugadores ganan el partido.

_____

3. Los excursionistas escalan montañas.

_____

4. Gisela lee su correo electrónico.

_____

5. Tú decides ir al laboratorio de química.

_____

6. Mis compañeros de clase y yo visitamos la biblioteca del Congreso en Washington, D.C.

_____

7. El profesor de historia prepara un examen difícil.

_____

8. Escribo postales a mi novio/a.

_____

4.2 Present tense of stem-changing verbs

1 Los verbos Complete these sentences with the correct forms of the verbs in parentheses.

1. (pensar) Mi abuelo _____ que la educación es muy importante.

2. (perder) El equipo de béisbol de mi residencia no _____ nunca (*never*).

3. (volver) Marcelo _____ a la universidad el lunes.

4. (repetir) Los estudiantes de español _____ las palabras.

5. (dormir) (Nosotros) _____ en la montaña cuando vamos de excursión.

6. (cerrar) Mis padres _____ las ventanas porque tienen frío.

7. (mostrar) El ilustrador _____ sus dibujos en la galería.

8. (recordar)(Yo) _____ el primer (*first*) día de clases en la universidad.

9. (querer) ¿_____ (tú) ir a visitar los monumentos con nosotros?

10. (encontrar) (Yo) No _____ mis notas para el examen de mañana.

2 Oraciones Write complete sentences using the cues provided.

1. Vicente y Francisco / jugar / al vóleibol los domingos

_____

2. Adela y yo / empezar / a tomar clases de tenis

_____

3. Uds. / volver / de Cancún el viernes

_____

4. Los jugadores de béisbol / recordar / el importante partido

_____

5. La profesora / repetir / las palabras de vocabulario

_____

6. El excursionista / preferir / escalar la montaña de noche

_____

7. (Yo) / seguir / el plan de estudios

_____

8. Miguel / poder / salir / a las seis

_____

9. Silvina y Carlos / seguir / la ruta (*route*) correcta

_____

10. (Tú) / cerrar / los libros y te vas a dormir

_____

3 **No, no quiero** Answer these questions negatively, using complete sentences.

> **modelo**
>
> ¿Puedes ir a la biblioteca a las once?
> No, no puedo ir a la biblioteca a las once.

1. ¿Quieren Uds. patinar en línea con nosotros?

_____

2. ¿Consiguen ellas los libros que necesitan?

_____

3. ¿Prefieres jugar al fútbol a nadar en la piscina?

_____

4. ¿Duermen tus sobrinos en casa de tu abuela?

_____

5. ¿Juegan Uds. al baloncesto en la universidad?

_____

6. ¿Piensas que la clase de química orgánica es difícil?

_____

7. ¿Encuentras el programa de computadoras en la librería?

_____

8. ¿Vuelven Uds. a casa los fines de semana?

_____

9. ¿Puedo tomar el autobús a las once de la noche?

_____

10. ¿Entendemos la tarea de psicología?

_____

4 **Correo electrónico** Complete this e-mail message with the correct form of the logical verb. Use each verb once.

volver
preferir
empezar
jugar
entender
poder
dormir
querer
pensar
conseguir

Para Daniel Moncada	De Paco	Asunto Saludo

Daniel:

¿Qué tal? Estoy con Mario en el centro de computación de la universidad. Los exámenes _____ mañana. Mario y yo no _____ mucho porque
(1)   (2)
tenemos que estudiar mucho. Tú _____ cómo estamos, ¿no?
                                  (3)
Yo _____ que los exámenes serán (will be) muy difíciles. Tengo muchas
      (4)
ganas de volver al pueblo. Cuando _____ al pueblo puedo descansar.
                                        (5)
Yo _____ el pueblo a la ciudad. _____ volver pronto.
      (6)   (7)
Si (If) Mario y yo _____ pasajes (tickets) de autobús el viernes,
                        (8)
_____ pasar el fin de semana contigo y con mi familia. En casa (At
      (9)
home) mis hermanos y yo _____ al fútbol en su tiempo libre.
                              (10)
Nos vemos,
Raúl

4.3 Verbs with irregular yo forms

1 **Hago muchas cosas** Complete each sentence by choosing the best verb and writing its correct form.

1. (Yo) _____ un disco de música latina. (oír, suponer, salir)

2. (Yo) _____ la hamburguesa y la soda sobre la mesa. (poner, oír, suponer)

3. (Yo) _____ la tarea porque hay un examen mañana. (salir, hacer, suponer)

4. (Yo) _____ a mi sobrina a mi clase de baile. (traer, salir, hacer)

5. (Yo) _____ una película sobre un gran equipo de béisbol. (salir, suponer, ver)

6. (Yo) _____ a bailar los jueves por la noche. (ver, salir, traer)

7. (Yo) _____ que la película es buena, pero no estoy seguro (*sure*). (hacer, poner, suponer)

8. (Yo) _____ mi computadora portátil a clase en la mochila. (traer, salir, hacer)

2 **Completar** Complete these sentences with the correct verb. Use each verb in the correct form once.

ver	suponer	traer	poner
hacer	salir	oír	

1. Yo _____ para la clase a las dos.

2. Los fines de semana _____ mi computadora a casa.

3. Yo _____ que tu novio es muy simpático, ¿no?

4. Por las mañanas _____ la radio y escucho un programa.

5. Cuando tengo hambre, _____ un sándwich.

6. _____ y _____ a mi compañero de cuarto todos los días.

3 **Preguntas** Answer these questions affirmatively, using complete sentences.

> **modelo**
> ¿Ves a tu familia los fines de semana?
> Sí, *veo a mi familia los fines de semana.*

1. ¿Sales mucho a bailar con tus amigas?

_____

2. ¿Ves a los jugadores de béisbol practicar para el partido?

_____

3. ¿Haces la tarea en el centro de computación?

_____

4. ¿Pones la computadora portátil (*portable*) sobre el escritorio en clase?

_____

5. ¿Oyes música clásica con tu compañera de cuarto?

_____

4 **Oraciones** Rewrite each sentence using **yo** as the subject and the correct verb form.

> *modelo*
> Alma y yo siempre traemos el libro a clase.
> *Siempre traigo el libro a clase.*

1. La excursionista sale a las seis de la mañana.

   _____

2. Manuel trae la bicicleta a la universidad.

   _____

3. Viviana hace un plato (*dish*) mexicano delicioso.

   _____

4. Antonio supone que María tiene razón.

   _____

5. Ángel pone las revistas sobre la mesa.

   _____

6. Mi padre ve muchas películas.

   _____

7. Mariana oye a las chicas que tocan (*play*) la guitarra.

   _____

8. Los estudiantes ponen las mochilas debajo de la mesa.

   _____

5 **La descripción** Read this description of Marisol. Then imagine that you are Marisol, and write a description of yourself based on the information you read. The first sentence has been done for you.

Marisol es estudiante de biología en la universidad. Hace sus tareas todas (*every*) las tardes y sale por las noches a bailar o a comer en un restaurante cerca de la universidad. Los fines de semana, Marisol va a su casa a descansar, pero (*but*) trae sus libros. En los ratos libres, oye música o ve una película en el cine. Si hay un partido de fútbol, Marisol pone la televisión y ve los partidos con su papá. Hace algo (*something*) de comer y pone la mesa (*sets the table*).

Soy estudiante de biología en la universidad. _____

_____

_____

_____

_____

_____

_____

_____

_____

4.4 Weather expressions

1 **El tiempo** Answer these questions with complete sentences based on the weather map.

1. ¿Hace buen tiempo en Soria?

_____

2. ¿Llueve en Teruel?

_____

3. ¿Está despejado en Girona?

_____

4. ¿Está nublado en Murcia?

_____

5. ¿Nieva en Cáceres?

_____

6. ¿Qué tiempo hace en Salamanca?

_____

7. ¿Hace viento cerca de Castellón?

_____

8. ¿Qué tiempo hace en Almería?

_____

9. ¿Está nublado en Las Palmas?

_____

10. ¿Hace buen tiempo en Lleida?

_____

2 **¿Qué tiempo hace?** Write the appropriate weather expression(s) for each situation.

1. Natalia y Francisco van a esquiar.

_____

2. No puedo salir a tomar el sol.

_____

3. Mis primos van a practicar el windsurfing.

_____

4. Ellas no pueden ver nada afuera (*outside*).

_____

5. Uds. practican el esquí acuático.

_____

6. La abuela de Miguel pone el ventilador (*fan*).

_____

7. Es un buen día para salir a pasear en bicicleta.

_____

8. Necesitamos hacer una hoguera (*bonfire*) en la montaña.

_____

9. Tengo que comprar un paraguas (*umbrella*).

_____

10. Jaime cierra todas las ventanas de la casa.

_____

11. Tienen que cancelar el partido de béisbol.

_____

12. Marcela se pone un abrigo (*coat*) muy grande.

_____

Síntesis

Interview a classmate about his or her pastimes, weekend activities, and favorite sports. Use these questions as a guideline, and prepare several more before the interview. If possible, tape record the interview. Then, write it up in a question-and answer format, using your subject's exact words.

- ¿Qué haces en tu tiempo libre? ¿Oyes música? ¿Ves películas?
- ¿Cuáles son tus pasatiempos? ¿Dónde los practicas?
- ¿Cuál es tu deporte favorito? ¿Ves el deporte o practicas el deporte? ¿Eres un gran aficionado/a? ¿Pierdes mucho tu equipo favorito? ¿Quién es tu jugador(a) favorito/a?
- ¿Adónde vas los fines de semana? ¿Sales mucho? ¿Qué piensas hacer este viernes?

_____

_____

_____

_____

_____

_____

panorama

México

1 **Palabras** Use the clues to put the letters in order, spelling words in **Panorama.**

1. MGEÓINARIC _____
   resultado de la proximidad geográfica de México y los EE.UU.

2. OOMÓCNIEC _____
   uno de los aspectos más influenciados en México por los EE.UU.

3. ALUJDAAAGRA _____
   ciudad número dos de México en población

4. ONETBI RZUEÁJ _____
   héroe nacional de México

5. CÁUNYAT_____
   península mexicana

6. ARSISTUT _____
   el D.F. atrae a miles de ellos

7. UASMALITR _____
   el tipo de pintor que fue (*was*) Diego Rivera

8. SUAREATOROTRT _____
   tipo de cuadros más conocidos de Frida Kahlo

2 **¿Cierto o falso?** Indicate if each statement is **cierto** or **falso.** Then correct the false statements.

1. El área de México es casi dos veces el área de Texas.

_____

2. Octavio Paz es un periodista y narrador célebre mexicano.

_____

3. La situación geográfica de México ha influido en muchos aspectos económicos y sociales.

_____

4. No hay mucho crecimiento en la población del D.F.

_____

5. Frida Kahlo y Diego Rivera eran escritores que se interesaban por la gente sencilla.

_____

6. El imperio azteca terminó cuando llegaron los conquistadores en 1519.

_____

7. Los turistas van a Guadalajara a ver las ruinas de Tenochtitlan.

_____

8. El Día de los muertos es costumbre comer insectos llamados chapulines.

_____

3   **Completar**   Complete these sentences with the correct words.

1. México está localizado geográficamente al _____ de los Estados Unidos.

2. Hoy en día hay _____ de personas de descendencia mexicana en los Estados Unidos.

3. Los idiomas que se hablan en México son el español, el _____ y los _____.

4. Frida Kahlo, esposa del muralista _____, es conocida por sus autorretratos.

5. El imperio _____ dominó México desde el siglo XIV hasta el siglo XVI.

6. Muchas personas en México visitan el cementerio en el Día de los _____.

4   **¿Qué hacen?**   Write sentences using these cues and adding what you learned in **Panorama.**

1. La tercera (*third*) ciudad de México en población / ser / ¿?

_____

2. La moneda mexicana / ser / ¿?

_____

3. El Distrito Federal / atraer / ¿?

_____

4. Muchos turistas / venir a ver las ruinas de / ¿?

_____

5. El D.F. / tener una población mayor que la de / ¿?

_____

6. El Día de los Muertos la gente / comer / ¿?

_____

5   **Preguntas**   Answer these questions in complete sentences.

1. ¿Cuáles son las cinco ciudades más importantes de México?

_____

2. ¿Quiénes son seis mexicanos célebres?

_____

3. ¿Qué países hacen frontera (*border*) con México?

_____

4. ¿Cuál es un río importante de México?

_____

5. ¿Cuáles son dos sierras importantes de México?

_____

6. ¿Qué ciudad mexicana importante está en la frontera con los EE.UU.?

_____

7. ¿En qué siglo (*century*) fue fundada la ciudad de México?

_____

contextos

1   **Viajes** Complete these sentences with the logical words.

1. Una persona que tiene una habitación en un hotel es _____.

2. El lugar donde los pasajeros esperan el tren es _____.

3. Para viajar en avión, tienes que ir _____.

4. Antes de entrar (*enter*) en el avión, tienes que mostrar _____.

5. La persona que lleva el equipaje a la habitación del hotel es _____.

6. Para planear (*plan*) tus vacaciones, puedes ir a _____.

7. Cuando entras a un país diferente, tienes que pasar por _____.

8. Para abrir la puerta de la habitación, necesitas _____.

9. Hay habitaciones baratas (*cheap*) en _____.

10. Cuando una persona entra en un país, tiene que mostrar _____.

2   **¿Qué es?** Label each item on the corresponding blank.

3 **Los meses** Write the appropriate month next to each description or event.

1. el Día de San Valentín _____

2. el tercer mes del año _____

3. Hannukah _____

4. el Día de las Madres _____

5. el séptimo mes del año _____

6. el Día de Año Nuevo (*New*) _____

4 **Preguntas** Answer these questions using complete sentences.

1. ¿Dónde puedes pescar?

_____

2. ¿Dónde están los aviones?

_____

3. ¿Dónde esperas el metro?

_____

4. ¿Qué estación sigue al invierno?

_____

5. ¿En qué estación va mucha gente a la playa?

_____

6. ¿En qué estación empiezan las clases?

_____

5 **De vacaciones** Complete this conversation with the logical words.

playa	hotel	equipaje	llegada
aeropuerto	hacer turismo	confirmar	pasajes
sacar fotos	taxi	pasaportes	agente de viajes

ANTONIO ¿Llevas todo (*everything*) lo que vamos a necesitar para el viaje, Ana?

ANA Sí. Llevo los _____ 1 para subir (*get on*) al avión. También llevo los _____ 2 para entrar (*enter*) en Ecuador.

ANTONIO Y yo tengo el _____ 3 con todas (*all*) nuestras cosas.

ANA ¿Tienes la cámara para _____ 4 ?

ANTONIO Sí, está en mi mochila.

ANA ¿Vamos al _____ 5 en metro?

ANTONIO No, vamos a llamar a un _____ 6 . Nos lleva directamente al aeropuerto.

ANA Voy a llamar al aeropuerto para _____ 7 la reservación.

ANTONIO La _____ 8 dice (*says*) que está confirmada ya (*already*).

ANA Muy bien. Tengo muchas ganas de _____ 9 en Quito.

ANTONIO Yo también quiero ir a la _____ 10 y nadar en el mar.

ANA ¿Cuál es la hora de _____ 11 al aeropuerto de Quito?

ANTONIO Llegamos a las tres de la tarde y vamos directamente al _____ 12 .

estructura

5.1 **Estar** with conditions and emotions

1 **¿Por qué?** Choose the best phrase to complete each sentence and write it in the blank.

1. José Miguel está cansado porque _____.
   a. trabaja mucho
   b. su familia lo quiere
   c. quiere ir al cine

2. Los viajeros están preocupados porque _____.
   a. es la hora de comer
   b. va a venir un huracán (*hurricane*)
   c. estudian matemáticas

3. Maribel y Claudia están tristes porque _____.
   a. nieva mucho y no pueden salir
   b. van a salir a bailar
   c. sus amigos son simpáticos

4. Los estudiantes están equivocados porque _____.
   a. estudian mucho
   b. pasean en bicicleta
   c. no saben (*know*) la respuesta

5. Laura está enamorada porque _____.
   a. tiene que ir a la biblioteca
   b. su novio es simpático, inteligente y guapo
   c. sus amigas ven una película

6. Mis abuelos están felices porque _____.
   a. vamos a pasar el verano con ellos
   b. mucha gente toma el sol
   c. el autobús no llega

2 **Completar** Complete these sentences with the correct form of **estar** + condition or emotion.

1. No tenemos nada que hacer; _____ muy _____.

2. Humberto _____ muy _____ en su gran cama nueva (*new*).

3. Los estudiantes de filosofía nunca (*never*) _____ _____; siempre tienen la razón.

4. Cuando Estela llega a casa a las tres de la mañana, _____ muy _____.

5. La habitación _____ _____ porque no tengo tiempo (*time*) de organizar los libros y papeles.

6. Son las once de la noche; no puedo ir a la biblioteca ahora porque _____ _____.

7. El auto de mi tío _____ muy _____ por la nieve y el lodo (*mud*) que hay esta semana.

8. Mi papá canta en la casa cuando _____ _____.

9. Alberto _____ _____ porque sus amigos están muy lejos.

10. Las ventanas _____ _____ para que entre el fresco.

3 Marta y Juan Complete this letter using **estar** + the correct forms of the following emotions and conditions. Use each term once.

triste	aburrido	desordenado	cómodo
ocupado	nervioso	abierto	feliz
enamorado	seguro	contento	cansado

Querida Marta:

¿Cómo estás? Yo _____(1) porque mañana vuelvo a Puerto Rico y por fin te voy a ver. Sé (I know) que tú _____(2) porque tenemos que estar separados durante el semestre, pero _____(3) de que (that) te van a aceptar en la universidad y que vas a venir en septiembre. La habitación en la residencia estudiantil no es grande, pero mi compañero de cuarto y yo _____(4) aquí. Las ventanas son grandes y _____(5) siempre (always) porque el tiempo es muy bueno en California. El cuarto no _____(6) porque mi compañero de cuarto es muy ordenado. En la semana mis amigos y yo _____(7) porque trabajamos y estudiamos muchas horas al día. Cuando llego a la residencia estudiantil por la noche, _____(8) y me voy a dormir. Los fines de semana no _____(9) porque hay muchas cosas que hacer en San Diego. Ahora _____(10) porque mañana tengo que llegar al aeropuerto a las cinco de la mañana y está lejos de la universidad. Pero tengo ganas de estar contigo (with you) porque _____(11) de ti (you) y _____(12) porque te voy a ver mañana.

Te quiero mucho,
Juan

4 ¿Cómo están? Read each sentence, then write a new one for each, using **estar** + an emotion or condition to tell how these people are doing or feeling.

> modelo
> Pepe tiene que trabajar muchas horas.
> *Pepe está ocupado.*

1. Vicente y Mónica tienen sueño. _____
2. No tenemos razón. _____
3. El pasajero tiene miedo. _____
4. Paloma se quiere casar con (marry) su novio. _____
5. Los abuelos de Irene van de vacaciones a Puerto Rico. _____
6. No sé (I don't know) si el examen va a ser fácil o difícil. _____

5.2 The present progressive

1 **Completar** Complete these sentences with the correct form of **estar** + the present participle of the verbs in parentheses.

1. (buscar) Ana _____ un apartamento en el centro de la ciudad.

2. (comer) Vamos a ver a mis primos que _____ en el café de la esquina.

3. (empezar) (Yo) _____ a entender muy bien el español.

4. (vivir) Miguel y Elena _____ en un apartamento en la playa.

5. (trabajar) El amigo de Antonio _____ en la oficina hoy.

6. (jugar) (Tú) _____ al Monopolio con tu sobrina y su amiga.

7. (tener) Las familias _____ muchos problemas con los hijos adolescentes.

8. (abrir) El inspector de aduanas _____ las maletas de Ramón.

9. (pensar) (Nosotros) _____ en ir de vacaciones a Costa Rica.

10. (estudiar) Mi compañera de cuarto _____ en la biblioteca esta tarde.

2 **Están haciendo muchas cosas** Look at the illustration and label what each person is doing. Use the present progressive.

1. El Sr. Rodríguez _____ .

2. Pepe y Martita _____ .

3. Paquito _____ .

4. Kim _____ .

5. Tus abuelos _____ .

6. (Yo) _____ .

7. La madre de David _____ .

8. (Tú) _____ .

5.3 Comparing **ser** and **estar**

1   **Usos de ser y estar**   Complete these sentences with **ser** and **estar**. Then write the letter for the use of the verb in the blank at the end of the sentence.

Uses of ser	Uses of estar
a. Nationality and place of origin	i. Location or spatial relationships
b. Profession or occupation	j. Health
c. Characteristics of people and things	k. Physical states or conditions
d. Generalizations	l. Emotional states
e. Possession	m. Certain weather expressions
f. What something is made of	n. Ongoing actions (progressive tenses)
g. Time and date	
h. Where or when an event takes place	

1. El concierto de jazz _____ a las ocho de la noche. _____

2. Inés y Pancho _____ preocupados porque el examen va a ser difícil. _____

3. La playa _____ sucia porque hay demasiados (*too many*) turistas. _____

4. No puedo salir a tomar el sol porque _____ nublado. _____

5. En el verano, Tito _____ empleado del hotel Brisas de Loíza. _____

6. Rita no puede venir al trabajo hoy porque _____ enferma. _____

7. La motocicleta que ves frente a la residencia _____ de David. _____

8. (Yo) _____ estudiando en la biblioteca porque tengo un examen mañana. _____

9. La piscina del hotel _____ grande y bonita. _____

10. _____ importante estudiar, pero también tienes que descansar. _____

2   **¿Ser o estar?**   In each of the following pairs, complete one sentence with the correct form of **ser** and the other with the correct form of **estar**.

1. Irene todavía no _____ lista para salir.

   Ricardo _____ el chico más listo de la clase.

2. Tomás no es un buen amigo porque _____ muy aburrido.

   Quiero ir al cine porque _____ muy aburrida.

3. Mi mamá está en cama (*in bed*) porque _____ mala del estómago (*stomach*).

   El restaurante chino que está cerca del laboratorio _____ muy malo.

4. La mochila de Javier _____ verde (*green*).

   Me gustan las bananas cuando _____ verdes.

5. Elena _____ más rubia por tomar el sol.

   La hija de mi profesor _____ rubia.

6. Gabriela _____ muy delgada porque está enferma.

   Mi hermano _____ es muy delgado.

3 **Escribir** Write sentences using these cues and either **ser** or **estar** as appropriate.

1. el escritorio / limpio y ordenado

_____

2. el restaurante japonés / excelente

_____

3 la puerta del auto / abierta

_____

4. Marc y Delphine / franceses

_____

5. (Yo) / cansada de trabajar

_____

6. Paula y yo / buscando un apartamento

_____

7. la novia de Guillermo / muy simpática

_____

8. la empleada del hotel / ocupada

_____

9. Uds. / en la ciudad de San Juan

_____

10. (Tú) / José Javier Fernández

_____

4 **La familia Piñero** Complete this paragraph with the correct forms of **ser** and **estar**.

Los Piñero _____ 1 de Nueva York pero _____ 2 de vacaciones en

Puerto Rico. _____ 3 en un hotel grande en el pueblo de Dorado. Los padres

_____ 4 Elena y Manuel y ahora _____ 5 comiendo en el restaurante

del hotel. Los hijos _____ 6 Cristina y Luis y _____ 7 nadando en la

piscina cubierta (*indoor*). Ahora mismo _____ 8 lloviendo pero el sol va a salir

muy pronto (*soon*). Hoy _____ 9 lunes y la familia _____ 10

muy contenta de poder descansar. El Sr. Piñero _____ 11 profesor y la Sra. Piñero

_____ 12 doctora. Los Piñero dicen (*say*): «¡Cuando no _____ 13

de vacaciones, _____ 14 siempre muy ocupados!»

5.4 Direct object nouns and pronouns

1 Oraciones Complete these sentences with the correct direct object pronouns.

1. ¿Trae Daniel su pasaporte? No, Daniel no _____ trae.

2. ¿Confirma la reservación el agente de viajes? Sí, el agente de viajes _____ confirma.

3. ¿Hacen las maletas Adela y Juan José? Sí, Adela y Juan José _____ hacen.

4. ¿Buscas el pasaje en tu mochila? Sí, _____ busco en mi mochila.

5. ¿Compra Manuela una casa nueva (*new*)? Manuela _____ compra.

6. ¿Necesita lápices especiales el estudiante? No, el estudiante no _____ necesita.

7. ¿Cierran las puertas cuando empieza el examen? Sí, _____ cierran cuando empieza el examen.

8. ¿Ves mi computadora nueva? Sí, _____ veo.

9. ¿Escuchan el programa de radio David y Sonia? Sí, David y Sonia _____ escuchan.

10. ¿Oyen Uds. a los niños en el patio? No, no _____ oímos.

2 Quiero verlo Rewrite each of these sentences in two different ways, using direct object pronouns.

modelo

Quiero ver la película esta tarde.
La quiero ver esta tarde./Quiero verla esta tarde.

1. Preferimos reservar una habitación doble.

_____

_____

2. Ana y Alberto pueden pedir las llaves de la pensión.

_____

_____

3. Rosario tiene que conseguir un pasaje de ida y vuelta a Miami.

_____

_____

4. Vas a perder el tren si no terminas a las cinco.

_____

_____

5. Mis abuelos deben tener cuatro maletas en su casa.

_____

_____

6. La chica piensa tomar el metro por la mañana.

_____

_____

5.5 Numbers 101 and higher

1

La lotería Read the following lottery winnings list. Then answer the questions, writing the Spanish words for numbers. Remember to use **de** after the number whenever necessary.

LOTERÍA NACIONAL	SORTEO DEL DÍA 24 DE JUNIO _Diez series de 100.000 billetes cada una_	SORTEO 49 00	Lista acumulada de las cantidades que han correspondido a los números premiados, clasificados por su cifra final
			Estos premios podrán cobrarse hasta el día 25 de septiembre, INCLUSIVE

2		**3**		**4**		**5**		**6**		**7**	
Números	Pesetas	Números	Pesetas	Números	Pesetas	Números	Pesetas	Números	Pesetas	Números	Pesetas
43402	100.000	43403	110.000	43404	110.000	43405	100.000	43406	100.000	43407	100.000
43412	100.000	43413	110.000	43414	110.000	43415	100.000	43416	100.000	43417	100.000
43422	100.000	43423	110.000	43424	130.000	43425	100.000	43426	100.000	43427	100.000
43432	100.000	43433	110.000	43434	110.000	43435	100.000	43436	100.000	43437	100.000
43442	100.000	43443	110.000	43444	110.000	43445	100.000	43446	100.000	43447	100.000
43452	100.000	43453	110.000	43454	110.000	43455	100.000	43456	100.000	43457	100.000
43462	100.000	43463	110.000	43464	110.000	43465	100.000	43466	100.000	43467	100.000
43472	100.000	43473	110.000	43474	160.000	43475	100.000	43476	100.000	43477	100.000
43482	100.000	43483	110.000	43484	110.000	43485	100.000	43486	1.280.000	**43487**	**20.000.000**
43492	100.000	43493	110.000	43494	110.000	43495	100.000	43496	100.000	43497	100.000
98302	100.000	98303	110.000	98304	110.000	98305	100.000	98306	100.000	98307	100.000
98312	100.000	98313	110.000	98314	110.000	98315	100.000	98316	100.000	98317	100.000
98322	100.000	98323	110.000	98324	130.000	98325	100.000	98326	100.000	98327	100.000
98332	100.000	98333	110.000	98334	110.000	98335	100.000	98336	100.000	98337	100.000
98342	100.000	98343	110.000	98344	110.000	98345	100.000	98346	100.000	98347	100.000
98352	100.000	98353	110.000	98354	110.000	98355	100.000	98356	100.000	98357	100.000
98362	100.000	98363	110.000	98364	110.000	98365	100.000	98366	100.000	98367	100.000
98372	100.000	98373	2.110.000	**98374**	**100.110.000**	98375	2.100.000	98376	2.100.000	98377	2.100.000
98382	100.000	98383	110.000	98384	110.000	98385	100.000	98386	100.000	98387	100.000
98392	100.000	98393	110.000	98394	110.000	98395	100.000	98396	100.000	98397	100.000
		Terminaciones		**Terminaciones**		**Terminaciones**		**Terminaciones**		**Terminaciones**	
		4333	260.000	374	160.000	175	50.000	776	260.000	9957	250.000
		233	60.000	24	30.000	255	50.000			147	50.000
		733	60.000	74	60.000						
		3	10.000	4	10.000						

ESTE SORTEO ADJUDICA 3.584.100 DÉCIMOS PREMIADOS POR UN IMPORTE TOTAL DE 7.000.000.000 DE PESETAS			
PREMIO ESPECIAL 490.000.000 Ptas. Núm. 98374 PRIMER PREMIO	FRACCIÓN 6.ª	SERIE 7.ª	PREMIO ACUMULADO 500.000.000

sorteo _lottery drawing_ **acumulada** _cumulative_ **cifra** _figure_ **billete** _ticket_ **adjudica** _awards_ **décimo** _lottery ticket_
premiados _awarded_ **premio** _prize_ **importe** _quantity_

1. El sorteo tiene diez series de _____ billetes cada una.

2. El número 43403 gana _____ pesetas.

3. El número 98373 gana _____ pesetas.

4. El número 98374 gana _____ pesetas.

5. El número 43487 gana _____ pesetas.

6. La terminación _____ gana ciento sesenta mil pesetas.

7. El sorteo adjudica _____ décimos premiados.

8. El importe total es de _____ pesetas.

9. El premio especial es de _____ pesetas.

10. El premio acumulado es de _____ pesetas.

2 **¿Cuántos hay?** Use **Hay** + the cues to write complete sentences.

> **modelo**
> 450 / personas en la compañía
> Hay *cuatrocientas cincuenta personas en la compañía.*

1. 275.000.000 / habitantes en los Estados Unidos

   _____

2. 827 / pasajeros en el aeropuerto

   _____

3. 25.350 / estudiantes en la universidad

   _____

4. 3.930.000 / puertorriqueños que viven en Puerto Rico

   _____

5. 56.460 / dólares en su cuenta (*account*) de banco

   _____

6. 530.000 / turistas en la ciudad en el verano

   _____

Síntesis

In complete sentences, describe the room and the people in the illustration. Explain what the people are doing and feeling, and why. Then choose one of the groups of people and write a conversation that they could be having. They should discuss a vacation that they are planning, the arrangements they are making for it, and the things that they will need to take.

_____

_____

_____

_____

_____

_____

panorama

Puerto Rico

1 **¿Cierto o falso?** Indicate if each statement is **cierto** or **falso.** Then correct the false statements.

1. El área de Puerto Rico es menor que (*smaller than*) la de Rhode Island.

_____

2. Todos (*All*) los puertorriqueños hablan inglés y español.

_____

3. La fortaleza del Morro custodiaba la bahía de Mayagüez.

_____

4. La música salsa tiene raíces españolas.

_____

5. Los científicos escuchan emisiones de radio desde (*from*) el Observatorio de Arecibo.

_____

6. Los puertorriqueños no votan en las elecciones presidenciales de los Estados Unidos.

_____

2 **Datos de Puerto Rico** Complete these sentences with words and expressions from **Panorama**.

1. Aproximadamente la mitad de la población de Puerto Rico vive en _____.

2. El uso del inglés es obligatorio en los documentos _____.

3. _____ fue (*was*) un beisbolista puertorriqueño famoso.

4. Hoy día _____ es el centro mundial de la salsa.

5. El Observatorio de Arecibo tiene el _____ más grande del mundo.

6. Puerto Rico se hizo parte de los EE.UU. en 1898, y se hizo un _____ en 1952.

3 **Cosas puertorriqueñas** Fill in each category with information from **Panorama**.

Ciudades puertorriqueñas	Ríos puertorriqueñas	Islas puertorriqueñas	Puertorriqueños célebres

Nombre _____   Fecha _____

4 ¿Lo hacen? Answer these questions correctly using a direct object pronoun in each answer.

> **modelo**
> ¿Lees el artículo de Puerto Rico?
> Sí, lo leo./ No, no lo leo.

1. ¿Usan pesetas como moneda los puertorriqueños?
_____

2. ¿Habla el idioma inglés la cuarta parte de la población puertorriqueña?
_____

3. ¿Sacan fotografías del Morro muchas personas?
_____

4. ¿Tocan música salsa Felipe Rodríguez, El Gran Combo y Héctor Lavoe?
_____

5. ¿Estudian las montañas los científicos del Observatorio de Arecibo?
_____

6. ¿Pagan impuestos federales los puertorriqueños?
_____

5 Fotos de Puerto Rico Write the name of what is shown in each picture.

1. _____

2. _____

3. _____

4. _____

contextos

1 **El almacén** Look at the department store directory. Then complete the sentences with terms from the word list.

Almacén Gema

PRIMER PISO	Departamento de caballeros
SEGUNDO PISO	Zapatos y ropa de invierno
TERCER PISO	Departamento de damas y óptica
CUARTO PISO	Ropa interior, ropa de verano y trajes de baño

corbatas	calcetines	abrigos	vestidos
cinturones	trajes de baño	faldas	pantalones de hombre
guantes	gafas de sol	medias	blusas
sandalias	bolsas	trajes de hombre	botas

1. En el primer piso puedes buscar _____

2. En el segundo piso puedes buscar _____

3. En el tercer piso puedes buscar _____

4. En el cuarto piso puedes buscar _____

5. Quiero unos pantalones cortos. Voy al _____ piso.

6. Buscas unos lentes de contacto. Vas al _____ piso.

7. Arturo ve una chaqueta en el _____ piso.

8. Ana ve los bluejeans en el _____ piso.

2 **Necesito de todo** (*everything*) Complete these sentences with the correct terms.

1. Voy a nadar en la piscina. Necesito _____.

2. Está lloviendo mucho. Necesito _____.

3. No puedo ver bien porque hace sol. Necesito _____.

4. Voy a correr por el parque. Necesito _____.

5. Queremos entrar en muchas tiendas diferentes. Vamos al _____.

6. No tengo dinero en la cartera. Voy a pagar con la _____.

3 **Los colores** Answer these questions in complete sentences.

1. ¿De qué color es el chocolate?

_____

2. ¿De qué color son las bananas?

_____

3. ¿De qué color son las naranjas (*oranges*)?

_____

4. ¿De qué colores es la bandera (*flag*) de los Estados Unidos?

_____

5. ¿De qué color son las nubes (*clouds*) cuando está nublado?

_____

6. ¿De qué color son los bluejeans?

_____

7. ¿De qué color son muchos aviones?

_____

8. ¿De qué color son las palabras de los libros?

_____

4 **¿Qué lleva?** Look at the illustration and fill in the blanks with the names of the numbered items.

estructura

6.1 The preterite tense of regular verbs

1 **El pretérito** Complete these sentences with the preterite tense of the indicated verb.

1. (encontrar) Marcela _____ las sandalias debajo de la cama.

2. (recibir) Gustavo _____ el dinero para comprar los libros.

3. (terminar) Sara y Viviana _____ el libro a la misma vez.

4. (preparar) La agente de viajes _____ un itinerario muy interesante.

5. (recorrer) (Yo) _____ la ciudad en bicicleta.

6. (escuchar) Los dependientes _____ el partido por la radio.

7. (viajar) Patricia y tú _____ a México el verano pasado.

8. (deber) (Nosotras) _____ ir de compras porque ahora hay rebajas.

9. (regresar) (Tú) _____ del centro comercial a las cinco de la tarde.

10. (vivir) Uds. _____ en casa de sus padres hasta el año pasado.

2 **Ahora y en el pasado** Rewrite these sentences in the preterite tense.

1. Ramón escribe una carta al director del programa.

_____

2. Mi tía trabaja como dependienta en un gran almacén.

_____

3. Comprendo el trabajo de la clase de biología.

_____

4. La familia de Daniel vive en Argentina.

_____

5. Virginia y sus amigos comen en el café de la librería.

_____

6. Los ingenieros terminan la construcción de la tienda en junio.

_____

7. Siempre llevas ropa muy elegante.

_____

8. Los turistas caminan por la playa cuando sale el sol.

_____

9. Corremos por el estadio antes (*before*) del partido.

_____

3 **Ya pasó** Answer these questions negatively, indicating that what is being asked already happened.

> *modelo*
>
> ¿Va a comprar ropa Silvia en el centro comercial?
> No, Silvia ya compró ropa en el centro comercial.

1. ¿Va a viajar a Perú tu primo Andrés?

_____

2. ¿Vas a buscar una tienda de computadoras en el centro comercial?

_____

3. ¿Vamos a encontrar muchas rebajas en el centro?

_____

4. ¿Va a llevar las sandalias María esta noche?

_____

5. ¿Van a regatear con el vendedor Mónica y Carlos?

_____

6. ¿Va a pasear por la playa tu abuela?

_____

4 **La semana pasada** Your friend asks you whether you did these activities last week. Write each question, then answer it affirmatively or negatively.

> *modelo*
>
> sacar fotos de los amigos
> —¿Sacaste fotos de los amigos?
> —Sí, saqué fotos de los amigos./No, no saqué fotos de los amigos.

1. pagar una compra (*purchase*) con una tarjeta de crédito

—_____

—_____

2. practicar un deporte

—_____

—_____

3. buscar un libro en la biblioteca

—_____

—_____

4. llegar tarde a clase

—_____

—_____

5. empezar a escribir un trabajo

—_____

—_____

6.2 Indirect object pronouns

1 **¿A quién?** Complete these sentences with indirect object pronouns.

1. _____ pedí a la profesora los libros que necesito.

2. Amelia _____ pregunta a nosotras si queremos ir al cine.

3. El empleado _____ buscó trabajo a sus primas en el almacén.

4. Julio quiere traer _____ un televisor nuevo a sus padres.

5. Los clientes _____ piden rebajas a nosotros todos los años.

6. Tu hermano no _____ presta la ropa a ti (*you*).

7. La empleada de la tienda _____ cerró la puerta a mi tía.

8. La mamá no _____ hace las tareas a sus hijos.

9. Deben pagar _____ mucho dinero a ti por (*for*) trabajar en el almacén.

10. Las dependientas _____ traen el vestido rosado a mí.

2 **¿Para quién?** Rewrite these sentences, replacing the indirect objects with indirect object pronouns.

1. Llevo unos zapatos de tenis para mi hermano.

_____

2. Compré un impermeable para ella.

_____

3. (Ellos) traen trajes de baño para nosotros.

_____

4. Escribimos las cartas de recomendación para Gerardo y Marta.

_____

5. Uds. no buscaron un vestido para Marisela.

_____

6. Pides un café para Irene y Vicente.

_____

7. Conseguimos unas gafas en rebaja para ustedes.

_____

8. Buscas un sombrero para Dalia y Virginia.

_____

9. No terminamos el trabajo para la profesora.

_____

10. Compro unos lentes de contacto para mi prima.

_____

3 **Escribir** Rewrite these sentences, using an alternate placement for the indirect object pronouns.

> **modelo**
>
> Me quiero comprar un coche nuevo.
> *Quiero comprarme un coche nuevo.*

1. Les vas a pedir dinero para los libros a tus padres.

_____

2. Quiero comprarles unos guantes a mis sobrinos.

_____

3. Clara va a venderle sus patines en línea.

_____

4. Los clientes nos pueden pagar con tarjeta de crédito.

_____

4 **De compras** Complete the paragraph with the correct indirect object pronouns.

Isabel y yo vamos de compras al centro comercial. Yo tengo que comprar _____
1
unas cosas a mis parientes porque voy a viajar a mi ciudad este fin de semana. A mi hermana Laura

_____ quiero comprar unas gafas de sol, porque _____
2   3
molesta (*bothers*) el sol cuando va a la playa. A mis dos sobrinos _____ voy a
4
comprar una pelota de béisbol. A mi padre _____ traigo un libro, y a mi madre
5
_____ quiero conseguir una blusa. Quiero llevar_____ camisas
6   7
con el nombre de mi universidad a todos (*everyone*). _____ quiero mostrar que
8
pienso mucho en ellos.

5 **Respuestas** Answer these questions negatively. Use indirect object pronouns in the answer.

> **modelo**
>
> ¿Le compraste una camisa al vendedor?
> *No, no le compré una camisa.*

1. ¿Le escribió Rolando un correo electrónico a Miguel?

_____

2. ¿Nos trae el botones las maletas a la habitación?

_____

3. ¿Les venden lentes de sol los vendedores a los turistas?

_____

4. ¿Te compra botas en el invierno tu mamá?

_____

5. ¿Les mostré a Uds. el traje nuevo que compré?

_____

6. ¿Me buscaste la revista en la librería?

_____

6.3 Demonstrative adjectives and pronouns

1 **Completar** Complete these sentences with the correct form of the demonstrative adjective in parentheses.

1. (*these*) Me quiero comprar _____ zapatos porque me gustan mucho.

2. (*that*) Comimos en _____ restaurante la semana pasada.

3. (*that over there*) _____ tienda vende los lentes de sol a un precio muy alto.

4. (*this*) Las rebajas en _____ almacén son legendarias.

5. (*those*) _____ botas hacen juego con tus pantalones negros.

6. (*these*) Voy a llevar _____ pantalones con la blusa roja.

2 **Preguntas** Answer these questions negatively, using the cues in parentheses and the corresponding demonstrative adjectives.

> **modelo**
> ¿Compró esas medias Sonia? (cartera)
> No, compró esa cartera.

1. ¿Va a comprar ese suéter Gloria? (pantalones)

_____

2. ¿Llevaste estas sandalias? (zapatos de tenis)

_____

3. ¿Quieres ver esta ropa interior? (medias)

_____

4. ¿Usa aquel traje David? (chaqueta negra)

_____

5. ¿Decidió Silvia comprar esas gafas de sol? (sombrero)

_____

6. ¿Te mostró el vestido aquella vendedora? (dependiente)

_____

3 **Ésos no** Complete these sentences using demonstrative pronouns. Choose a pronoun for each sentence, paying attention to agreement.

1. Aquellas sandalias son muy cómodas, pero _____ son más elegantes.

2. Esos vestidos largos son muy caros; voy a comprar _____.

3. No puedo usar esta tarjeta de crédito; tengo que usar _____.

4. Esos zapatos tienen buen precio, pero _____ no.

5. Prefiero este sombrero porque _____ es muy grande.

6. Estas medias son buenas; las prefiero a _____.

4 **Éstas y aquéllas** Look at the illustration and complete this conversation with the appropriate demonstrative adjectives and pronouns.

CLAUDIA: ¿Te gusta _____ corbata, Gerardo?
                              1

GERARDO: No, no me gusta _____ . Prefiero _____ que está sobre
                                    2   3
          el escaparate (*display case*).

CLAUDIA: _____ es bonita, pero no hace juego con la chaqueta que tienes.
                    4

GERARDO: Mira _____ chaqueta. Me gusta y creo que está a buen precio.
                      5
          Puedo usar _____ en lugar de (*instead of*) la que tengo en casa.
                            6

CLAUDIA: ¿Y qué crees de _____ cinturón?
                                  7

GERARDO: _____ es muy elegante. ¿Es caro?
                  8

CLAUDIA: Es más barato que _____ que están en el escaparate.
                                    9

Síntesis

Imagine that you went with your brother to an open-air market last weekend. This weekend you take a friend there. Write a conversation between you and your friend, using as many different verbs as you can from those you have learned.

• Indicate to your friend the items you saw last weekend, what you liked and didn't like, the items that you bought, and for whom you bought the items.

• Suggest items that your friend might buy and for whom he or she might buy them.

_____

_____

_____

_____

_____

_____

panorama

Cuba

1 **Crucigrama** (*Crossword*) Complete this crossword puzzle with the correct terms.

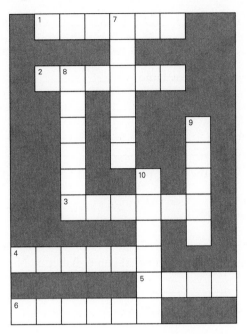

Horizontales

1. Nombre de la bailarina que fundó el Ballet Nacional de Cuba
2. Calle de la Vieja Habana frecuentada por Hemingway
3. Los indígenas que vivían en la isla que hoy es Cuba
4. Apellido (*Last name*) de una escritora cubana célebre
5. La planta de donde se saca (*is extracted*) el azúcar
6. Uno de los productos agrícolas más importantes en Cuba

Verticales

7. Apellido del líder del gobierno de Cuba
8. Tipo de baile que practicaba (*practiced*) Alicia Alonso
9. Tipo de música que canta Celia Cruz
10. Organización que declaró a la Vieja Habana Patrimonio Cultural de la Humanidad

2 **Preguntas de Cuba** Answer these questions about Cuba in complete sentences.

1. ¿En dónde vivieron los taínos además (*besides*) de Cuba?

_____

2. ¿De qué colores es la bandera cubana?

_____

3. ¿Qué puestos (*positions*) ocupa Fidel Castro en Cuba?

_____

4. ¿Cuándo y dónde comenzó la carrera de Celia Cruz?

_____

3 **Datos de Cuba** Complete these sentences with information from **Panorama**.

1. El _____ en la Plaza de Armas de la Vieja Habana es ahora un museo.

2. La segunda ciudad de Cuba es _____.

3. Guantánamo es la _____ ciudad en población en Cuba.

4. Alicia Alonso fundó el _____ en 1948.

5. La _____ es un producto de exportación muy importante para Cuba.

6. El tabaco se usa para fabricar los famosos _____.

7. Los taínos huyeron a las montañas para _____.

8. La reina de la música salsa es _____.

4 **Cubanos célebres** Write the name of the famous Cuban who might have said each of these quotations.

1. "Gané un Grammy en 1990".

_____

2. "Me convertí en una estrella internacional con el Ballet de Nueva York".

_____

3. "Soy el jefe de las fuerzas armadas de Cuba".

_____

4. "Viví en el siglo (*century*) diecinueve y escribí poemas".

_____

5. "Tengo más de cuarenta años, soy cubana y escribo libros".

_____

6. "Curé a muchas personas enfermas y estudié las ciencias".

5 **Números cubanos** Write out the numbers in Spanish that complete these sentences about Cuba.

1. habitantes en la isla de Cuba

Hay _____

2. habitantes en la Habana

Hay _____

3. año en que declararon a la Vieja Habana Patrimonio Cultural de la Humanidad

En el _____

4. habitantes en Santiago de Cuba

Hay _____

5. habitantes en Camagüey

Hay _____

6. año en que nació Fidel Castro

En el _____

repaso

1   **No lo hago** Answer these questions affirmatively or negatively as indicated, replacing the direct object with a direct object pronoun.

> **modelo**
> ¿Traes la computadora a clase? (no)
> No, no la traigo.

1. ¿Haces la tarea de economía en tu habitación? (sí) _____

2. ¿Pones esos libros sobre el escritorio? (no) _____

3. ¿Traes los pasajes y el pasaporte al aeropuerto? (sí) _____

4. ¿Oyes ese programa de radio a veces (*sometimes*)? (no) _____

5. ¿Ves a aquellas chicas que están tomando el sol? (sí) _____

6. ¿Pones la televisión mientras (*while*) estudias? (no) _____

2   **El tiempo** Complete these sentences with the most logical verbs from the list. Use each verb once.

volver	pedir	comenzar	querer
pensar	cerrar	preferir	poder

1. Está empezando a hacer frío. Mi mamá _____ comprar un abrigo.

2. Hace mucho sol. (Tú) _____ a buscar tus gafas oscuras.

3. Hace fresco. Melissa _____ salir a pasear en bicicleta.

4. Está nevando. (Yo) _____ estar en casa hoy.

5. Está lloviendo. Luis y Pilar _____ las ventanas del auto.

6. Hace mucho calor. Uds. _____ ir a nadar en la piscina.

7. Está nublado. Los chicos _____ temprano de la playa.

8. Llueve. Los turistas _____ un impermeable en el hotel.

3   **No son éstos** Answer these questions negatively using demonstrative pronouns.

> **modelo**
> ¿Les vas a prestar esos programas a ellos? (*those over there*)
> No, les voy a prestar aquéllos.

1. ¿Me vas a vender esa pelota de fútbol? (*this one*)

_____

2. ¿Van Uds. a abrirle ese auto al cliente? (*that one over there*)

_____

3. ¿Va a llevarles estas maletas Marisol? (*those ones*)

_____

4. ¿Les van a enseñar esos verbos a los estudiantes? (*these ones*)

_____

4 **¿Son o están?** Form complete sentences using the words provided and **ser** or **estar**.

1. Paloma y Carlos / inteligentes y trabajadores

_____

2. Mariela / cantando una canción bonita

_____

3. (Tú) / conductor de taxi en la ciudad

_____

4. (Nosotros) / en una cabaña en la playa

_____

5. Gilberto / preocupado porque tiene mucho trabajo

_____

6. Roberto y yo / puertorriqueños de San Juan

_____

5 **La compra** Look at the photo and imagine everything that led up to the woman's purchase. What did she need? Why did she need it? What kind of weather is it for? Where did she decide to go buy it? Where did she go looking for it? Who helped her, and what did she ask them? Did she bargain with anyone? Was she undecided about anything? How did she pay for the purchase? Who did she pay? Answer these questions in a paragraph, using the preterite of the verbs that you know.

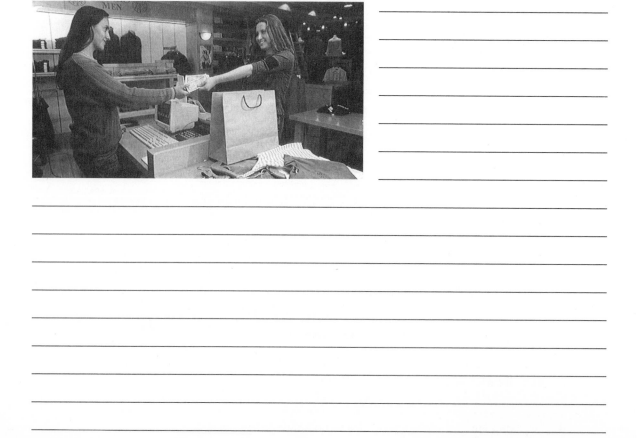

_____

_____

_____

_____

_____

_____

_____

_____

contextos

Lección 7

1 **Las rutinas** Complete each sentence with a word from **Contextos**.

1. Susana se lava el pelo con _____.

2. La ducha y el lavabo están en el _____.

3. Manuel se lava las manos con _____.

4. Después de lavarse las manos, usa la _____.

5. Luis tiene un _____ para levantarse temprano.

6. Elena usa el _____ para maquillarse.

2 **¿En el baño o en la habitación?** Write **en el baño** or **en la habitación** to indicate where each activity takes place.

1. bañarse _____

2. levantarse _____

3. ducharse _____

4. lavarse la cara _____

5. acostarse _____

6. afeitarse _____

7. cepillarse los dientes _____

8. dormirse _____

3 **Ángel and Lupe** Look at the drawings, and choose the appropriate phrase to describe what Ángel or Lupe is doing in a complete sentence.

afeitarse por la mañana	ducharse antes de salir
bañarse luego de correr	cepillarse los dientes después de comer

1. _____

_____

2. _____

_____

3. _____

4. _____

_____

_____

---

4   **La palabra diferente** Fill in the blank with the word that doesn't belong in each group.

1. luego, después, más tarde, entonces, antes _____

2. maquillarse, cepillarse el pelo, despertarse, peinarse, afeitarse _____

3. bailar, despertarse, acostarse, levantarse, dormirse _____

4. champú, despertador, jabón, maquillaje, crema de afeitar _____

5. entonces, bañarse, lavarse las manos, cepillarse los dientes, ducharse _____

6. pelo, vestirse, dientes, manos, cara _____

---

5   **La rutina de Silvia** Rewrite this paragraph, selecting the correct sequencing words from the parentheses.

(Por la mañana, Durante el día) Silvia se prepara para salir. (Primero, Antes de) se levanta y se ducha. (Después, Antes) de ducharse, se viste. (Entonces, Durante) se maquilla. (Primero, Antes) de salir come algo y bebe un café. (Durante, Por último) se peina y se pone una chaqueta. (Durante el día, Antes de) Silvia no tiene tiempo (*time*) de volver a su casa. (Más tarde, Antes de) come algo en la cafetería de la universidad y estudia en la biblioteca. (Por la tarde, Por último), Silvia trabaja en el centro comercial. (Por la noche, Primero) llega a su casa y está cansada. (Más tarde, Después de) prepara algo de comer y mira la televisión un rato. (Antes de, Después de) acostarse a dormir siempre estudia un rato.

_____

_____

_____

_____

_____

_____

_____

_____

_____

_____

_____

estructura

7.1 Reflexive verbs

1 **Se hace** Complete each sentence with the correct present tense forms of the verb in parentheses.

1. (enojarse) Marcos y Gustavo _____ con Javier.

2. (despedirse) Mariela _____ de su amiga en la estación del tren.

3. (acostarse) (Yo) _____ temprano porque tengo clase por la mañana.

4. (ducharse) Los jugadores _____ en el baño después del partido.

5. (ponerse) Irma y yo _____ los vestidos nuevos.

6. (preocuparse) (Tú) _____ por tu novio porque siempre pierde las cosas.

7. (lavarse) Ud. _____ la cara con un jabón especial.

8. (ponerse) Mi mamá _____ muy contenta cuando llego temprano a casa.

2 **Lo hiciste** Answer the questions positively, using complete sentences.

1. ¿Te cepillaste los dientes después de comer?

_____

2. ¿Se maquilla Julia antes de salir a bailar?

_____

3. ¿Se duchan Uds. antes de entrar en la piscina?

_____

4. ¿Se ponen sombreros los turistas cuando van a la playa?

_____

5. ¿Me afeité esta mañana antes de ir al trabajo?

_____

6. ¿Nos ponemos los vestidos en la habitación del hotel?

_____

7. ¿Te duermes en el cine cuando ves películas aburridas?

_____

8. ¿Se sienta Ana delante de Federico en clase?

_____

9. ¿Se quedan Uds. en una pensión en Lima?

_____

10. ¿Te acuerdas de las fotos que sacamos ayer?

_____

3 **Escoger** Choose the correct verb from the parentheses, then fill in the blank with its correct form.

(lavar/lavarse)

1. Josefina _____ las manos en el lavabo.

   Josefina _____ la ropa en la lavadora (*washing machine*).

(peinar/peinarse)

2. (Yo) _____ a mi hermana todas las mañanas.

   (Yo) _____ en el baño, delante del espejo.

(quitar/quitarse)

3. (Nosotros) _____ los abrigos al entrar en casa.

   (Nosotros) _____ los libros de la mesa para comer.

(levantar/levantarse)

4. Los estudiantes _____ muy temprano.

   Los estudiantes _____ la mano para hacer preguntas.

4 **El incidente** Complete the paragraph with reflexive verbs from the word bank. Use each verb only once.

irse	despertarse	afeitarse
vestirse	quedarse	maquillarse
lavarse	ponerse	acordarse
levantarse	preocuparse	enojarse

Luis _____ todos los días a las seis de la mañana. Luego entra en la ducha y
_____ el pelo con champú. Cuando sale de la ducha, usa la crema de afeitar
   2
para _____ delante del espejo. Come algo con su familia y él y sus hermanos
   3
_____ hablando un rato.
   4

Cuando sale tarde, Luis _____ porque no quiere llegar tarde a la clase de
   5
español. Los estudiantes _____ nerviosos porque a veces (*sometimes*) tienen
   6
pruebas sorpresa en la clase.

Ayer por la mañana, Luis _____ con su hermana Marina porque ella
   7
_____ tarde y pasó mucho rato en el cuarto de baño con la puerta cerrada.
   8
—¿Cuándo sales, Marina? — le dijo (*said*) Luis a Marina.

—¡Tengo que _____ porque voy a salir con mi novio y quiero estar bonita!
   9
—dijo Marina.

—¡Tengo que _____ ya, Marina! ¿Cuándo terminas?
   10
—Ahora salgo, Luis. Tengo que _____. Me voy a poner mi vestido favorito.
   11
—Tienes que _____ de que viven muchas personas en esta casa, Marina.
   12

7.2 Indefinite and negative words

1 **Alguno o ninguno** Complete the sentences with indefinite and negative words from the word bank.

> ninguna   alguna   alguien
> tampoco   ningún

1. No tengo ganas de ir a _____ lugar hoy.

2. ¿Tienes _____ idea para la economía?

3. ¿Viene _____ a la fiesta de mañana?

4. No voy a _____ estadio nunca.

5. ¿Te gusta _____ de estas corbatas?

6. No quiero ir a mi casa, ni a la tuya (*yours*) _____.

2 **Palabras negativas** Complete the sentences with negative words.

1. No me gustan estas gafas. _____ quiero comprar _____ de ellas.

2. Estoy muy cansado. _____ quiero salir a _____ restaurante.

3. No tengo hambre. _____ quiero comer _____.

4. A mí no me gusta la playa. _____ quiero ir a la playa _____.

5. Soy muy tímida. _____ hablo con _____ _____.

6. No me gusta el color rojo, _____ el color rosado _____.

3 **Lo contrario** Make each sentence negative.

> **modelo**
> Buscaste algunos vestidos en la tienda.
> No buscaste ningún vestido en la tienda.

1. Las dependientas venden algunas blusas.

_____

2. Alguien va de compras al centro comercial.

_____

3. Siempre me cepillo los dientes antes de salir.

_____

4. Te voy a traer algún programa de la computadora.

_____

5. Mi hermano prepara algo de comer.

_____

6. Quiero tomar algo en el café de la librería.

_____

4 **No, no es cierto** Answer the questions negatively.

> *modelo*
>
> ¿Comes siempre en casa?
> No, nunca como en casa./No, no como en casa nunca.

1. ¿Tiene Alma alguna falda?

_____

2. ¿Sales siempre los fines de semana?

_____

3. ¿Quiere comer algo Gregorio?

_____

4. ¿Le prestaste algunos discos de jazz a César?

_____

5. ¿Podemos o ir a la playa o nadar en la piscina?

_____

6. ¿Encontraste algún cinturón barato en la tienda?

_____

7. ¿Buscaron Uds. a alguien en la playa?

_____

8. ¿Te gusta alguno de estos trajes?

_____

5 **Lo opuesto** Rewrite the paragraph, changing the positive words to negative ones.

Rodrigo siempre está leyendo algún libro. También le gusta leer el periódico. Siempre lee algo. Alguien le pregunta si leyó alguna novela de Mario Vargas Llosa. Leyó algunos libros de Vargas Llosa el año pasado. También leyó algunas novelas de Gabriel García Márquez. Algunos libros le encantan. Le gusta leer o libros de misterio o novelas fantásticas.

_____

_____

_____

_____

_____

_____

_____

_____

_____

7.3 Preterite of **ser** and **ir**

1 **¿Ser o ir?** Complete the sentences with the preterite of **ser** or **ir**. Then write the infinitive form of the verb you used.

1. Ayer María y Javier _____ a la playa con sus amigos. _____

2. El vestido anaranjado que compré _____ muy barato. _____

3. El fin de semana pasado (nosotros) _____ al centro comercial. _____

4. La abuela y la tía de de Maricarmen _____ doctoras. _____

5. (Nosotros) _____ muy simpáticos con la familia de Claribel. _____

6. Manuel _____ a la universidad en septiembre. _____

7. Los vendedores _____ al almacén muy temprano. _____

8. Lima _____ la primera ciudad que visitaron en el viaje. _____

9. (Yo) _____ a buscarte en la cafetería, pero no te encontré. _____

10. Mi compañera de cuarto _____ a comprar champú en la tienda. _____

2 **Viaje a Perú** Complete the paragraph with the preterite of **ser** and **ir**. Then fill in the chart with the infinitive form of the verbs you used.

El mes pasado mi amiga Clara y yo _____ de vacaciones al Perú. El vuelo
                                              1

(*flight*) _____ un miércoles por la mañana, y _____
                        2   3

cómodo. Primero Clara y yo _____ a Lima, y _____ a
                                         4   5

comer en un restaurante de comida peruana. La comida _____ muy buena.
                                                                      6

Luego _____ al hotel y nos _____ a dormir. El jueves
                7   8

_____ un día nublado. Nos _____ a Cuzco, y el viaje en
            9   10

autobús _____ largo. Yo _____ la primera en desper-
                    11   12

tarme y ver la ciudad de Cuzco. El paisaje _____ impresionante. Luego Clara y
                                                          13

yo _____ de excursión hacia Machu Picchu. El cuarto día nos levantamos muy
          14

temprano y nos _____ hacia la antigua ciudad inca. El amanecer sobre Machu
                            15

Picchu _____ hermoso. La excursión _____ una expe-
              16   17

riencia inolvidable (*unforgettable*). ¿_____ tú al Perú el año pasado?
                                                        18

1. _____	7. _____	13. _____
2. _____	8. _____	14. _____
3. _____	9. _____	15. _____
4. _____	10. _____	16. _____
5. _____	11. _____	17. _____
6. _____	12. _____	18. _____

7.4 Gustar and verbs like gustar

1 **¿Uno o varios?** Rewrite each sentence, choosing the correct form of the verb in parentheses.

1. Te (quedan, queda) bien las faldas y los vestidos.

_____

2. No les (molesta, molestan) la lluvia.

_____

3. No les (gusta, gustan) estar enojados.

_____

4. Les (aburre, aburren) probarse ropa en las tiendas.

_____

5. Le (fascina, fascinan) las tiendas y los almacenes.

_____

6. Le (falta, faltan) dos años para terminar la carrera (*degree*).

_____

7. Nos (encanta, encantan) pescar y nadar en el mar.

_____

8. Me (interesan, interesa) las ruinas peruanas.

_____

2 **Nos gusta el fútbol** Complete the paragraph with the correct forms of the verbs in parentheses.

A mi familia le (fascinar) _____ el fútbol. A mis hermanas les (encantar)
                                          1
_____ los jugadores porque son muy guapos. También les (gustar)
        2
_____ la emoción (*excitement*) de los partidos. A mi papá le (interesar)
        3
_____ tanto (*so much*) los partidos que los sigue por Internet. A mi mamá le
        4
(molestar) _____ nuestra afición porque no hacemos las tareas de la casa cuan-
                    5
do hay un partido. A ella generalmente le (aburrir) _____ los partidos. Pero
                                                              6
cuando le (faltar) _____ un gol al equipo argentino para ganar, le (encantar)
                          7
_____ los minutos finales del partido.
        8

3 **Los otros** Rewrite each sentence, substituting the subject with the one in parentheses.

1. Le quedan bien los vestidos largos. (la blusa cara)

_____

2. Les molesta la música moderna. (las canciones populares)

_____

3. No te interesa aprender a bailar salsa. (caminar y correr por la playa)

_____

4. Me gusta esa toalla de playa. (aquellas gafas de sol)

_____

5. Les encantan las tiendas. (el centro comercial)

_____

6. Nos falta practicar el español. (unas semanas de clase)

_____

7. No les gusta el ballet. (las películas)

_____

8. No les importa esperar un rato. (buscar unos libros nuestros)

_____

4 **¿Qué piensan?** Complete the sentences with the correct pronouns and forms of the verbs in parentheses.

1. (encantar) A mí _____ las películas de misterio.

2. (molestar) A Gregorio _____ mucho la nieve y el frío.

3. (gustar) A mi sobrina _____ leer y escribir.

4. (faltar) A Uds. _____ un libro de esa colección.

5. (quedar) ¿_____ bien los sombreros a ti?

6. (fascinar) A nosotros _____ la historia peruana.

7. (importar) A ella no _____ las apariencias (*appearances*).

8. (aburrir) Los deportes por televisión a mí _____ mucho.

5 **Oraciones nuevas** Write complete sentences in the preterite tense. Do not repeat the indirect object.

modelo
(a las dependientas) / no importar / traernos la ropa
No les importó traernos la ropa.

1. (a las turistas) / gustar / las playas del Caribe

_____

2. (a Uds.) / interesar / las rebajas de verano

_____

3. (a Daniela) / encantar / regatear y gastar poco (*little*) dinero

_____

4. (a nosotros) / faltar / encontrar los pasajes para poder irnos

_____

Síntesis

Interview a classmate or relative about an interesting vacation she or he took. Then gather the answers into a report. Answer the following questions:

- What did he or she like or love about the vacation? What interested him or her?
- Where did he or she stay, what were the accommodations like, and what was his or her daily routine like during the trip?
- Where did he or she go, what were the tours like, what were the tour guides like, and what were his or her traveling companions like?
- What bothered or angered him or her? What bored him or her during the vacation?
- Be sure to address the negative and positive aspects of the vacation.

_____

_____

_____

_____

_____

_____

_____

_____

_____

_____

_____

_____

_____

_____

_____

_____

_____

_____

_____

_____

_____

_____

panorama

Perú

1 **Datos del Perú** Complete the sentences with the correct words.

1. _____ es la capital del Perú y _____ es la segunda ciudad.

2. _____ es un puerto muy importante del río Amazonas.

3. El barrio bohemio de la ciudad de Lima se llama _____.

4. Hiram Bingham descubrió las ruinas de _____ en los Andes.

5. Las llamas, alpacas, guanacos y vicuñas son parientes del _____.

6. Los _____ desarrollaron sistemas avanzados de comunicaciones y de contabilidad.

2 **El Perú** Fill in the blanks with the names and places described. Then use the word in the vertical box to answer the final question.

1. barrio bohemio de Lima
2. animales que se usan para carga y transporte
3. un idioma que se habla en el Perú
4. festival de bienvenida al sol
5. montañas del Perú
6. dirección de Machu Picchu desde Cuzco

7. puerto del río Amazonas
8. animales que dan lana
9. civilización peruana que dibujó líneas
10. quinta ciudad del Perú

¿Por dónde se llega caminando a Machu Picchu?

Se llega por el _____.

DEL

3 **Ciudades peruanas** Fill in the blanks with the names of the appropriate cities in Peru.

1. la tercera ciudad del Perú _____

2. se envían productos por el Amazonas _____

3. Museo del Oro del Perú _____

4. está a 80 km de Machu Picchu _____

5. ciudad antigua del imperio inca _____

6. se celebra el festival Inti Raymi _____

4 **¿Cierto o falso?** Indicate whether the statement is **cierto** or **falso**. Correct the false statements.

1. Machu Picchu es un destino popular para los ecoturistas que visitan la selva.

_____

2. Mario Vargas Llosa es un novelista peruano famoso.

_____

3. La Iglesia de San Francisco es notable por la influencia de la arquitectura española.

_____

4. Las ruinas de Machu Picchu están en la cordillera de los Andes.

_____

5. Las llamas se usan para la carga y el transporte en el Perú.

_____

6. Los descendientes de los incas se reúnen en Lima para celebrar el solsticio de invierno.

_____

5 **El mapa del Perú** Label the map of Peru.

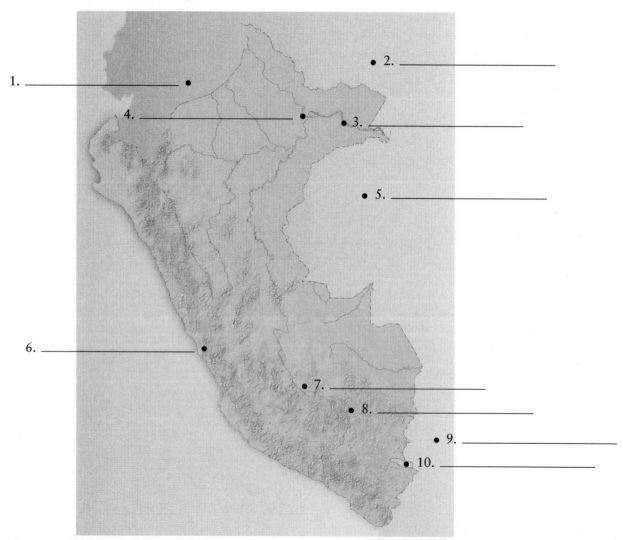

contextos

Lección 8

1 **¿Qué comida es?** Read the descriptions and write the name of the food in the blank.

1. Son rojos y se sirven (*they are served*) en las ensaladas _____

2. Se come (*It is eaten*) antes del plato principal; es líquida y caliente (*hot*) _____

3. Son unas verduras anaranjadas, largas y delgadas _____

4. Hay de naranja y de manzana; se bebe en el desayuno _____

5. Son dos rebanadas (*slices*) de pan con queso y jamón _____

6. Es comida rápida; se sirven con hamburguesas y se les pone sal _____

7. Son pequeños y rosados; viven en el mar hasta que los pescan _____

8. Son frutas amarillas; con agua y azúcar se hace una bebida de verano _____

2 **Categorías** Categorize the foods listed in the word bank.

bistec	zanahorias	salmón	champiñones	maíz	queso
peras	salchichas	bananas	langosta	limones	mantequilla
aceite	pollo	azúcar	margarina	papas	espárragos
yogur	naranjas	jamón	arvejas	sal	manzanas
hamburguesas	atún	melocotones	camarones	leche	pimienta
vinagre	chuletas de cerdo	cebollas	lechuga	uvas	tomates

Verduras	Productos lácteos (*dairy*)	Condimentos	Carnes y aves (*poultry*)	Pescado y mariscos	Frutas

3 **¿Qué es?** Label the item of food shown in each drawing.

1. _____   2. _____

3. _____   4. _____

4 **¿Cuándo lo comes?** Read the lists of meals, then categorize when the meals would be eaten.

1. un sándwich de jamón y queso, unas chuletas de cerdo con arroz y frijoles, un yogur y un café con leche

Desayuno _____

Almuerzo _____

Cena _____

2. una langosta con papas y espárragos, huevos fritos y jugo de naranja, una hamburguesa y un refresco

Desayuno _____

Almuerzo _____

Cena _____

3. pan tostado con mantequilla, un sándwich de atún y té helado, un bistec con cebolla y arroz

Desayuno _____

Almuerzo _____

Cena _____

4. una sopa y una ensalada, cereales con leche, pollo asado con ajo y champiñones y vino blanco

Desayuno _____

Almuerzo _____

Cena _____

estructura

8.1 Preterite of stem-changing verbs

1   **En el pasado**   Rewrite each sentence, conjugating the verb into the preterite tense.

1. Ana y Enrique piden unos resfrescos fríos.

_____

2. Mi mamá nos sirve arroz con frijoles y carne.

_____

3. Tina y yo dormimos en una pensión de Lima.

_____

4. Las flores (*flowers*) de mi tía mueren durante el otoño.

_____

5. Uds. se sienten bien porque ayudan a las personas.

_____

_____

2   **El verbo correcto**   For each sentence, choose the correct verb from those in parentheses. Then complete the sentence by writing the preterite form of the verb.

1. Rosana y Héctor _____ las palabras del profesor. (repetir, dormir, morir)

2. El abuelo de Luis _____ el año pasado. (despedirse, morir, servir)

3. (Yo) _____ camarones y salmón de cena en mi casa. (morir, conseguir, servir)

4. Lisa y tú _____ pan tostado con queso y huevo. (sentirse, seguir, pedir)

5. Ana y yo _____ muy tarde los sábados. (dormirse, pedir, repetir)

6. Gilberto y su familia _____ ir al restaurante de mariscos. (servir, preferir, vestirse)

3   **Sujetos diferentes**   Rewrite each sentence, using the subject in parentheses.

1. Anoche nos despedimos de nuestros abuelos en el aeropuerto. (mis primos)

_____

2. Melinda y Juan siguieron a Camelia por la ciudad en el auto. (yo)

_____

3. Alejandro prefirió quedarse en casa. (Uds.)

_____

4. Pedí un plato de langosta con salsa de mantequilla. (ellas)

_____

5. Los camareros les sirvieron una ensalada con atún y espárragos. (tu esposo)

_____

6. Jorge y yo conseguimos pescado ayer en el mercado al aire libre. (los dueños)

_____

4 **El pasado** Create sentences from the elements provided. Use the preterite form of the verbs.

1. (Nosotros) / preferir / este restaurante al restaurante italiano

_____

2. Mis amigos / seguir / a Gustavo para encontrar el restaurante

_____

3. La camarera / servirte / huevos fritos y café con leche

_____

4. Uds. / pedir / ensalada de mariscos y vino blanco

_____

5. Carlos / repetir / las papas fritas

_____

6. (Yo) / conseguir / el menú del restaurante chino

_____

5 **La planta de la abuela** Complete the letter with the preterite form of the verbs from the word bank. Use each verb only once.

servir	preferir	repetir	morir	vestirse
dormir	pedir	seguir	despedirse	conseguir

Querida mamá:

El fin de semana pasado fui a visitar a mi abuela Lilia en el campo. (Yo) Le _____1_____ unos libros que ella me _____2_____ de la librería de la universidad. Cuando llegué, mi abuela me _____3_____ un plato sabroso de arroz con frijoles. La encontré triste porque la semana pasada su planta de tomates _____4_____, y ahora tiene que comprar los tomates en el mercado. Me invitó a quedarme, y yo _____5_____ en su casa. Por la mañana, abuela Lilia se despertó temprano, _____6_____ y salió a comprar huevos para el desayuno. Me levanté inmediatamente y la _____7_____ para ir con ella al mercado. En el mercado, ella me _____8_____ que estaba triste por la planta de tomates. Le pregunté: ¿Debemos comprar otra planta de tomates?, pero ella _____9_____ esperar al verano próximo (**next**). Después del desayuno _____10_____ de ella y volví a la universidad. Quiero mucho a mi abuela. ¿Cuándo la vas a visitar?

Chau,

Mónica

8.2 Double object pronouns

1 **Te lo traje** Rewrite each sentence, replacing the direct objects with direct object pronouns.

1. La camarera te sirvió el plato de pasta con mariscos.

_____

2. Isabel nos trajo la sal y la pimienta a la mesa.

_____

3. Javier me pidió el aceite y el vinagre anoche.

_____

4. El dueño nos busca una mesa para seis personas.

_____

5. Tu madre me consigue unos melocotones deliciosos.

_____

6. ¿Te recomendaron este restaurante Lola y Paco?

_____

_____

2 **Pronombres** Rewrite each sentence, using double object pronouns.

1. Le pidieron los menús al camarero.

_____

2. Nos buscaron un lugar cómodo para sentarnos.

_____

3. Les sirven papas fritas con el pescado a los clientes.

_____

4. Le llevan unos entremeses a la mesa a Marcos.

_____

5. Me trajeron una ensalada de lechuga y tomate.

_____

6. El dueño le compra la carne al Sr. Gutiérrez.

_____

7. Ellos te muestran los vinos antes de servirlos.

_____

8. La dueña nos abre la sección de no fumar.

_____

3 **¿Quiénes son?** Answer the questions, using double object pronouns.

1. ¿A quiénes les escribiste las cartas? (a ellos) _____

2. ¿Quién le recomendó ese plato? (su tío) _____

3. ¿Quién nos va a abrir la puerta a esta hora? (Sonia) _____

4. ¿Quién les sirvió el pescado asado? (Miguel) _____

5. ¿Quién te llevó los entremeses? (mis amigas) _____

6. ¿A quién le ofrece frutas Roberto? (a su familia) _____

4 **La gran cena** Read the two dialogues. Then answer the questions, using double object pronouns.

CELIA (A Tito) Rosalía me recomendó este restaurante.
DUEÑO Buenas noches, señores. Les traigo unos entremeses, cortesía del restaurante.
CAMARERO Buenas noches. ¿Quieren ver el menú?
TITO Sí, por favor. ¿Está buena la langosta?
CAMARERO Sí, es la especialidad del restaurante.
TITO Entonces queremos pedir dos langostas.
CELIA Y yo quiero una copa (*glass*) de vino tinto, por favor.

CAMARERO Tenemos flan y fruta de postre (*for dessert*).
CELIA Perdón, ¿me lo puede repetir?
CAMARERO Tenemos flan y fruta.
CELIA Yo no quiero nada de postre, gracias.
DUEÑO ¿Les gustó la cena?
TITO Sí, nos encantó. Muchas gracias. Fue una cena deliciosa.

1. ¿Quién le recomendó el restaurante a Celia? _____

2. ¿Quién les sirvió los entremeses a Celia y a Tito? _____

3. ¿Quién les trajo los menús a Celia y a Tito? _____

4. ¿A quién le preguntó Tito cómo está la langosta? _____

5. ¿Quién le pidió las langostas al camarero? _____

6. ¿Quién le pidió un vino tinto al camarero? _____

7. ¿Quién le repitió a Celia la lista de postres (*desserts*)? _____

8. ¿A quién le dio las gracias Tito cuando se fueron? _____

8.3 Saber and conocer

1   **¿Saber o conocer?** Complete the sentences, using **saber** and **conocer**.

1. (Yo) No _____ a los padres de Arturo y Gustavo.

2. Carolina _____ las montañas de New Hampshire.

3. ¿(Tú) _____ las preguntas que nos van a poner en el examen?

4. León _____ preparar un pollo a la parmesana delicioso.

5. (Nosotros) _____ a la dueña del restaurante más caro de la ciudad.

6. Julio y tú _____ que estoy trabajando en mi casa hoy.

2   **¿Qué hacen?** Complete the sentences, using the verbs from the word bank. Use each verb only once.

traducir	conocer	conducir
parecer	saber	ofrecer

1. Gisela _____ una motocicleta por las calles (*streets*) de la ciudad.

2. Tú _____ servir el vino de una manera elegante.

3. El novio de Aurelia _____ ser inteligente y simpático.

4. En ese restaurante los _____ ya, porque siempre van a comer allí (*there*).

5. Los vendedores del mercado al aire libre nos _____ rebajas.

6. (Yo) _____ libros de historia y de sociología al español.

3   **Lo saben y la conocen** Create sentences, using the elements and **saber** or **conocer**.

1. Eugenia / mi amiga Frances

_____

2. Pamela / hablar español muy bien

_____

3. El sobrino de Rosa / leer y escribir

_____

4. José y Laura / la ciudad de Barcelona

_____

5. No / cuántas manzanas debo comprar

_____

6. (Tú) / el dueño del mercado

_____

7. Elena y María Victoria / patinar en línea

_____

8.4 Comparisons and superlatives

1 **¿Cómo se comparan?** Complete the sentences with the Spanish of the comparison in parentheses.

1. (*smaller*) Puerto Rico es _____ Guatemala.

2. (*faster*) Álex es un corredor _____ su amigo Ricardo.

3. (*as tasty*) Los champiñones son _____ los espárragos.

4. (*taller*) Los jugadores de baloncesto son _____ los otros estudiantes.

5. (*more hard-working*) Jimena es _____ su novio Pablo.

6. (*less intelligent*) Marisol es _____ su hermana mayor.

7. (*as bad*) La nueva novela de ese escritor es _____ la novela que escribió antes.

8. (*less fat*) Agustín y Mario están _____ antes.

2 **¿Quién es más...?** Write sentences that compare the two items, using the adjectives in parentheses.

> *modelo*
> (inteligente) Albert Einstein / Homer Simpson
> **Albert Einstein es más inteligente que Homer Simpson.**

1. (famoso) Gloria Estefan / mi hermana

_____

2. (difícil) estudiar química orgánica / leer una novela

_____

3. (malo) el tiempo en Boston / el tiempo en Florida

_____

4. (barato) los restaurantes elegantes / los restaurantes de hamburguesas

_____

5. (viejo) mi abuelo / mi sobrino

_____

3 **¿Por qué?** Complete the sentences with the correct comparisons.

> *modelo*
> Darío juega mejor al fútbol que tú.
> Es porque Darío _practica más que tú_.

1. Mi hermano es más gordo que mi padre. Es porque mi hermano come _____.

2. Natalia conoce más países que tú. Es porque Natalia viaja _____.

3. Estoy menos cansado que David. Es porque duermo _____.

4. Rolando tiene más hambre que yo. Va a comer _____.

5. Mi vestido favorito es más barato que el tuyo. Voy a pagar _____.

6. Julia gana más dinero que Lorna. Es porque Julia trabaja _____.

4 **Facilísimo** Rewrite each sentence, using absolute superlatives.

1. Javier y Esteban están muy cansados. _____

2. Tu padre es muy joven. _____

3. La profesora es muy inteligente. _____

4. Las clases son muy largas. _____

5. La madre de Irene está muy feliz. _____

6. Estoy muy aburrido. _____

5 **El más...** Answer the questions affirmatively with the words in parentheses.

> **modelo**
> El auto está sucísimo, ¿no? (ciudad)
> Sí, es el más sucio de la ciudad.

1. Esos vestidos son carísimos, ¿no? (tienda)

_____

2. El almacén Velasco es buenísimo, ¿no? (centro comercial)

_____

3. La cama de tu madre es comodísima, ¿no? (casa)

_____

4. Ángel y Julio están nerviosísimos por el examen, ¿no? (clase)

_____

5. Sara es jovencísima, ¿no? (mis amigas)

_____

6 **¿Más o menos?** Read the pairs of sentences. Then write a new sentence that compares the pairs.

> **modelo**
> Ese hotel tiene cien habitaciones. El otro hotel tiene cuarenta habitaciones.
> Ese hotel tiene más habitaciones que el otro.

1. Guatemala tiene doce millones de habitantes. Puerto Rico tiene cuatro millones de habitantes.

_____

2. Ramón compró tres corbatas. Roberto compró tres corbatas.

_____

3. Yo comí un plato de pasta. Mi hermano comió dos platos de pasta.

_____

4. Anabel durmió ocho horas. Amelia durmió ocho horas.

_____

5. Mi primo toma seis clases. Mi amiga Tere toma ocho clases.

_____

8.5 Pronouns after prepositions

1 **En el mercado** Complete the paragraph with the correct pronouns.

Hoy voy al mercado al aire libre cerca de mi casa con mi tía Carmen. Me gusta ir con

_____ porque sabe escoger las mejores frutas y verduras del mercado. Y a ella le gusta
1

venir _____ porque sé regatear mejor que nadie.
2

—Entre _____ y yo, debes saber que a _____ no me gusta gastar mucho dinero.
3   4

Me gusta venir _____ porque me ayudas a ahorrar (*save*) dinero—me confesó un día.
5

Hoy la vienen a visitar sus hijos, y ella quiere hacer una ensalada de frutas para _____.
6

—Estas peras son para _____, por venir conmigo al mercado. También me llevo unos
7

hermosos melocotones para el novio de Verónica, que viene con _____. Siempre compro
8

frutas para _____, porque le encantan y no consigue muchas frutas en el lugar donde vive
9

—dice (*says*) mi tía.

—¿Voy a conocer al novio de Verónica?

—Sí, ¡queremos invitarte a _____ a cenar en casa también!
10

Síntesis

Conduct a survey of several people about a recent experience they had at a restaurant.

- What did they order?
- Who served them?
- Did they prefer this restaurant to others they had eaten at before?
- What did their dining companions think?

Then, ask them to review the restaurant for you. Ask them to compare the service, the food, the prices, and the ambience of the restaurant to those of others.

- How does it compare to other restaurants in the city and to other restaurants of its type?

- Ask them about some restaurants you know. Do they know these restaurants?
  Do they know where they are located?

When you are finished with the survey, prepare a report of the restaurants in your area, comparing them on the basis of the data you collected. Use as many different types of comparisons and superlative phrases as possible in your report.

_____

_____

_____

_____

_____

_____

_____

panorama

Guatemala

1 **Guatemala** Complete the sentences with the correct words.

1. La _____ de Guatemala recibe su nombre de un pájaro que simboliza la libertad.

2. Un _____ por ciento de la población guatemalteca tiene una lengua maya como materna.

3. El _____ y los colores de cada *huipil* indican el pueblo de origen de la persona que lo lleva.

4. El _____ es una especie de pájaro que está en peligro de extinción.

5. La antigua civilización maya desarrolló un _____ complejo y preciso.

6. La ropa tradicional refleja el sentido del orden y el amor a la _____ de la cultura maya.

2 **Preguntas guatemaltecas** Answer the questions with complete sentences.

1. ¿Cuál es un cultivo de mucha importancia en la cultura maya?

_____

2. ¿Quién es Miguel Ángel Asturias?

_____

3. ¿Qué países limitan con (*border*) Guatemala?

_____

4. ¿Hasta cuándo fue la Antigua Guatemala una capital importante? ¿Por qué?

_____

5. ¿Por qué simbolizaba el quetzal la libertad para los mayas?

_____

6. ¿Qué hace el gobierno para proteger al quetzal?

_____

3 **Fotos de Guatemala** Label each photo.

1. _____   2. _____

4 **Comparativamente** Read the sentences about Guatemala. Then rewrite them, using comparisons.

> *modelo*
>
> Guatemala no tiene once millones de habitantes.
> *Guatemala tiene más de once millones de habitantes.*

1. El área de Guatemala no es más grande que la de Tennessee.

_____

2. No hay tres millones de habitantes en la ciudad de Guatemala.

_____

3. No hay cincuenta mil habitantes en Puerto Barrios.

_____

4. La población de Quezaltenango no es más pequeña que la población de Mazatenango.

_____

5. Rigoberta Menchú no es mayor que Margarita Carrera.

_____

6. La celebración de la Semana Santa en la Antigua Guatemala es importantísima para
muchas personas.

_____

_____

5 **¿Cierto o falso?** Indicate whether the statements about Guatemala are **cierto** or **falso.** Correct
the false statements.

1. Quezaltenango es la segunda ciudad de Guatemala.

_____

2. La lengua materna de muchos guatemaltecos es una lengua inca.

_____

3. La civilización de los mayas no era avanzada.

_____

4. Guatemala es un país que tiene costas en dos océanos.

_____

5. Hay muchísimos quetzales en los bosques de Guatemala.

_____

6. La civilización maya descubrió y usó el cero antes que los europeos.

_____

_____

contextos

Lección 9

1 **Identificar** Label the following terms as **estado civil, fiesta,** or **etapa de la vida.**

1. casada _____

2. adolescencia _____

3. viudo _____

4. juventud _____

5. quinceañera _____

6. niñez _____

7. vejez _____

8. aniversario de bodas _____

9. divorciado _____

10. madurez _____

11. cumpleaños _____

12. soltera _____

2 **Las etapas de la vida** Label the stages of life on the timeline.

1. _____

2. _____

3. _____

4. _____

5. _____

6. _____

3 **Escribir** Fill in the blank with the stage of life in which these events would normally occur.

1. jubilarse _____

2. graduarse en la universidad _____

3. cumplir nueve años _____

4. conseguir el primer trabajo _____

5. graduarse en la escuela secundaria _____

6. morir o quedar viudo _____

7. casarse (por primera vez) _____

8. tener un hijo _____

9. celebrar el cincuenta aniversario de bodas _____

10. tener la primera cita _____

4   **Información personal** Read the descriptions and answer the questions.

"Me llamo Jorge Rosas. Nací el 26 de enero de 1948. Mi esposa murió el año pasado. Tengo dos hijos: Marina y Daniel. Terminé mis estudios de sociología en la Universidad Interamericana en 1970. Me voy a jubilar este año. Voy a celebrar este evento con una botella de champán."

1. ¿Cuál es la fecha de nacimiento de Jorge? _____

2. ¿Cuál es el estado civil de Jorge? _____

3. ¿En qué etapa de la vida está Jorge? _____

4. ¿Cuándo es el cumpleaños de Jorge? _____

5. ¿Cuándo se graduó Jorge? _____

6. ¿Cómo va a celebrar la jubilación (*retirement*) Jorge? _____

"Soy Julia Jiménez. Nací en 1973. Me comprometí a los veinte años, pero rompí con mi novio antes de casarme. Ahora estoy saliendo con un músico cubano. Soy historiadora del arte desde que terminé mi carrera (*degree*) en la Universidad de Salamanca en 1995. Mi cumpleaños es el 11 de marzo. Mi postre favorito es el flan de caramelo."

7. ¿Cuál es la fecha de nacimiento de Julia? _____

8. ¿Cuál es el estado civil de Julia? _____

9. ¿En qué etapa de la vida está Julia? _____

10. ¿Cuándo es el cumpleaños de Julia? _____

11. ¿Cuándo se graduó Julia? _____

12. ¿Cuál es el postre favorito de Julia? _____

"Me llamo Manuel Blanco y vivo en Caracas. Mi esposa y yo nos comprometimos a los veintiséis años, y la boda fue dos años después. Pasaron quince años y tuvimos tres hijos. Me gustan mucho los dulces. "

13. ¿Dónde vive Manuel? _____

14. ¿En qué etapa de la vida se comprometió Manuel? _____

15. ¿A qué edad se casó Manuel? _____

16. ¿Cuál es el estado civil de Manuel? _____

17. ¿Cuántos hijos tiene Manuel? _____

18. ¿Qué postre le gusta a Manuel? _____

estructura

9.1 Dar and decir

1 **Te lo doy** Rewrite these sentences, changing the subject to **yo.**

1. Los vecinos dan una gran fiesta todos los meses.

_____

2. Carmen les da muchos consejos (*advice*) a sus amigas.

_____

3. Tú siempre le das muchos besos a tu novio.

_____

4. La dueña de esa tienda les da muchas rebajas a los clientes.

_____

5. El profesor Gutiérrez está dando una clase especial de pronunciación.

_____

6. Le das una gran alegría a tu abuela cada vez que la llamas.

_____

2 **Digo...** Complete these sentences with the correct present tense forms of **decir.**

1. (Yo) Siempre le _____ a mi hermano que debe estudiar computación.

2. Uds. _____ que estudiaron, pero parece que no aprendieron mucho.

3. ¿(Tú) _____ que el teléfono está en la habitación?

4. Estoy segura de que Jorge siempre me _____ la verdad.

5. Maribel me _____ que está muy ocupada hoy.

6. Los hijos no siempre les _____ sus problemas a sus padres.

3 **Se lo decimos** Complete the sentences with the present tense of **dar** or **decir.** Then write the sentences with double object pronouns.

1. Mi tía le _____ varios regalos a mi primo. Ella _____.

2. (Yo) Te _____ la hora de la fiesta. (Yo) _____.

3. Uds. les _____ una sorpresa a sus amigos. Uds. _____.

4. El conductor de taxi les _____ insultos a los ciclistas. Él _____.

5. Los vendedores nos _____ mentiras. Ellos _____.

6. (Tú) Les _____ dinero a tus hermanos. (Tú) _____.

7. (Nosotros) Le _____ a mi madre tu apellido. (Nosotros) _____.

8. Las viajeras le _____ los pasaportes al inspector. Ellas _____.

9.2 Irregular preterites

1 **¿Hay o hubo?** Complete these sentences with the correct tense of **haber**.

1. Ahora _____ una fiesta de graduación en el patio de la universidad.

2. _____ muchos invitados en la fiesta de aniversario anoche.

3. Ya _____ una muerte en su familia el año pasado.

4. Siempre _____ galletas y dulces en esas conferencias.

5. _____ varias botellas de vino, pero los invitados se las tomaron.

6. Por las mañanas _____ unos postres deliciosos en esa tienda.

2 **¿Cómo fue?** Complete these sentences with the preterite of the verb in parentheses.

1. Cristina y Lara te (estar) _____ buscando en la fiesta anoche.

2. (Yo) (Tener) _____ un problema con mi pasaporte y lo pasé mal en la aduana.

3. Rafaela (venir) _____ temprano a la fiesta y conoció a Humberto.

4. El padre de la novia (hacer) _____ un brindis por los novios.

5. Tus padres (tener) _____ un divorcio relativamente amistoso (*friendly*).

6. Román (poner) _____ las maletas en el auto antes de salir.

3 **¿Qué hicieron?** Complete these sentences, using the preterite of **decir, conducir, traducir,** and **traer.**

1. Felipe y Silvia _____ que no les gusta ir a la playa.

2. Claudia le _____ unos papeles al inglés a su hermano.

3. David _____ su motocicleta nueva durante el fin de semana.

4. Rosario y Pepe me _____ un pastel de chocolate de regalo.

5. Cristina y yo les _____ a nuestras amigas que vamos a bailar.

6. Cuando fuiste a Guatemala, (tú) nos _____ huipiles.

4 **Es mejor dar...** Rewrite these sentences in the preterite tense.

1. Antonio le da un beso a su madre.

_____

2. Los invitados le dan las gracias a la familia.

_____

3. Tú les das una sorpresa a tus padres.

_____

4. Rosa y yo le damos una sorpresa al profesor.

_____

5. Carla nos da muchos consejos para el viaje.

_____

5 **El pasado** Create sentences using the elements provided. Use the preterite tense of the verbs.

1. Rosalía / hacer / galletas

_____

2. Mi tía / estar / en el Perú

_____

3. (Yo) / venir / a este lugar

_____

4. Rita y Sara / decir / la verdad

_____

5. Uds. / poner / la televisión

_____

6. Ellos / producir / una película

_____

7. (Nosotras) / traer / una cámara

_____

8. (Tú) / tener / un examen

_____

6 **Ya lo hizo** Answer the questions negatively, indicating that the action has already occurred. Use the verbs in parentheses.

> **modelo**
> ¿Quiere Pepe cenar en el restaurante japonés? (restaurante chino)
> No, ya Pepe cenó en el restaurante chino.

1. ¿Vas a estar en la biblioteca hoy? (ayer)

_____

2. ¿Quieren dar una fiesta Elena y Miguel este fin de semana? (el sábado pasado)

_____

3. ¿Debe la profesora traducir esa novela este semestre? (el año pasado)

_____

4. ¿Va a haber un pastel de limón en la cena de hoy? (anoche)

_____

5. ¿Deseas poner los abrigos en la silla? (sobre la cama)

_____

6. ¿Van Uds. a tener un hijo? (tres hijos)

_____

9.3 Verbs that change meaning in the preterite

1 **¿No pudo o no quiso?** Complete these sentences with the preterite tense of the verbs in parentheses.

1. (poder) Liliana no _____ llegar a la fiesta de cumpleaños de Esteban.

2. (conocer) Las chicas _____ a muchos estudiantes en la biblioteca.

3. (querer) Raúl y Marta no _____ invitar al padre de Raúl a la boda.

4. (saber) Lina _____ ayer que sus tíos se van a divorciar.

5. (poder) (Nosotros) _____ regalarle una bicicleta a Marina.

6. (querer) María _____ cortar con su novio antes del verano.

2 **Traducir** Use these verbs to write sentences in Spanish.

> poder   conocer
> saber   querer

1. I failed to finish the book on Wednesday.

_____

2. Inés found out last week that Vicente is divorced.

_____

3. Her girlfriends tried to call her, but they failed to.

_____

4. Susana met Alberto's parents last night.

_____

5. The waiters managed to serve dinner at eight.

_____

6. Your mother refused to go to your brother's house.

_____

3 **Raquel y Ronaldo** Complete the paragraph with the preterite of the verbs in the word bank.

> poder   conocer
> saber   querer

El año pasado Raquel _____1_____ al muchacho que ahora es su esposo, Ronaldo.

Primero, Raquel no _____2_____ salir con él porque él vivía (*was living*) en una ciudad

muy lejos de ella. Ronaldo _____3_____ convencerla durante muchos meses, pero no

_____4_____ hacerlo. Finalmente, Raquel decidió darle una oportunidad a Ronaldo.

Cuando empezaron a salir, Raquel y Ronaldo _____5_____ inmediatamente que eran el uno

para el otro (*they were made for each other*). Raquel y Ronaldo _____6_____ comprar una

casa en la misma ciudad y se casaron ese verano.

9.4 ¿Qué? and ¿cuál?

1 **¿Qué o cuál?** Complete these sentences with **qué, cuál,** or **cuáles.**

1. ¿_____ estás haciendo ahora?

2. ¿_____ gafas te gustan más?

3. ¿_____ prefieres, el vestido largo o el corto?

4. ¿Sabes _____ es mi disco favorito de éstos?

5. ¿_____ es un departamento de hacienda?

6. ¿_____ trajiste, las de chocolate o las de limón?

7. ¿_____ auto compraste este año?

8. ¿_____ es la tienda más elegante del centro?

2 **Muchas preguntas** Complete the sentences with interrogative words or phrases.

1. ¿_____ de esas muchachas es tu novia?

2. ¿_____ es una vendetta?

3. ¿_____ años cumple tu mamá este año?

4. ¿_____ pusiste las fotos de la boda?

5. ¿_____ te dijo esa mentira?

6. ¿_____ te regalaron ese vestido tan hermoso?

7. ¿_____ empieza el partido de tenis?

8. ¿_____ de estos dulces te gustan más?

9. ¿_____ pudiste terminar la tarea esa noche?

10. ¿_____ te llevó tu esposo para celebrar el aniversario?

3 **¿Cuál es la pregunta?** Write questions that correspond to these responses. Use each word or phrase from the word bank only once.

¿a qué hora?	¿dónde?	¿cuáles?	¿cuántos?	¿qué?
¿adónde?	¿cuál?	¿cuándo?	¿de dónde?	¿quién?

1. _____
   La camisa que más me gusta es ésa.

2. _____
   Hoy quiero descansar durante el día.

3. _____
   Mi profesora de matemáticas es la Sra. Aponte.

4. _____

Soy de Buenos Aires, Argentina.

5. _____

Mis gafas favoritas son las azules.

6. _____

El pastel de cumpleaños está en el refrigerador.

7. _____

La fiesta sorpresa empieza a las ocho en punto de la noche.

8. _____

El restaurante cierra los lunes.

9. _____

Hay ciento cincuenta invitados en la lista.

10. _____

Vamos a la fiesta de cumpleaños de Inés.

Síntesis

Research the life of a famous person who has had a stormy personal life, such as Elizabeth Taylor or Henry VIII. Write a brief biography of the person, including the following information:

- When was the person born?
- What was that person's childhood like?
- With whom did the person fall in love?
- Who did the person marry?
- Did he or she have children?
- Did the person get divorced?
- Did the person go to school, and did he or she graduate?
- How did his or her career or lifestyle vary as the person went through different stages in life?

_____

_____

_____

_____

_____

_____

_____

_____

_____

panorama

Chile

1 **Datos chilenos** Complete the chart with the correct information about Chile.

Ciudades más grandes	Deportes de invierno	Países fronterizos (bordering)	Escritores chilenos

2 **¿Cierto o falso?** Indicate whether the sentences are **cierto** or **falso**. Then correct the false sentences.

1. Una quinta parte de los chilenos vive en Santiago de Chile.

_____

2. En Chile se hablan el idioma español y el mapuche.

_____

3. La mayoría (most) de las playas de Chile están en la costa del océano Atlántico.

_____

4. El terremoto más grande de mundo fue en Chile.

_____

5. La isla de Pascua es famosa por sus observatorios astronómicos.

_____

6. El Parque Nacional de Villarica está situado al pie de un volcán y junto a un lago.

_____

7. Se practican deportes de invierno en los Andes chilenos.

_____

8. La exportación de vinos chilenos se redujo en los últimos años.

_____

3 **Información de Chile** Complete the sentences with the correct words.

1. La moneda de Chile es el _____.

2. Bernardo O'Higgins fue un militar y _____ nacional de Chile.

3. Los exploradores _____ descubrieron la isla de Pascua.

4. Desde los _____ chilenos de los Andes, los científicos estudian las estrellas.

5. La producción del _____ es una parte importante de la actividad agrícola de Chile.

6. El país al este de Chile es la _____.

4 **Fotos de Chile** Label the photos.

1. _____   2. _____

5 **El pasado de Chile** Complete the sentences with the preterite of the correct words from the word bank.

comenzar	recibir
decidir	escribir

1. Pablo Neruda _____ muchos poemas románticos durante su vida.

2. La isla de Pascua _____ su nombre porque la descubrieron el Día de Pascua.

3. No se sabe por qué los *rapa nui* _____ abandonar la isla de Pascua.

4. La producción de vino en Chile _____ en el siglo XVI.

6 **Preguntas chilenas** Write questions that correspond to the answers below. Vary the interrogative words you use.

1. _____
Hay más de quince millones de habitantes en Chile.

2. _____
Valparaíso es la cuarta ciudad de Chile.

3. _____
Los idiomas que se hablan en Chile son el español y el mapuche.

4. _____
Los exploradores holandeses descubrieron la isla de Pascua.

5. _____
En el centro de esquí Valle Nevado se puede practicar el heli-esquí.

6. _____
La producción de vino en Chile comenzó en el siglo XVI.

repaso   Lecciones 7–9

1 **¿Te importa?** Complete the sentences with the correct reflexive pronoun and the form of the verb in parentheses.

1. (gustar) A nosotros _____ ir de excursión y acampar.

2. (encantar) A mí _____ las novelas históricas.

3. (molestar) A mi hermano _____ la radio cuando está estudiando.

4. (importar) A Uds. no _____ esperar un rato para sentarse, ¿no?

5. (quedar) Ese vestido largo _____ muy bien a ti con las sandalias.

6. (faltar) A ellos _____ dos clases para graduarse de la universidad.

2 **No quiero nada** Answer the questions negatively, using negative words.

1. ¿Debo ponerme algo elegante esta noche?

_____

2. ¿Te enojaste con alguien en el restaurante?

_____

3. ¿Se probó algún vestido Ana en la tienda?

_____

4. ¿Quiere Raúl quedarse en las fiestas siempre?

_____

3 **La fiesta** Complete the paragraph with the correct preterite forms of the verbs in parentheses.

Ignacio y yo (ir) _____ a la fiesta de cumpleaños de un amigo el sábado. (Ir) _____
                        1   2
juntos en mi auto, pero Ignacio (conducir) _____. La fiesta (ser) _____ en el cuarto
                                                  3   4
de fiestas del hotel Condado. En la fiesta (haber) _____ un pastel enorme y muchísimos
                                                          5
invitados. (Yo) (Saber) _____ en la fiesta que mi amiga Dora (romper) _____
                              6   7
con su novio. Ignacio y yo (querer) _____ hacerla sentir mejor, pero no (ser) _____
                                          8   9
fácil. Primero Ignacio (pedir) _____ una botella de vino. Luego le (decir) _____ a su
                                    10   11
amigo Marc: "Ven (*Come*) a sentarte con nosotros". Ignacio le (servir) _____ algo de vino a
                                                                              12
Marc y todos (brindar) _____. Nosotros les (dar)_____ la oportunidad a Dora y a
                            13   14
Marc de conocerse. Marc es francés, y por mucho rato ellos no (poderse) _____ entender.
                                                                              15
Luego yo (traducir) _____ sus palabras un rato. Dora (repetir) _____ las palabras
                          16   17
hasta decirlas bien. Dora y Marc (estar) _____ hablando toda (*all*) la noche. Ignacio les
                                              18
(traer) _____ entremeses y él y yo nos (ir) _____ a bailar. Marc le (pedir)
              19   20
_____ el número a Dora cuando ellos (despedirse) _____. Dora (ponerse)
      21   22
_____ feliz. ¡Lo (conseguir) _____!
      23   24

4 **Te lo dije** Rewrite these sentences in the preterite. Use double object pronouns in the new sentences.

1. Rebeca quiere darle una sorpresa a Jorge. _____

2. Les doy un hermoso regalo de bodas. _____

3. Los López le dicen unos chistes (*jokes*). _____

4. Francisco no puede darnos consejos. _____

5. Les debes decir tu apellido a los dueños. _____

6. Te digo las cosas importantes. _____

5 **Los países** Compare the items listed, using information from the **Panorama** sections.

1. Guatemala / pequeño / Perú

_____

2. líneas de Nazca / misteriosas / moais de la isla de Pascua

_____

3. habitantes de Guatemala / hablar idiomas mayas / habitantes de Chile

_____

4. Ciudad de Guatemala / grande / puerto de Iquitos

_____

5. peruanos / usar las llamas / chilenos

_____

6 **La boda** Imagine that you know the couple in the photo. Write some background about their wedding. How and when did the couple meet? When did they become engaged? Do they get along well? Do they really love each other? This is your opportunity to say how you really feel about them getting married. Next, talk about the food and drinks served at the wedding and whether you enjoyed the event.

_____

_____

_____

_____

_____

contextos   # Lección 10

---

1 **El cuerpo humano** Label the parts of the body.

1. _____

2. _____

3. _____

4. _____

5. _____

6. _____

7. _____

8. _____

---

2 **¿Adónde vas?** Fill in the blanks with the place that matches each description.

el consultorio	la clínica	la farmacia
el dentista	el hospital	la sala de emergencia

1. tienes que comprar aspirina _____

2. tienes un dolor de muelas _____

3. te rompes una pierna _____

4. te debes hacer un examen médico _____

5. te van a hacer una operación _____

6. te van a poner una inyección _____

---

3 **Las categorías** List these terms under the appropriate category.

fiebre	infección	congestionado
receta	operación	antibiótico
resfriado	tos	tomar la temperatura
pastilla	estornudos	aspirina
dolor de cabeza	gripe	
radiografía	poner una inyección	

Síntoma: _____

Enfermedad: _____

Diagnóstico: _____

Tratamiento (*Treatment*): _____

4 **Oraciones completas** Complete the sentences with the correct words.

1. La Sra. Gandía va a tener un hijo en septiembre. Está _____.

2. Manuel tiene la temperatura muy alta. Tiene _____.

3. Rosita tiene un dolor de oído. Debe tener una _____.

4. A Pedro le cayó una mesa en el pie. El pie se le _____.

5. Mi tía estornuda mucho durante la primavera. Es _____ al polen.

6. Tienes que llevar la _____ a la farmacia para que te vendan (*in order for them to sell you*) la medicina.

7. Le tomaron una _____ de la pierna para ver si se le rompió.

8. Los _____ de un resfriado son los estornudos y la tos.

5 **Doctora y paciente** Choose the logical sentences to complete the dialogue.

DOCTORA ¿Qué síntomas tienes?

PACIENTE _____
a. Tengo tos y me duele la cabeza.
b. Soy muy saludable.
c. Me recetaron un antibiótico.

DOCTORA _____
a. ¿Cuándo fue el accidente?
b. ¿Te dio fiebre ayer?
c. ¿Dónde está la sala de emergencia?

PACIENTE _____
a. Fue a la farmacia.
b. Me torcí el tobillo.
c. Sí, mi esposa me tomó la temperatura.

DOCTORA _____
a. ¿Estás muy congestionado?
b. ¿Estás embarazada?
c. ¿Te duele una muela?

PACIENTE _____
a. Sí, me hicieron una operación.
b. Sí, estoy mareado.
c. Sí, y también me duele la garganta.

DOCTORA _____
a. Tienes que ir al consultorio.
b. Es una infección de garganta.
c. La farmacia está muy cerca.

PACIENTE _____
a. ¿Tengo que tomar un antibiótico?
b. ¿Debo ir al dentista?
c. ¿Qué indican las radiografías?

DOCTORA _____
a. Sí, eres alérgico.
b. Sí, te lastimaste el pie.
c. Sí, ahora te lo voy a recetar.

Nombre _____

Fecha _____

estructura

10.1 The imperfect tense

1 **El imperfecto** Complete the sentences with the correct forms of the verbs in parentheses.

1. (cenar) Antes, la familia Álvarez _____ a las ocho de la noche.

2. (cantar) De niña, yo _____ en el Coro de Niños de San Juan.

3. (recorrer) Cuando vivían en la costa, Uds. _____ la playa por las mañanas.

4. (jugar) Mis hermanas y yo _____ en un equipo de béisbol.

5. (tener) La novia de Raúl _____ el pelo rubio en ese tiempo.

6. (escribir) Antes de tener la computadora, (tú) _____ a mano (by hand).

7. (creer) (Nosotros) _____ que el concierto era el miércoles.

8. (buscar) Mientras ellos lo _____ en su casa, él se fue a la universidad.

2 **Oraciones imperfectas** Create sentences with the elements provided. Use the correct imperfect tense forms of the verbs.

1. mi abuela / ser / muy trabajadora y amable

_____

2. tú / ir / al teatro / cuando vivías en Nueva York

_____

3. ayer / haber / muchísimos pacientes en el consultorio

_____

4. (nosotros) / ver / tu casa desde allí

_____

5. ser / las cinco de la tarde / cuando llegamos a San José

_____

6. ella / estar / muy nerviosa durante la operación

_____

3 **No, pero antes...** Answer the questions negatively, using the imperfect tense.

> **modelo**
> ¿Juega Daniel al fútbol?
> No, pero antes jugaba.

1. ¿Hablas por teléfono? _____

2. ¿Fue a la playa Susana? _____

3. ¿Come carne Benito? _____

4. ¿Te trajo tu novio? _____

5. ¿Conduce tu mamá? _____

4 **¿Qué hacían?** Write sentences that say what the people in the drawings were doing yesterday at three o'clock in the afternoon. Use the subjects provided.

1. Tú

_____

_____

_____

2. Rolando

_____

_____

_____

3. Pablo y Elena

_____

_____

_____

4. Lilia y yo

_____

_____

_____

5 **Antes y ahora** Javier is thinking about his childhood—how things were then and how they are now. Write two sentences saying what Javier used to do and what he does now.

modelo

> vivir en casa / vivir en la residencia estudiantil
> Antes vivía en casa.
> Ahora vivo en la residencia estudiantil.

1. jugar al fútbol con mis hermanos / jugar en el equipo de la universidad

_____

_____

2. escribir las cartas a mano / escribir el correo electrónico con la computadora

_____

_____

3. ser rubio y gordito (*chubby*) / ser moreno y delgado

_____

_____

4. tener a mi familia cerca / tener a mi familia lejos

_____

_____

5. estudiar en mi habitación / estudiar en la biblioteca

_____

_____

6. conocer a las personas de mi pueblo / conocer personas de todo el (*the whole*) país

_____

_____

10.2 Constructions with se

1 **¿Qué se hace?** Complete the sentences with verbs from the word bank. Use impersonal constructions with **se**.

servir	hablar	vender
poder	recetar	vivir

1. En Costa Rica _____ español.

2. En las librerías _____ libros y revistas.

3. En los restaurantes _____ comida.

4. En los consultorios _____ medicinas.

5. En el campo _____ muy bien.

6. En el mar _____ nadar y pescar.

2 **Los anuncios** Write advertisements or signs for the situations described. Use impersonal constructions with **se**.

1. "Está prohibido fumar".

2. "Vendemos periódicos".

3. "Hablamos español".

4. "Necesitamos enfermeras".

5. "No debes nadar".

6. "Estamos buscando un auto usado".

3 **Pronombres** Complete the sentences with the correct indirect object pronouns.

1. Se _____ perdieron las maletas a Roberto.

2. A mis hermanas se _____ cayó la mesa.

3. A ti se _____ olvidó venir a buscarme ayer.

4. Se _____ quedó la ropa nueva en mi casa a Uds.

5. A las tías de Ana se _____ rompieron los vasos.

6. A Isabel se _____ dañó la ropa blanca.

4 **El verbo correcto** Choose the correct form of the verb in parentheses, then rewrite each sentence.

1. A Marina se le (cayó, cayeron) la bolsa.

_____

2. A ti se te (olvidó, olvidaron) comprarme la medicina.

_____

3. A nosotros se nos (quedó, quedaron) los libros en el auto.

_____

4. A Ramón y a Pedro se les (dañó, dañaron) el proyecto.

_____

5 **Eso pasó** Create sentences using the elements provided and impersonal constructions with **se**. Use the preterite tense of the verbs.

> **modelo**
> (a Raquel) / olvidar / comer antes de salir
> *Se le olvidó comer antes de salir.*

1. (a tu hermana) / perder / las llaves del auto

_____

2. (a Uds.) / olvidar / ponerse las inyecciones

_____

3. (a ti) / caer / los papeles del médico

_____

4. (a Marcos) / romper / la pierna cuando esquiaba

_____

5. (a mí) / dañar / la cámara durante el viaje

_____

6 **¿Qué pasó?** Answer the questions, using the phrases in parentheses.

> **modelo**
> ¿Qué le pasó a Roberto? (quedar los libros en casa)
> *Se le quedaron los libros en casa.*

1. ¿Qué les pasó a Pilar y a Luis? (dañar el coche)

_____

2. ¿Qué les pasó a los padres de Sara? (romper la botella de vino)

_____

3. ¿Qué te pasó a ti? (perder las llaves de la casa)

_____

4. ¿Qué les pasó a Uds.? (quedar las toallas en la playa)

_____

5. ¿Qué le pasó a Hugo? (olvidar estudiar para el examen)

_____

10.3 Adverbs

1 **Adjetivos y adverbios** Complete the sentences by changing the adjectives in the first sentences into adverbs in the second.

1. Los conductores son lentos. Conducen _____.

2. Esa doctora es amable. Siempre nos saluda _____.

3. Los autobuses de mi ciudad son frecuentes. Pasan por la parada _____.

4. Rosa y Julia son chicas muy alegres. Les encanta bailar y cantar _____.

5. Mario y tú hablan un español perfecto. Hablan español _____.

6. Los pacientes visitan al doctor de manera constante. Lo visitan _____.

7. Llegar tarde es normal para David. Llega tarde _____.

8. Me gusta trabajar de manera independiente. Trabajo _____.

2 **Adverbios** Complete the sentences with adverbs and adverbial expressions from the word bank. Use each term once.

pronto	a tiempo
bastante	a menudo
por lo menos	casi

1. Tito no es un niño muy sano. Se enferma _____.

2. El Dr. Garrido es muy puntual. Siempre llega al consultorio _____.

3. Mi madre visita al doctor con frecuencia. Se chequea _____ una vez cada año.

4. Fui al doctor el año pasado. Tengo que volver _____.

5. Llegué tarde al autobús, y _____ tengo que ir al centro caminando.

6. El examen fue _____ difícil.

3 **Más adverbios** Complete the sentences with the adverbs or adverbial phrases that correspond to the words in parentheses.

1. Llegaron temprano al concierto; (*thus*) _____, consiguieron asientos muy buenos.

2. El accidente fue (*rather*) _____ grave, pero al conductor no se le rompió ningún hueso.

3. Irene y Vicente van a comer (*less*) _____ porque quieren estar más delgados.

4. Silvia y David (*almost*) _____ se cayeron de la motocicleta cerca de su casa.

5. Para aprobar (*pass*) el examen, tienes que contestar (*at least*) _____ el 75% de las preguntas.

6. Mi mamá (*sometimes*) _____ se tuerce el tobillo cuando camina mucho.

4 **¿Adjetivo o adverbio?** Choose the correct adjective or adverb from those in parentheses. Then write the complete sentence.

1. Es importante conducir (inteligente, inteligentemente).

_____

2. No existe una cura (real, realmente) para el cáncer.

_____

3. El agua del río (*river*) corría (tranquila, tranquilamente).

_____

4. Germán tiene unos dibujos (maravillosos, maravillosamente).

_____

5. Claudia y Elena son personas (felices, felizmente).

_____

6. Miguel y Ana se conocieron (gradual, gradualmente).

_____

7. La comida y el agua son necesidades (básicas, básicamente).

_____

8. Los antibióticos son (enormes, enormemente) importantes en la medicina.

_____

5 **De vez en cuando** Answer the questions, using the adverbs or adverbial phrases in parentheses. Do not repeat the subject in the answer.

> **modelo**
> ¿Va Enrique a la playa siempre? (*sometimes*)
> No, va a la playa a veces.

1. ¿Van al cine con frecuencia Vicente y Juan Carlos? (*little*)

_____

2. ¿Llegaron Natalia y Francisco a la cena? (*on time*)

_____

3. ¿Comías en el restaurante chino? (*a lot*)

_____

4. ¿Estudiaste para el examen de historia? (*enough*)

_____

5. ¿Comen carne Ricardo y Teresa? (*hardly*)

_____

6. ¿Se enferma a menudo tu hermano? (*from time to time*)

_____

10.4 Time expressions with hacer

1 **¿Cuánto tiempo hace?** Create sentences from the elements provided.

> **modelo**
> 2 años / (nosotros) / vivir en esta ciudad
> *Hace dos años que vivimos en esta ciudad.*

1. 5 minutos / (yo) / estar esperando

_____

2. 3 meses / Jaime / no llamar a Miguel

_____

3. 1 año / (tú) / ser novio de Ana

_____

4. 4 días / Uds. / no hablar por teléfono

_____

5. 6 meses / Rodrigo / tomar clases de francés

_____

6. 3 años / (nosotros) / estar casados

_____

_____

2 **¿Hace cuánto?** Rewrite each sentence.

> **modelo**
> Ricardo y Pepe vieron esa película hace dos semanas.
> *Hace dos semanas que Ricardo y Pepe vieron esa película.*

1. Hace dos años que Lola trabajó en ese consultorio.

_____

2. María y Laura se graduaron en medicina hace tres meses.

_____

3. Hace seis meses que les pusieron las inyecciones a Iván y a Paquito.

_____

4. Analisa quedó embarazada hace dos meses.

_____

5. Hace un año que Luis se rompió la pierna cuando esquiaba.

_____

6. Conduje en el auto hace dos horas.

_____

_____

3 **¿Cuánto hace?** Answer the questions with complete sentences. Use the phrases in parentheses.

1. ¿Cuánto tiempo hace que vas de vacaciones a la playa? (cinco años)

_____

2. ¿Cuánto tiempo hace que cumpliste años? (dos semanas)

_____

3. ¿Cuánto tiempo hace que estudias economía? (cuatro años)

_____

4. ¿Cuánto tiempo hace que fueron a los Juegos Olímpicos? (tres años)

_____

5. ¿Cuánto tiempo hace que te dan dolores de cabeza? (seis meses)

_____

6. ¿Cuánto tiempo hace que Irene y Natalia llegaron? (una hora)

_____

Síntesis

Think of a summer in which you did a lot of different things on vacation or at home. State the activities that you used to do during that summer; then state the things that you do in the present. How often did you do those activities then? How often do you do them now? How long ago did you do these things? Is there an activity that you started doing then and that you still do? Create a "photo album" of that summer, using actual photographs if you have them, or drawings that you make. Use your writing about the summer as captions for the photo album.

_____

_____

_____

_____

_____

_____

_____

_____

_____

_____

_____

_____

panorama

Costa Rica

1 **El mapa de Costa Rica** Label the map of Costa Rica.

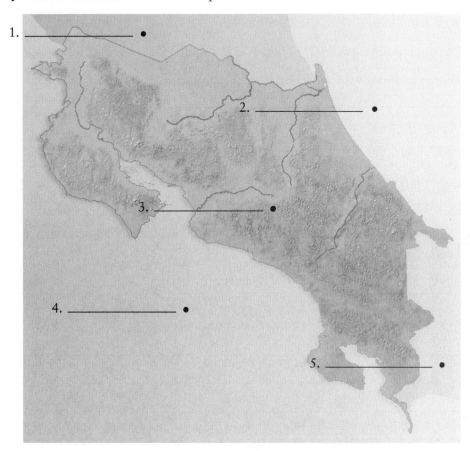

1. _____ •

2. _____ •

3. _____ •

4. _____ •

5. _____ •

2 **¿Cierto o falso?** Indicate whether the statements are **cierto** or **falso**. Correct the false statements.

1. Los parques nacionales costarricenses se establecieron para el turismo.

_____

2. Costa Rica fue el primer país centroamericano en desarrollar la industria cafetera.

_____

3. El café representa más del 50% de las exportaciones anuales de Costa Rica.

_____

4. Costa Rica provee servicios médicos gratuitos a sus ciudadanos.

_____

5. El ejército de Costa Rica es uno de los más grandes y preparados de Latinoamérica.

_____

6. En Costa Rica se eliminó la educación gratuita para los costarricenses.

_____

3 **Costa Rica** Complete the sentences with the correct words.

1. Costa Rica es el país de Centroamérica con la población más _____.

2. La moneda que se usa en Costa Rica es _____.

3. Costa Rica es el único país latinoamericano que no tiene _____.

4. Costa Rica fue el primer país centroamericano en desarrollar la industria _____.

5. El café representa alrededor del 15% de las _____ anuales de Costa Rica.

6. Costa Rica es un modelo de _____ y de _____.

4 **Datos costarricenses** Fill in the blanks with the correct information.

En los parques nacionales de Costa Rica los ecoturistas pueden ver:

1. _____   6. _____

2. _____   7. _____

3. _____   8. _____

4. _____   9. _____

5. _____   10. _____

Costa Rica es uno de los países más progresistas del mundo porque:

11. _____

12. _____

13. _____

14. _____

5 **Completar** Use impersonal constructions with **se** to complete the sentences. Be sure to use the correct tense of the verbs in the word bank.

> *modelo*
>
> En Costa Rica ahora <u>se invierte</u> más dinero en la educación y las artes.

eliminar	mantener	establecer	empezar
invertir	ofrecer	proveer	

1. En Costa Rica _____ una democracia estable.

2. El sistema de parques nacionales _____ para proteger los ecosistemas.

3. En los parques _____ la oportunidad de ver animales en su hábitat natural.

4. En el siglo XIX _____ a exportar el café costarricense.

5. En Costa Rica _____ servicios médicos gratuitos a los ciudadanos y turistas.

6. En 1870 _____ la pena de muerte en Costa Rica.

Nombre _____   Fecha _____

panorama

Nicaragua

6 **Datos nicaragüenses** Complete the sentences with information about Nicaragua.

1. Nicaragua, del tamaño *(size)* de Nueva York, es el país más grande de _____ .

2. Managua es inestable geográficamente, con muchos _____ y _____ .

3. Las _____ de Acahualinca son uno de los restos prehistóricos más famosos

y antiguos de Nicaragua.

4. Desde joven, Ernesto Cardenal trabajó por establecer la _____ y la

_____ en su país.

5. En los años 60 Cardenal estableció la comunidad artística del Archipiélago _____ .

6. Ernesto Cardenal ha servido como vicepresidente de la organización _____ .

7. La Isla _____ fue un cementerio indígena.

8. En el Lago _____ se encuentran muchos peces exóticos y numerosas islas.

7 **El mapa** Label the map of Nicaragua.

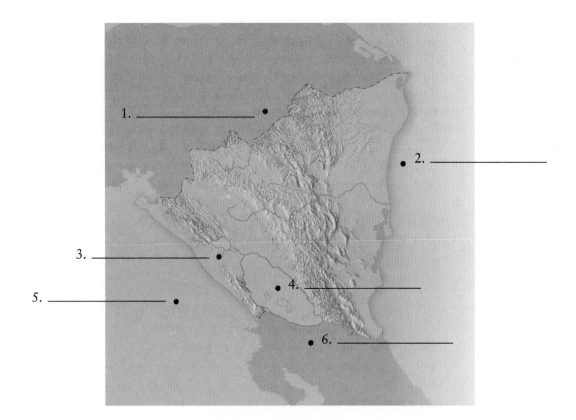

1. _____

2. _____

3. _____

4. _____

5. _____

6. _____

8 **Datos rápidos** Identify the items and people described.

1. capital de Nicaragua _____

2. moneda nicaragüense _____

3. idioma oficial de Nicaragua _____

4. poeta nicaragüense nacido en el siglo diecinueve _____

5. política y ex-presidenta nicaragüense _____

6. político y ex-presidente nicaragüense _____

7. mujer poeta nicaragüense del siglo veinte _____

8. poeta y sacerdote que fue ministro de cultura _____

9 **Crucigrama** Complete the crossword puzzle.

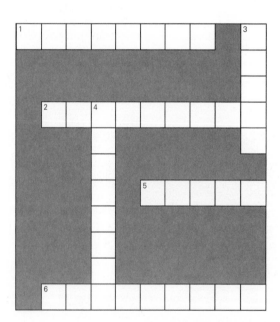

Horizontales
1. Ernesto Cardenal creía que la poesía podía cambiar la _____.
2. El lago más grande de América Central.
5. Ernesto Cardenal es un _____.
6. Se piensa que las personas que dejaron las huellas de Acahualinca huían de una erupción de este tipo.

Verticales
3. Hay más de 370 dentro del Lago Nicaragua.
4. La Casa de los Tres Mundos es una organización dedicada a este tipo de intercambio.

contextos

1 **La tecnología** Fill in the blanks with the correct terms.

1. Para multiplicar y dividir puedes usar _____.

2. Para hacer videos de tu familia puedes usar _____.

3. Cuando vas a un sitio Web, lo primero (*the first thing*) que ves es _____.

4. Cuando no estás en casa y alguien te llama, te deja un mensaje en _____.

5. La red de computadoras y servidores más importante del mundo es _____.

6. Para poder ver muchos canales, tienes que tener _____.

2 **Eso hacían** Match a subject from the word bank to each verb phrase. Then write complete sentences for the pairs using the imperfect.

la impresora nueva	el mecánico de Jorge	el auto viejo
el teléfono celular	algunos jóvenes estadounidenses	el conductor del autobús

1. manejar lentamente por la nieve

_____

2. imprimir los documentos muy rápido

_____

3. revisarle el aceite al auto todos los meses

_____

4. sonar en la casa pero nadie cogerlo

_____

5. no arrancar cuando llover

_____

6. navegar en el Internet de niños

_____

3 **La computadora** Label the drawing with the correct terms.

1. _____
2. _____

6. _____

3. _____
4. _____

5. _____

8. _____

7. _____

4 **Preguntas** Answer the questions with complete sentences.

1. ¿Para qué se usa la impresora?

_____

2. ¿Para qué se usan los frenos del coche?

_____

3. ¿Qué se usa para enviar documentos?

_____

4. ¿Qué se usa para manejar el carro?

_____

5. ¿Qué se usa para cambiar los canales del televisor?

_____

6. ¿Para qué se usan las llaves del carro?

_____

5 **Mi primer día en la carretera** Complete the paragraph with terms from the word bank using the appropriate tense of each verb.

autopista	licencia de conducir	circulación	avenida
multa	mujer policía	subir	arrancar
camino	parar	chocar	lento
lleno	aceite	velocidad máxima	estacionar

Después de dos examenes, conseguí mi _____ para poder manejar legalmente
                                                    1
por primera vez. Estaba muy emocionado cuando _____ al carro de mi papá. El
                                                                        2
tanque estaba _____, el _____ lo revisaron el día antes, y
                    3   4
el carro y yo estábamos listos para _____. Primero salí por el
                                              5
_____ en donde está mi casa. Luego llegué a una _____
          6   7
principal, donde había mucha gente y la _____ era más pesada (*heavy*). Se me
                                                    8
olvidó _____ en el semáforo, que estaba amarillo, y casi
              9
_____ con un autobús. Sin saberlo, entré en la _____
          10   11
interestatal (*interstate*). La _____ era de 70 millas por hora, pero yo estaba tan
                                        12
nervioso que iba mucho más _____, a 10 millas por hora. Vi a una
                                          13
_____ en su motocicleta y tuve miedo. ¡No quería una _____
          14   15
en mi primer día de conducir! Por eso volví a casa y _____ el carro en la calle.
                                                                16
¡Qué aventura!

estructura

11.1 The preterite and the imperfect

1 **¿Pretérito o imperfecto?** Complete the sentences correctly with imperfect or preterite forms of the verbs in parentheses.

1. (escribir) Claudia _____ un mensaje por Internet cuando la llamó Miguel.

2. (chocar) El conductor estacionaba su auto cuando _____ conmigo.

3. (cambiar) Mariela cruzaba la calle cuando el semáforo _____ a verde.

4. (estar) (Yo) _____ mirando la televisión cuando llegaron mis hermanos.

5. (revisar) Mientras el mecánico _____ el aceite, yo entré a comprar una soda.

6. (quedarse) Tú _____ en el auto mientras Rolando llenaba el tanque.

7. (leer) Cuando Sandra llegó al café, Luis _____ el periódico.

8. (funcionar) Antes el auto no _____, pero ayer el mecánico lo arregló.

2 **De niño y ayer** Complete each pair of sentences by using the imperfect and preterite forms of the verbs in parentheses.

(bailar)

1. Cuando era pequeña, Sara _____ ballet todos los lunes y miércoles.

2. Ayer Sara _____ ballet en el recital de la universidad.

(escribir)

3. La semana pasada, (yo) le _____ un mensaje por correo electrónico a mi papá.

4. Antes (yo) _____ las cartas a mano o con una máquina de escribir.

(ser)

5. El novio de María _____ guapo, inteligente y simpático.

6. El viaje de novios _____ una experiencia inolvidable (*unforgettable*).

(haber)

7. _____ una fiesta en casa de Maritere el viernes pasado.

8. Cuando llegamos a la fiesta, _____ mucha gente.

(ver)

9. El lunes _____ a mi prima Lisa en el centro comercial.

10. De niña, yo _____ a Lisa todos los días.

3 **¿Qué pasaba?** Look at the drawings, then complete the sentences, using the preterite or imperfect.

1. Cuando llegué a casa anoche, las

niñas _____ .

2. Cuando empezó a llover, Sara

_____ .

3. Antes de irse de vacaciones, la Sra.

García _____ .

4. Cada vez que lo veíamos, Raúl

_____ .

4 **El pasado** Decide whether the verbs in parentheses should be in the preterite or the imperfect. Then rewrite the sentences.

1. Ayer Clara (ir) a casa de sus primos, (saludar) a su tía y (comer) con ellos.

_____

2. Cuando Manuel (vivir) en Buenos Aires, (conducir) muchos kilómetros todos los días.

_____

3. Mientras Carlos (leer) las traducciones (*translations*), Blanca (traducir) otros textos.

_____

4. El doctor (terminar) el examen médico y me (recetar) un antibiótico.

_____

5. La niña (tener) ocho años y (ser) inteligente y alegre.

_____

6. Rafael (cerrar) todos los programas, (apagar) la computadora y (irse).

_____

5 **¡Qué diferencia!** Complete this paragraph with the preterite or the imperfect of the verbs in parentheses.

La semana pasada (yo) (llegar) _____ a la universidad y me di cuenta (*realized*)
                                                1
de que este año va a ser muy diferente a los anteriores. Todos los años Laura y yo (vivir)

_____ con Regina, pero la semana pasada (nosotras) (conocer)
                2

_____ a nuestra nueva compañera de cuarto, Gisela. Antes Laura, Regina y yo
                3

(tener) _____ un apartamento muy pequeño, pero al llegar la semana pasada,
                        4

(nosotras) (ver) _____ el apartamento nuevo: es enorme y tiene mucha luz.
                        5

Antes de vivir con Gisela, Laura y yo no (poder) _____ leer el correo electróni-
                                                                6

co desde la casa, pero ayer Gisela (conectar) _____ su computadora al Internet
                                                        7

y todas (mirar) _____ nuestros mensajes. Antes (nosotras) siempre (caminar)
                        8

_____ hasta la biblioteca para ver el correo, pero anoche Gisela nos (decir)
                9

_____ que podemos compartir su computadora. ¡Qué diferencia!
        10

6 **¿Dónde estabas?** Write questions and answers with the words provided. Ask where these people were when something happened.

> **modelo**
> Elena ⟶ Ricardo / salir a bailar // cuarto / dormir la siesta
> ¿Dónde estaba Elena cuando Ricardo salió a bailar?
> Elena estaba en el cuarto. Dormía la siesta.

1. María ⟶ (yo) / llamar por teléfono // cocina / lavar los platos

_____

_____

2. (tú) ⟶ Teresa y yo / ir al cine // casa / leer una revista

_____

_____

3. tu hermano ⟶ empezar a llover // calle / montar en bicicleta

_____

_____

4. Uds. ⟶ Luisa / venir a casa // estadio / jugar al fútbol

_____

_____

5. Ana y Pepe ⟶ (tú) / saludarlos // supermercado / hacer la compra

_____

_____

7 **El diario de Laura** Laura has just found a page from her old diary. Rewrite the page in the past tense, using the preterite and imperfect forms of the verbs as appropriate.

Querido diario:

Estoy pasando el verano en Córdoba, y es un lugar muy divertido. Salgo con mis amigas todas las noches hasta tarde. Bailo con nuestros amigos y nos divertimos mucho. Durante la semana, trabajo: doy clases de inglés. Los estudiantes son alegres y se interesan mucho por aprender. El día de Navidad conocí a un chico muy simpático que se llama Francisco. Me llamó al día siguiente (*next*) y nos vemos todos los días. Me siento enamorada de él. Creo que va a venir a Boston para estar conmigo. Tenemos que buscar trabajo allí, pero estamos muy emocionados.

Laura

_____

_____

_____

_____

_____

_____

_____

_____

_____

_____

_____

8 **Pretérito e imperfecto** Rewrite the paragraph, using the preterite or imperfect forms of the verbs in parentheses as appropriate.

Ayer mi hermana y yo (ir) a la playa. Cuando llegamos, (ser) un día despejado con mucho sol, y nosotras (estar) muy contentas. A las doce (comer) unos sándwiches de almuerzo. Los sándwiches (ser) de jamón y queso. Luego (descansar) y entonces (nadar) en el mar. Mientras (nadar), (ver) a las personas que (practicar) el esquí acuático. (Parecer) muy divertido, así que (decidir) probarlo. Mi hermana (ir) primero, mientras yo la (mirar). Luego (ser) mi turno. Las dos (divertirse) mucho esa tarde.

_____

_____

_____

_____

_____

_____

_____

_____

11.2 Por and para

1 **Para esto o por aquello** Complete the sentences with **por** or **para** as appropriate.

1. Pudieron terminar el trabajo _____ haber empezado (*having begun*) a tiempo.

2. Ese *fax* es _____ enviar y recibir documentos de la compañía.

3. Elsa vivió en esa ciudad _____ algunos meses hace diez años.

4. Mi mamá compró esta computadora portátil _____ mi papá.

5. Sales _____ la Argentina mañana a las ocho y media.

6. Rosaura cambió la blusa blanca _____ la blusa rosada.

7. El Sr. López necesita el informe _____ el 2 de agosto.

8. Estuve estudiando toda la noche _____ el examen.

9. Los turistas fueron de excursión _____ las montañas.

10. Mis amigos siempre me escriben _____ correo electrónico.

2 **Por muchas razones** Complete the sentences with the expressions in the word bank.

por aquí	por eso
por ejemplo	por fin

1. Ramón y Sara no pudieron ir a la fiesta anoche; _____ no los viste.

2. Buscaron el vestido perfecto por mucho tiempo, y _____ lo encontraron en esa tienda.

3. Creo que va a ser difícil encontrar un módem y un monitor _____.

4. Pídele ayuda a uno de tus amigos, _____, Miguel, Carlos o Francisco.

5. Miguel y David no saben si podemos pasar _____ en bicicleta.

6. La videocasetera no está conectada, y _____ no funciona.

3 **Por y para** Complete the sentences with **por** or **para**.

1. Fui a comprar frutas (*instead of*) _____ mi madre.

2. Fui a comprar frutas (*to give to*) _____ mi madre.

3. Rita le dio dinero (*in order to buy*) _____ el módem.

4. Rita le dio dinero (*in exchange for*) _____ el módem.

5. La familia los llevó (*through*) _____ los Andes.

6. La familia los llevó (*to*) _____ los Andes.

4 **Escribir oraciones** Write sentences in the preterite, using the elements provided and **por** or **para**.

> modelo
> (tú) / salir en el auto / ¿? / Córdoba
> *Saliste en el auto para Córdoba.*

1. Ricardo y Emilia / traer un pastel / ¿? / su prima

_____

2. los turistas / llegar a las ruinas / ¿? / barco

_____

3. (yo) / tener resfriado / ¿? / el frío

_____

4. mis amigas / ganar dinero / ¿? / viajar a Suramérica

_____

5. Uds. / buscar a Teresa / ¿? / toda la playa

_____

6. el avión / salir a las doce / ¿? / Buenos Aires

_____

5 **Para Silvia** Complete the paragraph with **por** and **para**.

Fui a la agencia de viajes porque quería ir _____1 Mendoza

_____2 visitar a mi novia, Silvia. Entré _____3 la puerta y

Marta, la agente de viajes, me dijo: "¡Tengo una oferta excelente _____4 ti!".

Me explicó que podía viajar en avión _____5 Buenos Aires

_____6 seiscientos dólares. Podía salir un día de semana,

_____7 ejemplo lunes o martes. Me podía quedar en una pensión en Buenos

Aires _____8 quince dólares _____9 noche. Luego viajaría

_____10 tren a Mendoza _____11 encontrarme con Silvia.

"Debes comprar el pasaje _____12 el fin de mes", me recomendó Marta. Fue la

oferta perfecta _____13 mí. Llegué a Mendoza y Silvia vino a la estación

_____14 mí. Traje unas flores _____15 ella. Estuve en

Mendoza _____16 un mes y _____17 fin Silvia y yo nos

comprometimos. Estoy loco _____18 ella.

11.3 Reciprocal reflexives

1 **Se conocen** Complete the sentences with the reciprocal reflexives of the verbs in parentheses. Use the present tense.

1. (ver) Isabel y Francisco _____ todos los días en clase.

2. (encontrar) Los amigos _____ en el centro de la ciudad.

3. (querer) El padre y la madre de Elena _____ mucho.

4. (saludar) La dependienta y yo _____ por las mañanas.

5. (ayudar) Los compañeros de clase _____ con las tareas.

6. (llamar) Tía Ana y tía Teresa _____ por teléfono todos los días.

2 **Nos vemos** Complete the sentences with the reciprocal reflexives of the verbs in the word bank.

encontrar	despedir	llamar	saludar
abrazar	querer	besar	ayudar

1. Cuando los estudiantes llegan a clase, todos _____.

2. Hace seis meses que Ricardo no ve a su padre. Cuando se ven, _____.

3. Los buenos amigos _____ cuando tienen problemas.

4. Es el final de la boda. El novio y la novia _____.

5. Mi novia y yo nos vamos a casar porque _____ mucho.

6. Antes de irse a sus casas, todos los amigos de Irene y Vicente _____.

7. Hablo todos los días con mi hermana. Nosotras _____ todos los días.

8. Cuando Sandra sale a comer con sus amigas, ellas _____ en el restaurante.

3 **Así fue** Write sentences from the elements provided. Use reciprocal reflexives and the preterite of the verbs.

1. Ayer / Felipe y Lola / enviar / mensajes por correo electrónico

_____

2. Raúl y yo / encontrar / en el centro de computación

_____

3. mis abuelos / querer / mucho toda la vida

_____

4. los protagonistas de la película / abrazar y besar / al final

_____

5. esos hermanos / ayudar / a conseguir trabajo

_____

4 **Noticias** (*News*) **de Alma** Read the letter from Alma, then complete the sentences about the letter with reciprocal reflexive forms of the correct verbs.

Querida Claudia:

Conocí a Manolo el mes pasado en Boston. Desde el día en que lo conocí, lo veo todos los días. Cuando salgo de la universidad, me encuentro con él en algún lugar de la ciudad. Nuestro primer beso fue en el parque. Anoche Manolo me dijo que me quiere a mí y yo le dije que lo quiero mucho a él. Siempre nos ayudamos mucho con las tareas de la universidad. Llamo mucho a mi hermana y ella me llama a mí para hablar de las cosas. Mi hermana me entiende muy bien y viceversa.

Hasta luego,
Alma

1. Manolo y Alma _____ el mes pasado en Boston.

2. Ellos _____ todos los días desde que se conocieron.

3. Manolo y Alma _____ después de clase en algún lugar de la ciudad.

4. La primera vez que _____, Manolo y Alma estaban en el parque.

5. Anoche Manolo y Alma _____ que se quieren mucho.

6. Manolo y Alma siempre _____ mucho con las tareas de la universidad.

7. Alma y su hermana _____ mucho para hablar de las cosas.

8. Alma y su hermana _____ muy bien.

5 **Completar** Complete each pair of sentences with the preterite of the verbs in parentheses. Use the reciprocal reflexive in only one sentence in each pair.

(conocer)

1. Ricardo y Juan _____ a Cristina el año pasado.

2. Los González _____ en un viaje por Europa.

(saludar)

3. Los policías _____ cuando llegaron al cuartel (*headquarters*).

4. La mujer policía _____ a los niños que cruzaban la calle.

(ayudar)

5. Las enfermeras _____ al paciente a levantarse.

6. Los niños _____ para terminar la tarea más temprano.

(ver)

7. Los mecánicos _____ los coches descompuestos.

8. El profesor y los estudiantes _____ por primera vez en clase.

11.4 Stressed possessive adjectives and pronouns

1 **Esas cosas tuyas** Fill in the blanks with the possessive adjectives as indicated.

1. Ana nos quiere mostrar unas fotos (*of hers*) _____.

2. A Lorena le encanta la ropa (*of ours*) _____.

3. Los turistas traen las toallas (*of theirs*) _____.

4. El mecánico te muestra unos autos (*of his*) _____.

5. El sitio Web (*of his*) _____ es espectacular.

6. ¿Quieres probar el programa de computación (*of ours*) _____?

7. Roberto prefiere usar la computadora (*of mine*) _____.

8. Ese ratón (*of yours*) _____ es el más moderno que existe.

2 **¿De quién es?** Complete the sentences with possessive adjectives.

1. Ésa es mi computadora. Es la computadora _____.

2. Vamos a ver su página de Internet. Vamos a ver la página de Internet _____.

3. Aquéllos son mis archivos. Son los archivos _____.

4. Quiero usar el programa de él. Quiero usar el programa _____.

5. Buscamos nuestra impresora. Buscamos la impresora _____.

6. Ésos son los discos compactos de ella. Son los discos compactos _____.

7. Tienen que arreglar tu teclado. Tienen que arreglar el teclado _____.

8. Voy a usar el teléfono celular de ustedes. Voy a usar el teléfono celular _____.

3 **Los suyos** Answer the questions. Follow the model.

> **modelo**
> ¿Vas a llevar tu cámara?
> Sí, voy a llevar la mía.

1. ¿Prefieres usar tu calculadora? _____

2. ¿Quieres usar nuestro módem? _____

3. ¿Guardaste los archivos míos? _____

4. ¿Llenaste el tanque de su auto? _____

5. ¿Manejó Sonia nuestro auto? _____

6. ¿Vas a comprar mi televisor? _____

4 **Los pronombres posesivos** Replace the question with one using **de** to clarify the possession. Then answer the question affirmatively, using a possessive pronoun.

> **modelo**
> ¿Es suyo el teléfono celular? (de ella)
> *¿Es de ella el teléfono celular? Sí, es suyo.*

1. ¿Son suyas las gafas? (de Ud.)

_____

2. ¿Es suyo el estéreo? (de Joaquín)

_____

3. ¿Es suya la impresora? (de ellos)

_____

4. ¿Son suyos esos módems? (de Susana)

_____

5. ¿Es suyo el coche? (de tu mamá)

_____

6. ¿Son suyas estas calculadoras? (de Uds.)

_____

Síntesis

Tell the story of a romantic couple you know. Use the preterite and the imperfect to tell their story. Use reciprocal reflexive forms of verbs to tell what happened between them and when. Use stressed possessive adjectives and pronouns as needed to talk about their families and their difficulties.

_____

_____

_____

_____

_____

_____

_____

_____

_____

_____

_____

_____

panorama

Argentina

1 **Argentina** Fill in the blanks with the correct terms.

1. La ciudad de Buenos Aires se conoce como el _____.

2. Se dice que la Argentina es el país más _____ de toda la América Latina.

3. Después de 1880, muchos _____ se establecieron en la Argentina.

4. Los sonidos y ritmos del tango tienen raíces _____,

_____ y _____.

5. A los habitantes de Buenos Aires se les llama _____.

6. Cerca de la confluencia de los ríos Iguazú y Paraná están _____.

2 **Palabras desordenadas** Unscramble the words about Argentina, using the clues.

1. URGAÍNA _____
(idioma que se habla en la Argentina además del español)

2. ESEDREMC _____
(nombre de una cantante argentina)

3. GAIOATNAP _____
(región fría que está en la parte sur (*south*) de la Argentina)

4. REGTARLNIA _____
(uno de los países de origen de muchos inmigrantes a la Argentina)

5. ÑORTOEPS _____
(personas de Buenos Aires)

6. TOORVPOAVCI _____
(una característica del tango en un principio)

3 **Datos argentinos** Fill in the blanks with the aspects of Argentina described.

1. saxofonista argentino _____

2. las tres mayores ciudades de la Argentina _____

3. países de origen de muchos inmigrantes argentinos _____

4. escritor argentino célebre _____

5. países que comparten las cataratas del Iguazú _____

6. primera dama argentina _____

4   **Fotos de Argentina**   Label the photographs from Argentina.

1. _____   2. _____

5   **¿Cierto o falso?**   Indicate whether the statements are **cierto** or **falso**.   Correct the false statements.

1. La Argentina es el país más grande del mundo.

_____

2. La Avenida 9 de Julio en Buenos Aires es la calle más ancha del mundo.

_____

3. Los idiomas que se hablan en la Argentina son el español y el inglés.

_____

4. Los inmigrantes argentinos venían principalmente de Europa.

_____

5. El tango es un baile con raíces indígenas y africanas.

_____

6. Las cataratas de Iguazú están cerca de las confluencias de los ríos Iguazú y Paraná.

_____

6   **Preguntas argentinas**   Answer the questions with complete sentences.

1. ¿Por qué se conoce a Buenos Aires como el "París de Sudamérica"?

_____

2. ¿Quién fue la primera dama de la Argentina hasta el 1952?

_____

3. ¿Qué dejaron las diferentes culturas de los inmigrantes a la Argentina?

_____

4. ¿Cómo cambió el tango desde su origen hasta la década de 1940?

_____

panorama

Uruguay

7 **Datos uruguayos** Complete the sentences with information about Uruguay.

1. Montevideo está situada en el estuario del _____.

2. Las hermosas playas de Uruguay llegan hasta la ciudad de _____.

3. La _____ es esencial en la dieta diaria de los uruguayos.

4. El _____ es una infusión similar al té y es muy típico de la región.

5. El _____ es el deporte nacional de Uruguay.

6. En los años _____ se inició el periodo profesional del fútbol uruguayo.

7. El _____ de Montevideo dura unos cuarenta días y es el más largo del mundo.

8. La celebración más conocida del Carnaval de Montevideo es el _____.

9. _____ es la capital de Uruguay.

10. _____ es una célebre escritora y profesora uruguaya.

8 **¿Cierto o falso?** Indicate if each statement is **cierto** or **falso**. Correct the false statements.

1. Punta del Este es una ciudad cosmopolita e intelectual.

_____

2. La ganadería es muy importante en las economías de Uruguay y Argentina.

_____

3. El mate es una bebida de origen africano que está muy presente en Uruguay.

_____

4. El mate no se bebe en los restaurantes.

_____

5. El sol uruguayo es la moneda de Uruguay.

_____

6. Uruguay desea que la Copa Mundial de fútbol se celebre allí en 2030.

_____

7. Uno de los mejores carnavales de Sudamérica se celebra en Salto.

_____

8. En el Desfile de las Llamadas se baila el tango.

_____

9   **El mapa** Identify the places on this map of Uruguay.

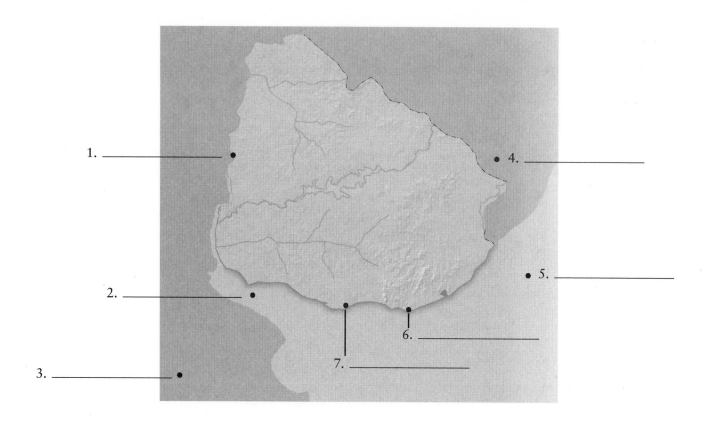

1. _____

2. _____

3. _____

4. _____

5. _____

6. _____

7. _____

10   **Preguntas** Answer these questions about Uruguay in complete sentences.

1. ¿Dónde vive la mitad de los habitantes del Uruguay?

_____

2. ¿Cuáles son algunos platos típicos del país?

_____

3. ¿Por qué Montevideo es un destino popular para las vacaciones?

_____

4. ¿Cuándo se formó el primer equipo de fútbol uruguayo?

_____

5. ¿Quién participa en el Carnaval de Montevideo?

_____

6. ¿Qué es el candombe?

_____

contextos

1 **Los aparatos domésticos** Answer the questions with complete sentences.

> *modelo*
> Julieta quiere comer pan tostado. ¿Qué tiene que usar Julieta?
> Julieta tiene que usar una tostadora.

1. La ropa de Joaquín está sucia. ¿Qué necesita Joaquín?

_____

2. Clara lavó la ropa. ¿Qué necesita Clara ahora?

_____

3. Los platos de la cena están sucios. ¿Qué se necesita?

_____

4. Rita quiere hacer hielo. ¿Dónde debe poner el agua?

_____

2 **¿En qué habitación?** Label these items as belonging to **la cocina, la sala,** or **la alcoba**.

1. el lavaplatos _____   5. la almohada _____

2. el sillón _____   6. la cafetera _____

3. la cama _____   7. la mesita de noche _____

4. el horno _____   8. la cómoda _____

3 **¿Qué hacían?** Complete the sentences, describing the domestic activity in each drawing.

1. Ramón _____

2. Rebeca _____

3. Mi tío Juan _____

4. Isabel _____

4   **Una es diferente** Fill in the blank with the word that doesn't belong in each group.

1. sala, plato, copa, vaso, taza _____

2. cuchillo, altillo, plato, copa, tenedor _____

3. cocina, balcón, patio, jardín, garaje _____

4. cartel, estante, pintura, lavadora, cuadro _____

5. alcoba, sala, comedor, pasillo, oficina _____

6. lavadora, escalera, secadora, lavaplatos, tostadora _____

5   **Crucigrama** Complete the crossword puzzle.

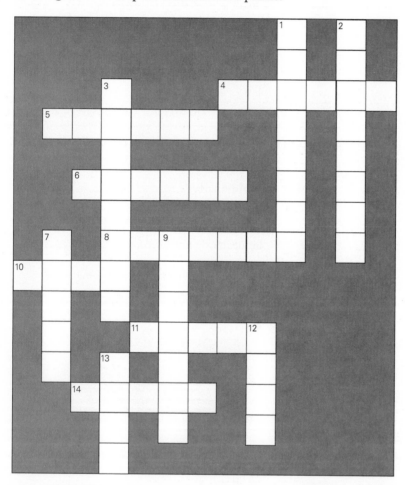

Horizontales

4. el hombre que vive al lado de tu casa
5. Julieta habló con Romeo desde su _____.
6. sillón, mesa, cama o silla
8. lo que pones cuando necesitas luz
10. lo que usas para tomar vino
11. Usas estas cosas para tomar agua o soda.
14. lo que usas cuando hace frío de noche

Verticales

1. lo que usas para ir de un piso a otro
2. Obras (*works*) de Picasso, de Goya, etc.
3. pagar dinero cada mes por vivir en un lugar
7. _____ de microondas
9. Si vas a vivir en otro lugar, vas a _____.
12. donde se pueden sentar tres o cuatros personas
13. lo que usas para tomar el café

estructura

12.1 Relative pronouns

1 **Relativamente** Complete the sentences with **que, quien,** or **quienes.**

1. La persona a _____ debes conocer es Marta.

2. El restaurante _____ más me gusta es Il Forno.

3. Los amigos a _____ fue a visitar son Ana y Antonio.

4. Doña María, _____ me cuidaba cuando yo era niña, vino a verme.

5. El estudiante _____ mejor conozco de la clase es Gustavo.

6. La habitación _____ tiene las paredes azules es la tuya.

7. Los primos con _____ mejor me llevo son Pedro y Natalia.

8. El profesor _____ sabe la respuesta está en la biblioteca ahora.

2 **Esto fue** Answer the questions using the words in parentheses.

> **modelo**
> ¿Qué es lo que encontraste en el altillo? (un álbum de fotos)
> Lo que encontré en el altillo fue un álbum de fotos.

1. ¿Qué es lo que preparas en la cocina? (el almuerzo)

_____

2. ¿Qué es lo que buscas en el estante? (mi libro favorito)

_____

3. ¿Qué es lo que te gusta hacer en verano? (ir al campo)

_____

4. ¿Qué es lo que vas a poner en el balcón? (un sofá)

_____

5. ¿Qué es lo que tiene Paco en el armario? (mucha ropa)

_____

6. ¿Qué es lo que le vas a regalar a tu hermana? (una cafetera)

_____

3 **¿Que o lo que?** Complete the sentences with **que** or **lo que.**

1. El pastel de cumpleaños _____ me trajo mi abuela fue delicioso.

2. _____ más le gusta a Pedro y Andrés es jugar baloncesto.

3. Miguel perdió las llaves, _____ le hizo llegar tarde al dentista.

4. Ricardo y Ester querían los muebles _____ vieron en la tienda.

4 **Pronombres relativos** Complete the sentences with **que, quien, quienes,** or **lo que.**

1. Los vecinos _____ viven frente a mi casa son muy simpáticos.

2. Rosa y Pepe viajan mucho, _____ los expone a muchas culturas.

3. Las amigas con _____ estudias en la universidad son de varias ciudades.

4. El apartamento _____ Rebeca y Jorge alquilaron está cerca del centro.

5. Adrián y Daniel, _____ estudian física, son expertos en computación.

6. Rubén debe pedirle la aspiradora a Marcos, a _____ le regalaron una.

5 **Mi prima Natalia** Complete the paragraph with **que, quien, quienes,** or **lo que.**

Natalia, _____ es mi prima, tiene un problema. Natalia es la prima
        1

_____ más quiero de todas las que tengo. _____ le pasa a Natalia es
        2   3

que siempre está muy ocupada. Su novio, a _____ conoció hace dos años, quiere
                                            4

pasar más tiempo con ella. La clase _____ más le gusta a Natalia es la clase de
                                      5

francés. Natalia, _____ ya habla inglés y español, quiere aprender el francés muy bien.
                    6

Tiene dos amigos franceses con _____ practica el idioma. Natalia también está en el
                                 7

equipo de natación, _____ le toma dos horas todas las mañanas. Pero las otras
                      8

nadadoras _____ están en el equipo la necesitan. Además, a Natalia le gusta visitar a
            9

sus padres, a _____ ve casi todos los fines de semana. También ve con frecuencia a los
                10

parientes y amigos _____ viven en su ciudad. ¡Este verano _____
                     11   12

Natalia necesita son unas vacaciones!

6 **Lo que me parece** Rewrite each sentence using **lo que.**

> modelo
>
> A mí me gusta comer en restaurantes.
> Lo que a mí me gusta es comer en restaurantes.

1. Raúl dijo una mentira.

_____

2. Conseguiste enojar a Victoria.

_____

3. Lilia va a comprar una falda.

_____

4. Ellos preparan una sorpresa.

_____

5. A Teo y a mí nos gusta la nieve.

_____

12.2 Formal **Ud.** and **Uds.** commands

1 **Háganlo así** Complete the commands, using the verbs in parentheses.

Ud.

1. (lavar) _____ la ropa con el nuevo detergente.

2. (salir) _____ de su casa y disfrute del aire libre.

3. (decir) _____ todo lo que piensa hacer hoy.

4. (beber) No _____ demasiado en la fiesta.

5. (venir) _____ preparado para pasarlo bien.

6. (volver) No _____ sin probar la langosta de Maine.

Uds.

7. (comer) No _____ con la boca abierta.

8. (oír) _____ música clásica en casa.

9. (poner) No _____ los codos (*elbows*) en la mesa.

10. (traer) _____ un regalo a la fiesta de cumpleaños.

11. (ver) _____ programas de televisión educativos.

12. (conducir) _____ con precaución (*caution*) por la ciudad.

2 **Por favor** Give instructions to people cleaning a house by changing the verb phrases into formal commands.

> **modelo**
>
> sacudir la alfombra
> *Sacuda la alfombra, por favor.*

1. traer la aspiradora

_____

2. arreglar el coche

_____

3. bajar al sótano

_____

4. apagar la cafetera

_____

5. venir a la casa

_____

3 **Para emergencias** Rewrite the paragraph, replacing **debe** + *verb* with formal commands.

El huésped debe leer estas instrucciones para casos de emergencia. En caso de emergencia, el huésped debe tocar la puerta antes de abrirla. Si la puerta no está caliente, el huésped debe salir de la habitación con cuidado (*carefully*). Al salir, el huésped debe doblar a la derecha por el pasillo y debe bajar por la escalera de emergencia. El huésped debe mantener la calma y debe caminar lentamente. El huésped no debe usar el ascensor durante una emergencia. El huésped debe dejar su equipaje en la habitación en caso de emergencia. Al llegar a la planta baja, el huésped debe salir al patio o a la calle. Luego el huésped debe pedir ayuda a un empleado del hotel.

_____

_____

_____

_____

_____

_____

_____

_____

_____

4 **Lo opuesto** Change each command to say the opposite.

> *modelo*
>
> Recéteselo a mi hija.
> _No se lo recete a mi hija._

1. Siéntense en la cama. _____

2. No lo limpie ahora. _____

3. Lávenmelas mañana. _____

4. No nos los sirvan. _____

5. Sacúdalas antes de ponerlas. _____

6. No se las busquen. _____

7. Despiértenlo a las ocho. _____

8. Cámbiesela a veces. _____

9. Pídanselos a Martín. _____

10. No se lo digan hoy. _____

12.3 The present subjunctive

1 **Oraciones** Complete the sentences with the present subjunctive of the verb in parentheses.

1. (comer) Es bueno que Uds. _____ frutas, verduras y yogures.

2. (estudiar) Es importante que Laura y yo _____ para el examen de física.

3. (mirar) Es urgente que el doctor te _____ la rodilla y la pierna.

4. (leer) Es malo que los niños no _____ mucho de pequeños (*when they are little*).

5. (escribir) Es mejor que (tú) les _____ una carta antes de llamarlos.

6. (pasar) Es necesario que (yo) _____ por la casa de Mario por la mañana.

2 **El verbo correcto** Complete the sentences with the present subjunctive of the verbs from the word bank.

ver	traducir	venir	sacar	conducir
poner	hacer	ofrecer	traer	almorzar

1. Es necesario que (yo) _____ a casa temprano para ayudar a mi mamá.

2. Es bueno que (la universidad) _____ muchos cursos por semestre.

3. Es malo que (ellos) _____ justo antes de ir a nadar a la piscina

4. Es urgente que (Lara) _____ estos documentos legales.

5. Es mejor que (tú) _____ más lento para evitar (*avoid*) accidentes.

6. Es importante que (ella) no _____ la cafetera en la mesa.

7. Es bueno que (tú) _____ las fotos para verlas en la fiesta.

8. Es necesario que (él) _____ la casa antes de comprarla.

9. Es malo que (nosotros) no _____ la basura todas las noches.

10. Es importante que (Uds.) _____ los quehaceres domésticos.

3 **El subjuntivo en las oraciones** Rewrite these sentences using the present subjunctive of the verbs in parentheses.

1. Mi padre dice que es importante que yo (estar) contenta con mi trabajo.

_____

2. Rosario cree que es bueno que la gente (irse) de vacaciones más a menudo.

_____

3. Creo que es mejor que Elsa (ser) la encargada del proyecto.

_____

4. Es importante que les (dar) las gracias por el favor que te hicieron.

_____

5. Él piensa que es malo que muchos estudiantes no (saber) otras lenguas.

_____

6. El director dice que es necesario que (haber) una reunión de la facultad.

_____

4 **Es necesario** Write sentences using the elements provided and the present subjunctive of the verbs.

> *modelo*
> malo / Roberto / no poder / irse de vacaciones
> Es malo que Roberto no pueda irse de vacaciones.

1. importante / Nora / pensar / las cosas antes de tomar la decisión

_____

2. necesario / (tú) / entender / la situación de esas personas

_____

3. bueno / Clara / sentirse / cómoda en el apartamento nuevo

_____

4. urgente / mi madre / mostrar / los papeles que llegaron

_____

5. mejor / David / dormir / antes de conducir la motocicleta

_____

6. malo / los niños / pedir / tantos regalos a los abuelos

_____

5 **Sí, es bueno** Answer the questions using the words in parentheses and the present subjunctive.

> *modelo*
> ¿Tiene Marcia que terminar ese trabajo hoy? (urgente)
> Sí, es urgente que Marcia termine ese trabajo hoy.

1. ¿Debemos traer el pasaporte al aeropuerto? (necesario)

_____

2. ¿Tienes que hablar con la dueña del apartamento? (urgente)

_____

3. ¿Debe Manuel ir a visitar a su abuela todas las semanas? (bueno)

_____

4. ¿Puede Ana llamar a Cristina para darle las gracias? (importante)

_____

5. ¿Va Clara a saber lo que le van a preguntar en el examen? (mejor)

_____

12.4 Subjunctive with verbs of will and influence

1 **Preferencias** Complete the sentences with the present subjuntive of the verbs in parentheses.

1. Rosa quiere que tú (escoger) _____ el sofá para la sala.

2. La mamá de Susana prefiere que ella (estudiar) _____ medicina.

3. Miranda insiste en que Luisa (ser) _____ la candidata a vicepresidenta.

4. Rita y yo deseamos que nuestros padres (viajar) _____ a Panamá.

5. A Eduardo no le importa que nosotros (salir) _____ esta noche

6. La agente de viajes nos recomienda que (quedarnos) _____ en ese hotel.

2 **Compra una casa** Read the following suggestions for buying a house. Then write a note to a friend, repeating the advice and using the present subjunctive of the verbs.

Cuando se compra una casa, es importante mirar varios factores:
• Se aconseja tener un agente inmobiliario (*real estate*).
• Se sugiere buscar una casa en un barrio seguro (*safe*).
• Se recomienda escoger un barrio con escuelas buenas.
• Se insiste en mirar los baños, la cocina y el sótano.
• Se ruega comparar precios de varias casas antes de decidir.
• Se aconseja hablar con los vecinos del barrio.

Te aconsejo que tengas un agente inmobiliario. _____

_____

_____

_____

_____

_____

_____

3 **Los pronombres** Write sentences using the elements provided and the present subjunctive. Replace the indirect objects with indirect object pronouns.

> **modelo**
> (a ti) / Simón / sugerir / terminar la tarea luego
> Simón te sugiere que termines la tarea luego.

1. (a Daniela) / José / rogar / escribir esa carta de recomendación

_____

2. (a Uds.) / (yo) / aconsejar / vivir en las afueras de la ciudad

_____

3. (a ellos) / la directora / prohibir / estacionar frente a la escuela

_____

4. (a mí) / (tú) / sugerir / alquilar un apartamento en el barrio

_____

4 **¿Subjuntivo o infinitivo?** Write sentences using the elements provided. Use the subjunctive of the verbs when required.

1. Marina / querer / yo / traer / la compra a casa

_____

2. Sonia y yo / preferir / buscar / la información por Internet

_____

3. el profesor / desear / nosotros / usar / el diccionario

_____

4. Uds. / necesitar / escribir / una carta al consulado

_____

5. (yo) / preferir / Manuel / ir / al apartamento por mí

_____

6. Ramón / insistir en / buscar / las alfombras de la casa

_____

Síntesis

Select a task that you know how to do well. Use formal commands to write instructions for carrying out the task. Then add hints that will help the person following the instructions. Use the phrases **Es bueno, Es mejor, Es importante, Es necesario,** and **Es malo** to tell how to best perform the task. Then use the verbs **aconsejar, pedir, necesitar, prohibir, recomendar, rogar,** and **sugerir** to rewrite the instructions for a friend, asking him or her to perform the task for you.

_____

_____

_____

_____

_____

_____

_____

_____

_____

_____

panorama

Panamá

1   **Datos panameños**   Complete the sentences with the correct information.

1. _____ es un músico y político célebre de Panamá.

2. La fuente principal de ingresos de Panamá es _____.

3. Las _____ son una forma de arte textil de la tribu indígena cuna.

4. Los diseños de las molas se inspiran en las formas del _____.

2   **Relativamente**   Rewrite each pair of sentences as one sentence. Use relative pronouns to combine the sentences.

> **modelo**
>
> La Ciudad de Panamá es la capital de Panamá. Tiene más de un millón de habitantes.
> La Ciudad de Panamá, que tiene más de un millón de habitantes, es la capital de Panamá.

1. La moneda de Panamá es equivalente al dólar estadounidense. Se llama el balboa.

_____

2. El Canal de Panamá se empezó a construir en el 1903. Éste une a los océanos Atlántico y Pacífico.

_____

3. La tribu indígena de los cuna es de las islas San Blas. Ellos hacen molas.

_____

4. Panamá es un sitio excelente para el buceo. Panamá significa "lugar de muchos peces".

_____

3   **Geografía panameña**   Fill in the blanks with the correct geographical name.

1. la capital de Panamá _____

2. segunda ciudad de Panamá _____

3. países que limitan (*border*) con Panamá _____

4. mar al norte (*north*) de Panamá _____

5. océano al sur (*south*) de Panamá _____

6. por donde pasan más de 12.000 buques por año _____

7. en donde vive la tribu indígena de los cuna _____

8. donde se pueden observar tortugas en peligro de extinción _____

4 **Viaje al Panamá** Complete the phrases with the correct information. Then write a paragraph of a tourist brochure about Panama. Use formal commands in the paragraph. The first sentence is done for you.

1. viajar en avión a _____, la capital de Panamá

2. visitar el país centroamericano, donde circulan los billetes del _____

3. conocer a los panameños; la lengua natal del 14% de ellos es _____

4. ir al Canal de Panamá, que une los océanos _____ y _____

5. ver las _____ que hace la tribu indígena cuna y decorar la casa con ellas

6. bucear en las playas de gran valor _____ por la riqueza y diversidad de su vida marina

Viaje en avión a la ciudad de Panamá, la capital de Panamá. _____

_____

_____

_____

_____

_____

_____

_____

_____

5 **¿Cierto o falso?** Indicate whether the statements are **cierto** or **falso**. Correct the false statements.

1. Panamá es aproximadamente del tamaño de California.

_____

2. La moneda panameña, que se llama el balboa, es equivalente al dólar estadounidense.

_____

3. La lengua natal de todos los panameños es el español.

_____

4. El canal de Panamá une los océanos Pacífico y Atlántico.

_____

5. Las molas tradicionales siempre se usaron para decorar las casas.

_____

panorama

El Salvador

6   **Datos salvadoreños** Complete the sentences with information about El Salvador.

1. _____ es una poeta, novelista y cuentista salvadoreña.

2. El Salvador tiene unos 300 kilómetros de costa en el Océano _____.

3. _____ es la playa que está más cerca de San Salvador.

4. Las condiciones de La Libertad son perfectas para el _____.

5. El bosque nuboso Montecristo está a una altitud de _____.

6. En el bosque nuboso Montecristo se unen _____, _____

y _____.

7. Los _____ del bosque Montecristo son tan espesos que ocultan la luz del sol.

8. Las _____ de Ilobasco son pequeñas piezas de cerámica.

9. El _____ es la moneda de El Salvador.

10. _____ es la segunda ciudad de El Salvador.

7   **¿Cierto o falso?** Indicate if each statement is **cierto** or **falso**. Then correct the false statements.

1. El Salvador es el país centroamericano más grande.

_____

2. Casi el 95 por ciento de la población salvadoreña es mestiza.

_____

3. Óscar Romero fue un arzobispo y activista por los derechos humanos.

_____

4. El pueblo de Ilobasco es un gran centro de *surfing*.

_____

5. El bosque nuboso Montecristo es una zona seca (*dry*).

_____

6. Los productos tradicionales de Ilobasco son los juguetes, los adornos y los utensilios de cocina.

_____

7. En "las sorpresas" de Ilobasco se representan escenas de la vida diaria.

_____

8. En El Salvador sólo se habla español.

_____

8 **Vistas de El Salvador** Label the places in the photos.

1. _____   2. _____

9 **Datos salvadoreños** Briefly describe each person or item.

1. Las "sorpresas"

_____

2. La Libertad

_____

3. Claribel Alegría

_____

4. San Salvador

_____

10 **Letras desordenadas** Unscramble the words according to the clues.

1. AICÍFOPC _____

(el océano de la costa salvadoreña)

2. MPUA _____

(uno de los animales que viven en el Parque Nacional Montecristo)

3. OIACBLOS _____

(pueblo de grandes artesanos)

4. NRODHSUA _____

(uno de los países que se unen en el Parque Nacional Montecristo)

repaso   **Lecciones 10–12**

1 **¿Cuánto tiempo hace?** Complete the answers with **por** or **para**. Then write questions that correspond to the answers.

1. _____

Hace cuatro años que trabajo _____ mi padre en la tienda.

2. _____

Pasamos _____ la casa de Javier y Olga hace dos horas.

3. _____

Hace tres meses que compré una blusa _____ mi hermana.

4. _____

Hace dos años que Ana estudia italiano _____ correspondencia (*mail*).

2 **¿Pretérito o imperfecto?** Complete the sentences with the preterite or imperfect of the verbs in parentheses as appropriate.

1. De niña, Lina siempre (usar) _____ la ropa de sus primas.

2. El año pasado, Ricardo (viajar) _____ a Costa Rica durante las Navidades.

3. Cuando Gloria lo _____ a su casa, él (dormir) _____ tranquilamente.

4. Mientras los niños (jugar) _____ en el parque, los padres (hablar) _____.

5. Yo (ver) _____ la televisión en casa cuando Carolina (llegar) _____ a verme.

6. Mientras Lola (saludar) _____ a sus amigos, Rita (estacionar) _____ el coche.

3 **Hágalo ahora** Write sentences using the words provided. Use formal commands and the subjects indicated.

1. (Uds.) / ayudarlos a traer la compra _____

2. (Ud.) / practicar el francés _____

3. (Uds.) / buscarme un disco bueno _____

4. (Ud.) / decirle lo que desea _____

5. (Uds.) / no ser malas personas _____

6. (Ud.) / salir antes de las cinco _____

4 **El subjuntivo** Rewrite the sentences using the words in parentheses. Use the subjunctive as needed.

> ### modelo
> Ellos tienen muchos problemas. (ser malo)
> Es malo que ellos tengan muchos problemas. No, es baja.

1. El apartamento tiene dos baños. (Rita / preferir) _____

_____

2. Las mujeres ven al doctor todos los años. (ser importante) _____

_____

3. Los pacientes hacen ejercicio. (la enfermera / sugerir) _____

_____

5 **Los países** Complete the sentences with the present-tense reflexive form of the verbs in the word bank.

> hablar   establecer   escuchar   ver
> hacer   empezar   conocer   proveer

1. En los parques nacionales costarricenses _____ muchas plantas y animales.

2. El café costarricense _____ a exportar en el siglo XIX.

3. En Costa Rica _____ servicios médicos gratuitos a todos los ciudadanos.

4. La ciudad de Buenos Aires _____ como el "París de Sudamérica".

5. Después del año 1880, una gran cantidad de inmigrantes _____ en la Argentina.

6. Hoy día el tango argentino _____ en todo el mundo.

7. En Panamá _____ español e inglés, y la mayoría de los panameños son bilingües.

8. Las molas panameñas _____ con capas y fragmentos de tela de colores vivos.

6 **La mujer de ayer y de hoy** Describe what women's lives were like in the early 1800s and what they are like now. Mention the things that women used to do and the things they do now (you may want to use adverbs like **siempre, nunca,** and **a veces**). Then mention the things that men and women should do to ensure equality in the future (you may want to use phrases like **es importante que**... and **es necesario que**...).

_____

_____

_____

_____

_____

_____

Nombre _____ Fecha _____

          Lección 13

1   **La naturaleza** Complete the sentences with the appropriate nature-related words.

1. La luna, las estrellas, el sol y las nubes están en el _____.

2. El _____ es un lugar donde no llueve y hace mucho calor.

3. Una montaña que tiene un cráter es un _____.

4. La región llana (*flat*) que hay entre dos montañas es un _____.

5. La _____ es un bosque tropical, lo que significa que está cerca del ecuador.

6. Para ir de excursión por las montañas, es importante seguir un _____.

2   **Problema y solución** Match each problem with its solution. Then write a sentence with each pair, saying how we can solve the problem.

Problemas	Soluciones
1. la deforestación de los bosques	controlar las emisiones de los coches
2. la erosión de las montañas	plantar árboles y plantas
3. la falta (*lack*) de recursos naturales	reducir la contaminación del aire
4. la contaminación del aire en las ciudades	reciclar los envases y latas
5. la lluvia ácida	prohibir que se corten (*cut*) los árboles en algunas regiones

> **modelo**
> la extinción de plantas y animales/ proteger las especies en peligro
> Para resolver el problema de la extinción de plantas y animales,
> tenemos que proteger las especies en peligro.

1. _____
2. _____
3. _____
4. _____
5. _____

3   **Sinónimos y antónimos** Fill in the blanks with the correct verbs from the word bank.

contaminar	conservar	mejorar	evitar	reducir	dejar de

1. gastar ≠ _____   4. usar más ≠ _____

2. permitir ≠ _____   5. continuar ≠ _____

3. hacerse mejor = _____   6. limpiar ≠ _____

4 **Nuestra madre** Fill in the blanks with the correct terms. Then, read the word formed vertically to complete the final sentence.

1. El lugar donde vivimos es nuestro medio _____.
2. Un bosque tiene muchos tipos de _____.
3. Un volcán tiene un _____ en la parte de arriba.
4. Cuando el cielo está despejado, no hay ni una _____.
5. Las _____ son rocas (rocks) más pequeñas.
6. Otra palabra para ave es _____.
7. La _____ es el estudio de los animales y plantas en su medio ambiente.
8. Otra palabra para hierba es _____.
9. El salmón es un tipo de _____.
10. El satélite que se ve desde la Tierra es la _____.

Todas estas cosas forman parte de la _____.

5 **Carta al editor** Complete the letter to the editor with items from the word bank.

árboles	población	dejar de	contaminar
evitar	conservar	recurso natural	reducir
respiramos	resolver	deforestación	mejorar

Creo que la _____ del aire en nuestra ciudad es un problema que se tiene que
                    1
_____ muy pronto. Cada día hay más carros que contaminan el aire que todos
        2
nosotros _____. Además, la _____ en las regiones cerca de la ciudad
              3   4
elimina una gran parte del oxígeno que los _____ le proveían (provided) a la
                                                  5
_____ de la ciudad. Creo que es importante _____ las condiciones de
        6   7
las calles para que las personas puedan montar en bicicleta para ir al trabajo. Así, todos pueden

_____ gasolina, porque el petróleo es un _____ que no va a
        8   9
durar (last) para siempre. Creo que el uso de bicicletas en la ciudad es una de las mejores ideas para

_____ el uso de los carros. Debemos _____ pensar que el carro
        10   11
es un objeto absolutamente necesario, y buscar otras maneras de transportarnos. Quizás algún día

podamos _____ los problemas que nos causa la contaminación.
              12

Nombre _____   Fecha _____

estructura

13.1 The subjunctive with verbs of emotion

1 **Emociones** Complete the sentences with the subjunctive of the verbs in parentheses.

1. A mis padres les molesta que los vecinos (quitar) _____ los árboles.

2. Julio se alegra de que (haber) _____ muchos pájaros en el jardín de su casa.

3. Siento que Teresa y Lola (estar) _____ enfermas con la gripe.

4. Liliana tiene miedo de que sus padres (decidir) _____ mudarse a otra ciudad.

5. A ti te sorprende que la deforestación (ser) _____ un problema tan grande.

6. Rubén espera que el gobierno (mejorar) _____ las leyes que protegen la naturaleza.

2 **Es así** Combine each pair of sentences, using the subjunctive.

> **modelo**
> La lluvia ácida destruye los bosques. Es terrible.
> Es terrible que la lluvia ácida destruya los bosques.

1. Muchos ríos están contaminados. Es triste.

_____

2. Algunas personas evitan reciclar. Es ridículo.

_____

3. Los turistas no recogen la basura (*garbage*). Es una lástima.

_____

4. La gente destruye el medio ambiente. Es extraño.

_____

3 **Ojalá...** Form sentences, using the elements provided. Start the sentences with **Ojalá que**.

1. los países / conservar sus recursos naturales

_____

2. este sendero / llevarnos al cráter del volcán

_____

3. la población / querer cambiar las leyes de deforestación

_____

4. mi perro / gustarle ir de paseo por el bosque

_____

5. las personas / reducir el uso de los carros en las ciudades

_____

6. los científicos / saber resolver el problema de la contaminación

_____

4   **Lo que sea** Change the subject of each second verb to the subject in parentheses. Then complete the new sentence with the new subject, using the subjunctive.

> **modelo**
> Pablo se alegra de ver a Ricardo. (su madre)
> *Pablo se alegra de que su madre vea a Ricardo.*

1. Me gusta salir los fines de semana. (mi hermana)

Me gusta que _____.

2. José y tú esperan salir bien en el examen. (yo)

José y tú esperan que _____.

3. Es ridículo contaminar el mundo en que vivimos. (la gente)

Es ridículo que _____.

4. Carla y Patricia temen separarse por el sendero. (sus amigos)

Carla y Patricia temen que _____.

5. Te molesta esperar mucho al ir de compras. (tu novio)

Te molesta que _____.

6. Es terrible usar más agua de la necesaria. (las personas)

Es terrible que _____.

7. Es triste no saber leer. (Roberto)

Es triste que _____.

8. Es una lástima encontrar animales abandonados. (los vecinos)

Es una lástima que _____.

5   **Emociones** Form sentences using the elements provided and the present subjunctive.

1. Rosa / alegrarse / sus amigos / reciclar los periódicos y los envases

_____

2. los turistas / sorprenderse / el país / proteger tanto los parques naturales

_____

3. (nosotros) / temer / los cazadores (*hunters*) / destruir animales en peligro de extinción

_____

4. la población / sentir / las playas de la ciudad / estar contaminadas

_____

5. las personas / esperar / el gobierno / desarrollar nuevos sistemas de energía

_____

6. a mi tía / gustar / mi primo / recoger y cuidar animales abandonados

_____

7. mis vecinos / tener miedo / el gobierno / poner un aeropuerto cerca

_____

13.2 The subjunctive with doubt, disbelief and denial

1 **No es probable** Complete the sentences with the subjunctive of the verbs in parentheses.

1. No es verdad que Raúl (ser) _____ un mal excursionista.

2. Es probable que Tito y yo (ir) _____ de camping en el bosque nacional.

3. Claudia no está segura de que Eduardo (saber) _____ dónde estamos.

4. No es seguro que el trabajo nos (llegar) _____ antes del viernes.

5. Es posible que Miguel y Antonio (venir) _____ a visitarnos hoy.

6. No es probable que esa compañía les (pagar) _____ bien a sus empleados.

2 **Es posible que pase** Rewrite the sentences, using the words in parentheses.

> modelo
> Hay mucha contaminación en las ciudades. (probable)
> Es probable que haya mucha contaminación en las ciudades.

1. Hay muchas vacas en los campos de la región. (probable)

_____

2. El agua de esos ríos está contaminada. (posible)

_____

3. Ese sendero nos lleva al lago. (quizás)

_____

4. El gobierno protege todos los peces del océano. (imposible)

_____

5. La población reduce el uso de envases. (improbable)

_____

6. El desierto es un lugar mejor para visitar en invierno. (tal vez)

_____

3 **¿Estás seguro?** Complete the sentences with the indicative or subjunctive form of the verbs in parentheses.

1. (ser) No dudo que Manuel _____ la mejor persona para hacer el trabajo.

2. (tener) El conductor no niega que _____ poca experiencia por estas carreteras.

3. (decir) Ricardo duda que Mirella _____ siempre toda la verdad.

4. (deber) Sé que es verdad que nosotros _____ cuidar el medio ambiente.

5. (poder) Lina no está segura de que sus amigos _____ venir a la fiesta.

6. (querer) Claudia y Julio niegan que tú _____ mudarte a otro barrio.

7. (buscar) No es probable que ella _____ un trabajo de secretaria.

4 **¿Es o no es?** Choose the correct phrase in parentheses to rewrite each sentence, based on the verb.

1. (Estoy seguro, No estoy seguro) de que a Mónica le gusten los perros.

_____

2. (Es verdad, No es verdad) que Ramón duerme muchas horas todos los días.

_____

3. Rita y Rosa (niegan, no niegan) que gasten mucho cuando van de compras.

_____

4. (No cabe duda de, Dudas) que el aire que respiramos está contaminado.

_____

5. (No es cierto, Es obvio) que a Martín y a Viviana les encanta viajar.

_____

6. (Es probable, No hay duda de) que tengamos que reciclar todos los envases.

_____

5 **Oraciones nuevas** Rewrite the sentences, using the words in parentheses. Use the indicative or subjunctive form as appropriate.

1. Las matemáticas son muy difíciles. (no es cierto)

_____

2. El problema de la contaminación es bastante complicado. (el presidente no niega)

_____

3. Él va a terminar el trabajo a tiempo. (Ana duda)

_____

4. Esa película es excelente. (mis amigos están seguros)

_____

5. El español se usa más y más cada día. (no cabe duda)

_____

6. Lourdes y yo podemos ir a ayudarte esta tarde. (no es seguro)

_____

7. Marcos escribe muy bien en francés. (el maestro no cree)

_____

8. Pedro y Virginia nunca comen carne. (no es verdad)

_____

13.3 Conjunctions that require the subjunctive

1 Las conjunciones Complete the sentences with the subjunctive form of the verbs in parentheses.

1. (llegar) Lucas debe terminar el trabajo antes de que su jefe (*boss*)_____ .

2. (haber) ¿Qué tenemos que hacer en caso de que _____ una emergencia?

3. (ayudar) Ellos van a pintar su casa con tal de que (tú) los _____ .

4. (venir) No puedo ir al museo a menos que Juan _____ por mí.

5. (invitar) Alejandro siempre va a casa de Carmen sin que ella lo _____ .

6. (comprar) Tu madre te va a prestar dinero para que te _____ un coche usado.

7. (ver) No quiero que Uds. se vayan sin que tu esposo _____ mi computadora nueva.

8. (dar) Pilar no puede irse de vacaciones a menos que le _____ más días en el trabajo.

9. (leer) Andrés va a llegar antes de que Rocío _____ el correo electrónico.

10. (sugerir) Miguel lo va a hacer con tal que Marcia se lo _____ .

2 ¿Subjuntivo o infinitivo? Rewrite the sentences, choosing the correct verb form from those in parentheses.

1. Rogelio debe salir sin (despierte, despertar) a sus hermanos.

_____

2. Tu padre compró el coche para que (tú) (conduzcas, conducir) al trabajo.

_____

3. Busqué el teléfono en el directorio antes de (llame, llamar) a la Sra. Vélez.

_____

4. Los López cuidan al perro sin que les (dé, dar) muchos problemas.

_____

5. Isabel le pidió la dirección para (recoja, recoger) a David y a Vicente.

_____

6. Siempre vamos a casa de Manuel antes de que sus padres (lleguen, llegar).

_____

13.4 Familiar (tú) commands

1 **Haz papel** Read the instructions for making recycled paper from newspaper. Then use familiar commands to finish the e-mail in which Paco explains the process to Marisol.

hacer un molde con madera y tela (*fabric*)	empezar a poner la pulpa en un molde que deje (*lets*) salir el agua
romper papel de periódico en trozos (*pieces*)	quitar el molde y dejar (*leave*) el papel sobre la mesa
poner el papel en un envase con agua caliente	poner una tela encima del papel
preparar la pulpa con una licuadora (*blender*)	planchar el papel
volver a poner la pulpa en agua caliente	usar el papel

A Marisol De Paco Asunto Cómo reciclar papel

Para reciclar papel de periódico, _____

_____

_____

_____

_____

¡Ya sabes cómo reciclar!
Hasta luego, Paco

2 **Díselo** Follow the instructions by writing familiar commands.

> **modelo**
> Pídele a Ramón que te compre una camiseta en Colombia.
> Ramón, cómprame una camiseta en Colombia.

1. Dile a Mario que te traiga el libro que le regaló Gema.

_____

2. Pídele a Natalia que le escriba una carta a su abuela.

_____

3. Sugiérele a Martín que les sirva una copa de vino.

_____

4. Aconséjale a Gloria que haga la cama antes de salir.

_____

5. Dile a Carmen que no salga hasta las nueve de la noche.

_____

6. Ruégale a Lilia que te enseñe a bailar salsa.

_____

3 **Planes para el verano** Rewrite this paragraph from a travel website. Substitute informal commands for the formal commands.

Este verano, descubra la naturaleza en un mundo inexplorado. Vaya a la selva de Costa Rica y visite los volcanes. Nade en los lagos que se forman dentro de los cráteres. Explore valles escondidos (*hidden*) con abundante vegetación. Conozca la región a pie o alquile un vehículo todoterreno (*all-terrain*). Observe especies en peligro de extinción en el bosque tropical. De noche, duerma bajo las estrellas y beba agua de los ríos más puros de la selva. Respire el aire puro y disfrute de toda la región.

Verano en Costa Rica

_____

_____

_____

_____

_____

_____

_____

_____

4 **¿Te ayudo?** Imagine that you are a child asking one of your parents these questions. Write his or her positive or negative answers in the form of familiar commands.

> modelo
> ¿Necesitas que traiga leche y pan?
> Sí, trae leche y pan./ No, no traigas leche y pan.

1. ¿Quieres que pida una pizza de cena?

_____

2. ¿Deseas que pase la aspiradora esta tarde?

_____

3. ¿Prefieres que haga el almuerzo para mañana?

_____

4. ¿Necesitas que busque a mi hermano después de la escuela?

_____

5. ¿Quieres que venga a casa después de clase el viernes?

_____

6. ¿Prefieres que cuide al perro este fin de semana?

_____

Síntesis

Write an opinion article about oil spills (**los derrames de petróleo**) and their impact on the environment. Use verbs and expressions of emotion, doubt, disbelief, denial, and certainty that you learned in this lesson to describe your own and other people's opinions about the effects of spills. Then write a note to a friend who works at a newspaper, giving instructions for publishing your article.

_____

_____

_____

_____

_____

_____

_____

_____

_____

_____

_____

_____

_____

_____

_____

_____

_____

_____

_____

_____

_____

_____

panorama

Colombia

1 **¿Cierto o falso?** Indicate whether each statement is **cierto** or **falso.** Then correct the false statements.

1. Más de la mitad de la superficie de Colombia está sin poblar.

_____

2. La moneda de Colombia es el dólar estadounidense.

_____

3. El Museo del Oro preserva orfebrería de la época de los españoles.

_____

4. García Márquez escribe en un estilo literario llamado el realismo mágico.

_____

5. El Castillo de San Felipe de Barajas es la fortaleza más grande de las Américas.

_____

6. Medellín se conoce por el Festival de Música del Caribe y el Festival Internacional de Cine.

_____

_____

2 **Consejos** Give advice to a friend who is going to visit Colombia by completing these sentences with the familiar command of the verb in parentheses and information from **Panorama** on pages 386–387 of your textbook.

1. (cambiar) _____ los dólares a _____.

2. (conducir)_____ desde _____, la capital, hasta Cartagena.

3. En Cartagena, (nadar) _____ en las playas del mar _____.

4. En Cartagena, también (ver) _____ edificios antiguos como

_____ y _____.

5. (volver) _____ a Bogotá que está en una cordillera de

_____.

6. (visitar) _____ el Museo del Oro en Bogotá para ver las piezas de

_____.

7. (conocer)_____ los cuentos de Gabriel _____.

8. (escuchar) los discos de la cantante _____.

3 **Ciudades colombianas** Label each Colombian city.

1. _____   2. _____

3. _____   4. _____

4 **Preguntas colombianas** Answer the questions about Colombia with complete sentences.

1. ¿Cómo se compara el área de Colombia con el área de Montana?

_____

2. ¿Qué país conecta a Colombia con Centroamérica?

_____

3. Menciona a dos artistas colombianos que conozcas.

_____

4. ¿Qué creencia tenían las tribus indígenas colombianas sobre al oro?

_____

5. ¿Cuándo publicó Gabriel García Márquez su primer cuento?

_____

6. ¿De qué época son las iglesias, monasterios, palacios y mansiones que se conservan en Cartagena?

_____

panorama

Honduras

5   **En Honduras** Answer the questions with complete sentences.

1. ¿Quiénes son los jicaque, los miskito y los paya?

_____

2. ¿Qué idiomas se hablan en Honduras?

_____

3. ¿Quién es Argentina Díaz Lozano?

_____

4. ¿Qué cultura construyó la ciudad de Copán?

_____

5. ¿Para qué eran las canchas de Copán?

_____

6. ¿Por qué intervino la Standard Fruit Company en la política hondureña?

_____

6   **Datos hondureños** Briefly describe each person or item.

1. El Progreso _____

2. Carlos Roberto Reina _____

3. Copán _____

4. Rosalila _____

5. José Antonio Velásquez _____

6. pintores primitivistas _____

7   **Palabras hondureñas** Identify these people, places, or things.

1. capital de Honduras _____

2. Tegucigalpa, San Pedro Sula, El Progreso, La Ceiba _____

3. moneda hondureña _____

4. español, miskito, garífuna _____

5. escritor hondureño _____

6. lugar adonde se empezaron a exportar las bananas hondureñas _____

8 **¿Cierto o falso?** Indicate whether the statements about Guatemala are **cierto** or **falso**.

1. ¿Todos los habitantes de Honduras hablan español?

_____

2. Aproximadamente en 700 d.C., la ciudad de Copán era muy grande.

_____

3. La exportación de bananas es muy importante para la economía hondureña.

_____

4. La comercialización de bananas empezó en Nuevo México.

_____

5. En las pinturas de Velásquez no hay perspectiva.

_____

9 **El mapa de Honduras** Label the map of Honduras with the correct geographical names.

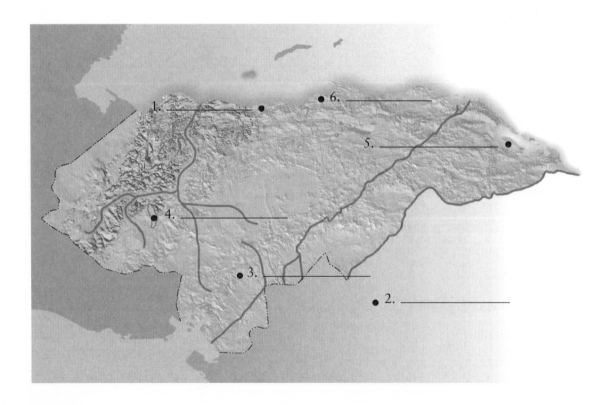

contextos

1 **El dinero** Complete the sentences with the correct banking-related words.

1. Necesito sacar dinero en efectivo. Voy al _____.

2. Quiero ahorrar para comprar una casa. Pongo el dinero en una _____.

3. Voy a pagar, pero no tengo efectivo ni tarjeta de crédito. Puedo usar un _____.

4. Cuando uso un cheque, el dinero sale de mi _____.

5. Para cobrar un cheque a mi nombre, lo tengo que _____ por detrás.

6. Para ahorrar, pienso _____ $200 en mi cuenta de ahorros todos los meses.

2 **¿Qué clase** *(kind)* **de tienda es ésta?** You are running errands, and you can't find the things you're looking for. Fill in the blanks with the names of the places you go.

1. ¿No tienen manzanas? ¿Qué clase de _____ es ésta?

2. ¿No tienen una chuleta de cerdo? ¿Qué clase de _____ es ésta?

3. ¿No tienen detergente? ¿Qué clase de _____ es ésta?

4. ¿No tienen dinero? ¿Qué clase de _____ es éste?

5. ¿No tienen diamantes *(diamonds)*? ¿Qué clase de _____ es ésta?

6. ¿No tienen estampillas? ¿Qué clase de _____ es éste?

7. ¿No tienen botas? ¿Qué clase de _____ es ésta?

8. ¿No tienen aceite vegetal? ¿Qué clase de _____ es éste?

3 **¿Cómo pagas?** Fill in the blank with the most likely form of payment for each item.

| gratis | a plazos |
| al contado | con un préstamo |

1. una nevera _____

2. una camisa _____

3. un coche nuevo _____

4. las servilletas en un restaurante _____

5. una computadora _____

6. un vaso de agua _____

7. una hamburguesa _____

8. una cámara digital _____

9. la universidad _____

10. unos sellos _____

4   **Tu empresa** Fill in the blanks with the type of store each slogan would promote.

1. "Compre aquí para toda la semana y ahorre en alimentos para toda la familia". _____
_____

2. "Deliciosos filetes de salmón en oferta especial". _____

3. "Recién (*Just*) salido del horno". _____

4. "Naranjas y manzanas a dos dólares el kilo". _____

5. "Tráiganos su ropa más fina. ¡Va a quedar como nueva"! _____

6. "51 sabrosas variedades para el calor del verano". _____

7. "¡Reserva el pastel de cumpleaños de tu hijo hoy!" _____

8. "Un diamante es para siempre". _____
_____

9. "Salchichas, jamón y chuletas de cerdo". _____
_____

10. "Arréglese las uñas y péinese hoy por un precio económico". _____

5   **Seguir direcciones** Identify the final destination for each set of directions.

1. De la Plaza Sucre, camine derecho en dirección oeste por la calle Comercio. Doble a la derecha en la calle La Paz hasta la calle Escalona. Doble a la izquierda y al final de la calle va a verlo.

_____

2. Del banco, camine en dirección este por la calle Escalona. Cuando llegue a la calle Sucre, doble a la derecha. Siga por dos cuadras hasta la calle Comercio. Doble a la izquierda. El lugar queda al cruzar la calle Buena Vista.

_____

3. Del estacionamiento de la calle Buena Vista, camine derecho por la calle Sta. Rosalía hasta la calle Bolívar. Cruce la calle Bolívar, y a la derecha en esa cuadra la va a encontrar.

_____

4. De la joyería, camine por la calle Comercio hasta la calle Bolívar. Siga derecho y cruce la calle Sta. Rosalía, la calle Escalona y la calle 2 de Mayo. Al norte en esa esquina la va a ver.

_____

Plaza Bolívar   Farmacia   Joyería
Plaza Sucre   Iglesia   Zapatería
Banco   Terminal   Café Primavera
Casa de la Cultura Escuela Estacionamiento (*parking lot*)

estructura

14.1 The subjunctive in adjective clauses

1   **El futuro de las computadoras** Complete the paragraph with the subjunctive of the verbs in parentheses.

¿Alguna vez ha pensado en un programa de computadora que (escribir) _____

1

las palabras que usted le (decir) _____? En nuestra compañía queremos desa-

2

rrollar un programa que (poder) _____ reconocer la voz (*voice*) de las personas

3

en varias lenguas. Así, todos van a poder escribir con la computadora ¡sin tocar el teclado! Para

desarrollar un programa de reconocimiento (*recognition*) del habla, primero hay que enseñarle algunas

palabras que se (decir) _____ con mucha frecuencia en esa lengua. Luego el

4

programa tiene que "aprender" a reconocer cualquier (*any*) tipo de pronunciación que (tener)

_____ las personas que (usar) _____ el programa. En el

5   6

futuro, va a ser normal tener una computadora que (reconocer) _____ el habla

7

de su usuario. Es posible que hasta (*even*) algunos aparatos domésticos (funcionar)

_____ con la voz de su dueño.

8

2   **¿Esté o está?** Complete the sentences with the indicative or the subjunctive of the verbs in parentheses.

(ser)

1. Quiero comprar una falda que _____ larga y elegante.

2. A Sonia le gusta la falda que _____ verde y negra.

(haber)

3. Nunca estuvieron en el hotel que _____ en el aeropuerto.

4. No conocemos ningún hotel que _____ cerca de su casa.

(quedar)

5. Hay un banco en el edificio que _____ en la esquina.

6. Deben poner un banco en un edificio que _____ más cerca.

(tener)

7. Silvia quiere un apartamento que _____ balcón y piscina.

8. Ayer ellos vieron un apartamento que _____ tres baños.

(ir)

9. Hay muchas personas que _____ a Venezuela de vacaciones.

10. Raúl no conoce a nadie que _____ a Venezuela este verano.

3 **No es cierto** Rewrite the sentences to make them negative, using the subjunctive where appropriate.

1. Ricardo conoce a un chico que estudia medicina.

_____

2. Laura y Diego cuidan a un perro que protege su casa.

_____

3. Maribel y Lina tienen un pariente que escribe poemas.

_____

4. Los González usan coches que son baratos.

_____

5. Mi prima trabaja con unas personas que conocen a su padre.

_____

6. Gregorio hace un plato venezolano que es delicioso.

_____

4 **¿Hay alguno que sea así?** Answer these questions positively or negatively, as indicated. Use the subjunctive where appropriate.

1. ¿Hay algún buzón que esté en la calle Bolívar?

Sí, _____.

2. ¿Conoces a alguien que sea abogado de inmigración?

No, _____.

3. ¿Ves a alguien aquí que estudie contigo en la universidad?

Sí, _____.

4. ¿Hay alguna panadería que venda pan caliente (*hot*) cerca de aquí?

No, _____.

5. ¿Tienes alguna compañera que vaya a ese gimnasio?

Sí, _____.

6. ¿Sabes de alguien en la oficina que haga envíos a otros países?

No, _____.

5 **Une las frases** Complete the sentences with the most logical endings from the word bank. Use the indicative or subjunctive forms of the infinitive verbs as appropriate.

siempre decirnos la verdad	abrir hasta las doce de la noche	no dar direcciones
tener muchos museos	ser cómoda y barata	quererlo mucho

1. Rolando tiene una novia que _____.

2. Todos buscamos amigos que _____.

3. Irene y José viven en una ciudad que _____.

4. ¿Hay una farmacia que _____?

14.2 Conjunctions followed by the subjunctive or the indicative

1 **¿Hasta cuándo?** Answer these questions in complete sentences, using the words in parentheses.

1. ¿Hasta cuándo vas a ponerte ese abrigo? (hasta que / el jefe / decirme algo)

_____

2. ¿Cúando va Rubén a buscar a Marta? (tan pronto como / salir de clase)

_____

3. ¿Cuándo se van de viaje Juan y Susana? (en cuanto / tener vacaciones)

_____

4. ¿Cuándo van ellos a invitarnos a su casa? (después de que / nosotros / invitarlos)

_____

5. ¿Hasta cuándo va a trabajar aquí Ramón? (hasta que / su esposa / graduarse)

_____

6. ¿Cuándo puede mi hermana pasar por tu casa? (cuando / querer)

_____

2 **Tan pronto como puedas** Indicate whether the action described is a command (C), a future action (F), a habitual action (H), or a past action (P). Then form sentences with the elements provided, using the indicative and the subjunctive as appropriate.

1. _____ Hagan sus tareas (cuando/ estar/ en la biblioteca)

_____

2. _____ Por las noches, Isabel y Natalia leen (hasta que/ acostarse/ a dormir)

_____

3. _____ Todos los viernes, Victoria viaja a Cartagena (en cuanto/ las clases/ terminar)

_____

4. _____ Mónica tiene que ir a la peluquería (tan pronto como/ llegar/ a la ciudad)

_____

5. _____ Vuelve a casa de tu tía (después que/ ella/ salir/ del trabajo)

_____

6. _____ Antonio se sorprendió (cuando/ saber/ la respuesta)

_____

7. _____ Los amigos de Paco se van a dormir (después de que/ el partido/ terminar)

_____

8. _____ Todos buscaron las llaves (hasta que/ Patricia/ encontrarlas/ debajo de la cama)

_____

3 **¿Pasado, futuro o mandato?** Rewrite the sentences using the correct choice from the parentheses.

1. Jorge (va a llamarme, me llamó) en cuanto sepa la respuesta.

_____

2. Los invitados (van a bailar, siempre bailan) hasta que termina la fiesta.

_____

3. Rita y yo (vamos a tu casa, fuimos a tu casa) tan pronto como comamos.

_____

4. (Uds.) (Vengan, Vinieron) al restaurante después de que nosotros veamos la película.

_____

5. (Vas a escribir, Escribiste) una novela en cuanto tuviste tiempo libre.

_____

6. Elena y Manuel (tienen que cerrar, siempre cierran) las ventanas cuando llueva.

_____

4 **Siempre llegan tarde** Complete this conversation, using the subjunctive and the indicative as appropriate.

MARIO Hola, Lilia. Ven a buscarme en cuanto (yo) (salir) _____ de clase.
$\quad$ 1

LILIA Ayer pasé a buscarte tan pronto como la clase (terminar) _____ y te tuve
$\quad$ 2

que esperar un buen rato (*awhile*).

MARIO Cuando iba a salir, (yo) me (encontrar) _____ con mi profesora de
$\quad$ 3

química, y hablé con ella del examen.

LILIA Te estuve esperando hasta que (ser) _____ demasiado tarde para almorzar.
$\quad$ 4

MARIO Hoy voy a estar esperándote hasta que (tú) (llegar) _____ a buscarme.
$\quad$ 5

LILIA Después de que (yo) te (recoger) _____, podemos ir a comer a la cafetería.
$\quad$ 6

MARIO En cuanto (tú) (entrar) _____ en el estacionamiento, me vas a ver allí,
$\quad$ 7

esperándote.

LILIA No lo voy a creer hasta que (yo) lo (ver) _____.
$\quad$ 8

MARIO Recuerda que cuando (yo) te (ir) _____ a buscar al laboratorio la sema-
$\quad$ 9

na pasada, te tuve que esperar media hora.

LILIA Tienes razón. ¡Pero llega allí tan pronto como (tú) (poder) _____!
$\quad$ 10

14.3 Nosotros/as commands

1   **Hagamos eso**   Rewrite these sentences, using the **nosotros/as** command forms of the verbs in italics.

> **modelo**
>
> Tenemos que *terminar* el trabajo antes de las cinco.
> **Terminemos el trabajo antes de las cinco.**

1. Hay que *recoger* la casa hoy.

_____

2. Tenemos que *ir* al dentista esta semana.

_____

3. Debemos *depositar* el dinero en el banco.

_____

4. Podemos *viajar* al Perú este invierno.

_____

5. Queremos *salir* a bailar este sábado.

_____

6. Deseamos *invitar* a los amigos de Ana.

_____

2   **¡Sí! ¡No!**   You and your roommate disagree about everything. Write affirmative and negative **nosotros/as** commands for these actions.

> **modelo**
>
> abrir las ventanas
> tú: **Abramos las ventanas.**
> tu compañero/a: **No abramos las ventanas.**

1. pasar la aspiradora hoy

tú: _____

tu compañero/a: _____

2. poner la televisión

tú: _____

tu compañero/a: _____

3. compartir la comida

tú: _____

tu compañero/a: _____

4. hacer las camas todos los días

tú: _____

tu compañero/a: _____

3   **Como Lina** Everyone likes Lina and they want to be like her. Using **nosotros/as** commands, write sentences saying what you and your friends should do to follow her lead.

1. Lina compra zapatos italianos en el centro.

  _____

2. Lina conoce la historia del jazz.

  _____

3. Lina se va de vacaciones a las montañas.

  _____

4. Lina se corta el pelo en la peluquería de la calle Central.

  _____

5. Lina hace pasteles para los cumpleaños de sus amigas.

  _____

6. Lina no sale de fiesta todas las noches.

  _____

7. Lina corre al lado del río todas las mañanas.

  _____

8. Lina no gasta demasiado dinero en la ropa.

  _____

4   **El préstamo** Claudia is thinking of everything that she and her fiancé, Ramón, should do to buy an apartment. Write what she will tell Ramón, using **nosotros/as** commands for verbs in the infinitive. The first sentence is done for you.

Podemos pedir un préstamo para comprar un apartamento. Debemos llenar este formulario cuando solicitemos el préstamo. Tenemos que ahorrar dinero todos los meses hasta que paguemos el préstamo. No debemos cobrar los cheques que nos lleguen; debemos depositarlos en la cuenta corriente. Podemos depositar el dinero que nos regalen cuando nos casemos. Le debemos pedir prestado a mi padre un libro sobre cómo comprar una vivienda. Queremos buscar un apartamento que esté cerca de nuestros trabajos. No debemos ir al trabajo mañana por la mañana; debemos ir al banco a hablar con un empleado.

Pidamos un préstamo para comprar un apartamento. _____

_____

_____

_____

_____

_____

_____

14.4 Past participles used as adjectives

1 **Completar** Complete the sentences with the correct past participle forms of these verbs.

1. (prestar) Me voy de paseo junto al río en una bicicleta _____.

2. (abrir) Julián y yo tenemos las maletas _____ por toda la sala.

3. (hacer) Tu sobrino te regaló un barco _____ de papel de periódico.

4. (escribir) A la abuela de Gabriela le gusta recibir cartas _____ a mano.

5. (poner) Para protegerse del sol, Rosa tiene un sombrero _____.

6. (ahorrar) Lisa y David tienen bastante dinero _____ en el banco.

7. (guardar) Hay varios abrigos de invierno _____ en el armario.

8. (perder) En Perú se descubrieron varias ciudades _____ cerca de Cuzco.

9. (preferir) Natalia, José y Francisco son mis amigos _____.

10. (torcer) Miguel no puede caminar porque tiene el tobillo _____.

2 **Las consecuencias** Complete the sentences with **estar** and the correct past participle.

> *modelo*
> La Sra. Gómez cerró la farmacia.
> La farmacia **está cerrada.**

1. Rafael resolvió los problemas. Los problemas _____.

2. Julia se preparó para el examen. Julia _____.

3. Le vendimos esa aspiradora a un cliente. Esa aspiradora _____.

4. Se prohíbe nadar en ese río. Nadar en ese río _____.

5. La agente de viajes confirmó la reservación. La reservación _____.

6. Carlos y Luis se aburrieron durante la película. Carlos y Luis _____.

3 **¿Cómo están?** Label each drawing with a complete sentence, using the nouns provided with **estar** and the past participle of the verbs.

1. pavo/ servir _____

2. cuarto/ desordenar _____

_____

3. cama/ hacer _____

4. niñas/ dormir _____

_____

_____

4 **El misterio** Complete this paragraph with the correct past participle forms of the verbs in the word bank. Use each verb only once.

morir	escribir	resolver	sorprender	cubrir
abrir	poner	romper	hacer	desordenar

El detective llegó al hotel con el número de la habitación _____ en un papel.
1

Entró en la habitación. La cama estaba _____ y la puerta del baño estaba
2

_____. Vio a un hombre que parecía estar _____
3   4

porque no movía ni un dedo. El hombre tenía la cara _____ con un periódico y
5

no tenía zapatos _____. El espejo estaba _____ y el baño
6   7

estaba _____. De repente, el hombre se levantó y salió corriendo sin sus
8

zapatos. El detective se quedó muy _____ y el misterio nunca fue
9

_____.
10

Síntesis

Prepare a scavenger hunt for a classmate. First, draw a map of the class's building or floor. Then plan the path that your classmate will take to find the destination you determine. Finally, on separate pieces of paper, write creative directions from one spot to another.

• Use the **nosotros/as** commands in your directions to provide a sense of collaboration.

• Use past participles and adjective clauses to describe familiar places in unusual ways.

• Use the conjunctions that you have learned in your directions.

Conceal the pieces of paper at each spot, leading to the final destination, and then start your classmate on his or her way by giving him or her the first written clue to be followed.

panorama

Venezuela

1 **En Venezuela** Complete the sentences with information from **Panorama**.

1. Muchos antropólogos han estudiado las costumbres de la tribu _____.

2. El inmunólogo venezolano que ganó el Premio Nobel es _____.

3. La mayor concentración del petróleo en Venezuela se encuentra debajo del _____.

4. El principal país comprador del petróleo venezolano es _____.

5. El *boom* petrolero convirtió a Caracas en una ciudad _____.

6. El corazón de Caracas es la zona del _____.

7. A finales del siglo XVIII, Venezuela todavía estaba bajo el dominio de _____.

8. Simón Bolívar fue el líder del movimiento _____ sudamericano.

2 **Datos venezolanos** Complete the chart with the indicated information.

Artistas venezolanos	Principales ciudades venezolanas	Idiomas que se hablan en Venezuela	Países del área liberada por Simón Bolívar

3 **Todos son venezolanos** Identify the person or type of person who could make each statement.

1. "Soy parte de una tribu que vive en el sur de Venezuela".

_____

2. "Compuse música y toqué el piano durante parte de los siglos XIX y XX".

_____

3. "Fui un gran general que contribuyó a formar el destino de América".

_____

4. "Fui el lugarteniente de 'El Libertador' durante la liberación de gran parte de Sudamérica".

_____

4 **Lo que aprendiste** Write a complete definition of each item, based on what you have learned.

1. bolívar _____

_____

2. tribu yanomami _____

_____

3. Baruj Benacerraf _____

_____

4. lago Maracaibo _____

_____

5. Petróleos de Venezuela _____

_____

6. Caracas _____

_____

7. Parque Central _____

_____

8. Simón Bolívar _____

_____

5 **El mapa de Venezuela** Label the map of Venezuela with the correct geographical names.

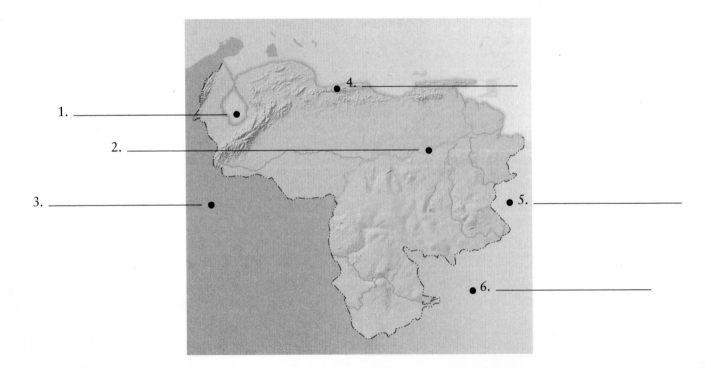

panorama

La República Dominicana

6 **¿Cierto o falso?** Indicate if each statement is **cierto** or **falso**. Then correct the false statements.

1. La República Dominicana y Haití comparten la isla de La Española.

_____

2. La Fortaleza Ozama fue la tercera fortaleza construida en las Américas.

_____

3. La República Dominicana fue el primer país hispano en tener una liga de béisbol.

_____

4. Hoy en día el béisbol es un pasatiempo nacional.

_____

5. El merengue es un tipo de música de origen dominicano que tiene sus raíces en el campo.

_____

6. El merengue siempre ha sido popular en las ciudades y tiene un tono urbano.

_____

7. Celeste Woss y Gil fue una pintora dominicana.

_____

8. La arquitectura de Santo Domingo es famosa sólo por la belleza de sus edificios.

_____

7 **Datos dominicanos** Complete the sentences with information about the Dominican Republic.

1. Los idiomas que se hablan en la República Dominicana son el _____ y el

_____ .

2. _____ fue político dominicano y padre de la patria en el siglo diecinueve.

3. Las señoras de la corte del Virrey de España paseaban por la _____ .

4. El béisbol es un deporte muy practicado en todos los países del mar _____ .

5. _____ , Pedro Martínez y Manny Ramírez son tres beisbolistas dominicanos exitosos.

6. El merengue de hoy en día tiene un tono urbano y se usan las grandes _____ .

7. Uno de los cantantes de merengue dominicano más famosos es _____ .

8. _____ es la tercera ciudad de la República Dominicana.

9. La mitad de la población de la República Dominicana vive en _____ .

8 **Aficiones dominicanas** Identify the activities in the photos.

1. _____

2. _____

3. _____

4. _____

9 **Lo que aprendiste** Complete the sentences with the correct past participles of the verbs in the word bank.

fundar	practicar	dividir
visitar	construir	

1. La zona colonial de Santo Domingo fue _____ en 1496.

2. La Calle de las Damas es uno de los lugares más _____.

3. El béisbol es un deporte muy _____.

4. El Alcázar de Colón fue _____ en 1509.

5. La República Dominicana está _____ en dos países.

contextos

Lección 15

---

1 **Lo opuesto** Fill in the blanks with the terms that mean the opposite of the descriptions.

1. sedentario _____   5. comer en exceso _____

2. con cafeína _____   6. con estrés _____

3. fuerte _____   7. con _____

4. adelgazar _____   8. fuera (*out*) de forma _____

---

2 **Vida sana** Complete the sentences with the correct terms.

1. Antes de correr, es importante hacer ejercicios de _____ para calentarse.

2. Para dormir bien las noches, es importante tomar bebidas _____.

3. Para desarrollar músculos fuertes, es necesario _____.

4. Una persona que es muy sedentaria y ve mucha televisión es un _____.

5. _____ es bueno porque reduce la temperatura del cuerpo.

6. Para aliviar el estrés, es bueno hacer las cosas tranquilamente y sin _____.

7. Cuando tienes los músculos tensos, lo mejor es que te den un _____.

8. Las personas que dependen de las drogas son _____.

---

3 **¿Qué hacen?** Look at the drawings. Complete the sentences with the correct forms of the verbs from the word bank.

| (no) llevar una vida sana | (no) consumir bebidas alcohólicas |
| (no) apurarse | (no) hacer ejercicios de estiramiento |

1. Isabel debió _____.   2. Mi prima prefiere _____.

3. A Roberto no le gusta _____.   4. Adriana llega tarde y tiene que _____.

---

4 **¿Negativo o positivo?** Categorize the terms in the word bank according to whether they are good or bad for one's health.

dieta equilibrada	ser un teleadicto	entrenarse	llevar vida sana
fumar	sufrir muchas	comer en exceso	consumir mucho
hacer gimnasia	presiones	ser un drogadicto	alcohol
tomar vitaminas	colesterol	comer comida	buena nutrición
llevar vida sedentaria	hacer ejercicios	sin grasa	levantar pesas
	de estiramiento		

Positivo para la salud   **Negativo para la salud**

_____   _____
_____   _____
_____   _____
_____   _____
_____   _____
_____   _____
_____   _____

5 **El/La monitor(a)** You are a personal trainer, and your clients' goals are listed below. Give each one a different piece of advice, using familiar commands and expressions from **Contextos**.

1. "Quiero adelgazar". _____

2. "Quiero tener músculos bien definidos". _____

3. "Quiero quemar grasa". _____

4. "Quiero respirar sin problemas". _____

5. "Quiero correr una maratón". _____

6. "Quiero engordar un poco". _____

6 **Los alimentos** Write whether these food categories are rich in **vitaminas, minerales, proteínas,** or **grasas.**

1. carnes _____   5. huevos _____

2. agua mineral _____   6. aceite _____

3. mantequilla _____   7. vegetales _____

4. frutas _____   8. cereales enriquecidos (*fortified*) _____

estructura

15.1 The present perfect

1 ¿Qué han hecho? Complete each sentence with the present perfect of the verb in parentheses.

> **modelo**
> (hacer) Marcos y Felipe _____ sus tareas de economía.
> *Marcos y Felipe han hecho sus tareas de economía.*

1. (comer) Gloria y Samuel _____ comida francesa.

2. (ver) (Yo) _____ la última película de ese director.

3. (leer) Pablo y tú _____ novelas de García Márquez.

4. (tomar) Liliana _____ la clase de economía.

5. (ir) (Nosotros) _____ a esa discoteca antes.

6. (escribir) (Tú) _____ un mensaje eléctronico al profesor.

2 ¿Qué han hecho esta tarde? Write sentences that say what these people have done this afternoon. Use the present perfect.

1. Roberto y Marta

_____

2. Víctor

_____

3. (tú)

_____

4. Ricardo

_____

5. (yo)

_____

6. Claudia y yo

_____

3 **Ha sido así** Rewrite the sentences, replacing the subject with the one in parentheses.

1. Hemos conocido a varios venezolanos este año. (tú)

_____

2. Gilberto ha viajado por todos los Estados Unidos. (yo)

_____

3. ¿Has ido al museo de arte de Boston? (Uds.)

_____

4. Paula y Sonia han hecho trabajos muy buenos. (Virginia)

_____

5. He asistido a tres conferencias de ese autor. (los estudiantes)

_____

6. Mi hermano ha puesto la mesa todos los días. (mi madre y yo)

_____

4 **Todavía no** Rewrite the sentences to say that these things have not yet been done. Use the present perfect.

> *modelo*
>
> Su prima no va al gimasio.
> Su prima todavía no ha ido al gimnasio.

1. Pedro y Natalia no nos dan las gracias.

_____

2. Los estudiantes no contestan la pregunta.

_____

3. Mi amigo Pablo no hace ejercicio.

_____

4. Esas chicas no levantan pesas.

_____

5. Tú no estás a dieta.

_____

6. Rosa y yo no sufrimos muchas presiones.

_____

15.2 The past perfect

1 **Vida nueva** Complete this paragraph with the past perfect forms of the verbs in parentheses.

Antes del accidente, mi vida (ser) _____ tranquila y sedentaria. Hasta ese momento,
                                          1

(yo) siempre (mirar) _____ mucho la televisión y (comer) _____
                          2   3

en exceso. Nada malo me (pasar) _____ nunca. El día en que pasó el accidente, mis
                                      4

amigos y yo nos (encontrar) _____ para ir a nadar en un río. (Nosotros) Nunca
                                  5

antes (ir) _____ a ese río. Cuando llegamos, entré de cabeza al río. (yo) No (ver)
                  6

_____ las rocas que había debajo del agua. Me di con las rocas en la cabeza. Mi
        7

hermana, que (ir) _____ con nosotros al río, me sacó del agua. Todos mis amigos se
                        8

(quedar) _____ fuera del agua cuando vieron lo que me pasó. Entre todos me llevaron al
                9

hospital. En el hospital, los médicos me dijeron que yo (tener) _____ mucha suerte. (Yo)
                                                                      10

No me (lastimar) _____ la espalda demasiado, pero tuve que hacer terapia (*therapy*)
                      11

física por muchos meses. (Yo) Nunca antes (preocuparse) _____ por estar en buena
                                                                12

forma, ni (estar) _____ fuerte. Ahora hago gimnasia y soy una persona activa, flexible y fuerte.
                        13

2 **Nunca antes** Rewrite the sentences to say that these people had never done these things before.

> **modelo**
> Julián se compró un coche nuevo.
> Julián nunca antes se había comprado un coche nuevo.

1. Tu novia fue al gimnasio por la mañana.

_____

2. Carmen corrió en la maratón de la ciudad.

_____

3. Visité los países de América del Sur.

_____

4. Los estudiantes escribieron trabajos de veinte páginas.

_____

5. Armando y Cecilia esquiaron en los Andes.

_____

6. Luis y yo tenemos un perro en casa.

_____

7. Condujiste el coche de tu papá.

_____

8. Ramón y tú nos prepararon la cena.

_____

3 **Ya había pasado** Combine the sentences, using the preterite and the past perfect.

> **modelo**
>
> Elisa pone la televisión. Jorge ya se ha despertado.
> Cuando Elisa puso la televisión, Jorge ya se había despertado.

1. Lourdes llama a Carla. Carla ya ha salido.

_____

2. Tu hermano vuelve a casa. Ya has terminado de cenar.

_____

3. Llego a la escuela. La clase ya ha empezado.

_____

4. Uds. nos buscan en casa. Ya hemos salido.

_____

5. Salimos a la calle. Ya ha empezado a nevar.

_____

6. Ellos van a las tiendas. Las tiendas ya han cerrado.

_____

7. Lilia y Juan encuentran las llaves. Raúl ya se ha ido.

_____

8. Preparas el almuerzo. Yo ya he comido.

_____

4 **Tiger Woods** Write a paragraph about the things that Tiger Woods had achieved by age 21. Use the phrases from the word bank with the past perfect. Start each sentence with **Ya.** The first one has been done for you.

hacerse famoso	establecer (*set*) muchos récords importantes
empezar a jugar como jugador de golf profesional	ser la primera persona de origen negro o
ganar millones de dólares	asiático en ganar un campeonato
ser el campeón (*champion*) más joven del	estudiar en la universidad de Stanford
Masters de golf	

Cuando tenía 21 años, Tiger Woods ya se había hecho famoso. _____

_____

_____

_____

_____

_____

_____

15.3 The present perfect subjunctive

1   **Lo opuesto**   Using the present perfect subjunctive, complete the second sentence of each pair to say the opposite of the first one.

> **modelo**
> Has perdido las llaves muchas veces.
> *No es verdad que hayas perdido las llaves muchas veces.*

1. Éste ha sido mi mejor año. No estoy segura _____.

2. El ejercicio le ha aliviado el estrés. Ella duda _____.

3. Rafael y yo hemos sufrido muchas presiones. Rafael y yo negamos _____.

4. El gobierno ha estudiado el problema. Es improbable _____.

5. Uds. han sido muy buenos amigos siempre. No es cierto _____.

6. He hecho todo lo que pude. No es seguro _____.

2   **En mi opinión**   Rewrite the sentences, using the expressions in parentheses and the present perfect subjunctive.

> **modelo**
> Marina ha disfrutado de su dieta. (improbable)
> *Es improbable que Marina haya disfrutado de su dieta.*

1. Muchas niñas jóvenes han estado a dieta. (terrible)

_____

2. Uds. no han llevado una vida sana hasta ahora. (triste)

_____

3. Los jugadores no han hecho ejercicios de estiramiento. (una lástima)

_____

4. Nosotros hemos aumentado de peso este verano. (probable)

_____

5. Algunos doctores del hospital han fumado en público. (ridículo)

_____

6. Mi esposo no ha engordado más. (Me alegro de)

_____

7. Nunca has aliviado el estrés en tu trabajo. (Siento)

_____

8. Tú y tu amiga se han mantenido en buena forma. (No creo)

_____

3 **La telenovela** Write a paragraph that tells your best friend that you are glad that these things happened on the soap opera you both watch. Start each sentence with **Me alegro.** The first one has been done for you.

la vecina / poner la televisión	Alejandro y Leticia / ganar la lotería
Ligia Elena / separarse de Luis Javier	los padres de Juliana / encontrar la carta
la boda de Gema y Fernando / ser tan	de amor
elegante	(tú) / contarme lo que pasó ayer
Ricardo / conocer a Diana Carolina	(nosotros) / poder ver esta telenovela

Me alegro de que la vecina haya puesto la televisión. _____

_____

_____

_____

_____

_____

_____

_____

_____

_____

Síntesis

Write an autobiographical essay. Address:
- things that you have done that you are proud of and things you are embarassed about. Use the present perfect.
- things that you had done by age eight and by age sixteen. Use the past perfect.
- things you have done. Are you glad you did them? Are you sorry about some of them? Do you regret not having done something? Did any of the things you did surprise you? Use expressions such as **me alegro, me sorprende, siento, es una lástima, es triste, es extraño,** and **es ridículo** and the present perfect subjunctive.

_____

_____

_____

_____

_____

panorama

Bolivia

1 **Información de Bolivia** Complete these sentences with information about Bolivia.

1. El área de Bolivia es igual al área total de _____.

2. Las personas de herencia indígena y europea son _____.

3. Un 70% de la población boliviana vive en el _____.

4. La moneda de bolivia es el _____.

5. Las tres lenguas oficiales de Bolivia son _____.

6. El lago navegable más alto del mundo es el _____.

7. Dos tipos de flauta que se usan en la música andina son _____.

8. Tiahuanaco es el nombre de unas ruinas y significa _____.

9. Tiahuanaco fue fundado por los antepasados de _____.

10. _____ es un impresionante monumento que pesa unas 10 toneladas.

2 **¿Cierto o falso?** Indicate whether these statements are **cierto** or **falso.** Correct the false statements.

1. Bolivia tiene dos ciudades capitales diferentes.

_____

2. Jesús Lara fue un pintor y político boliviano.

_____

3. Las costas bolivianas están en el Océano Pacífico.

_____

4. El lago Titicaca es el lago más grande de América del Sur.

_____

5. Según la mitología aymará, los hijos del Dios Sol fundaron un imperio.

_____

6. La música andina es el aspecto más conocido del folklore boliviano.

_____

7. La quena es una pequeña guitarra andina.

_____

8. Se piensa que los indígenas aymará fundaron Tiahuanaco hace 15.000 años.

_____

3 **Términos bolivianos** Fill in the blanks with the terms described.

1. _____ Grupos indígenas que constituyen más de la mitad de la
población de Bolivia

2. _____ Es la sede del gobierno de Bolivia.

3. _____ Es la segunda ciudad de Bolivia en número de habitantes.

4. _____ Ha sido político y presidente boliviano.

5. _____ Tipo de música compartida por Bolivia, Perú, Ecuador,
Chile y Argentina. Es música popular de origen indígena.

6. _____ Grupo importante de música andina que lleva más de vein-
ticinco años actuando en los escenarios internacionales

4 **Letras desordenadas** Unscramble the words according to the clues.

1. SOLORCIL _____
(gente de ascendencia europea nacida en América Latina)

2. BHABCMOCAA _____
(ciudad boliviana)

3. AUQHCUE _____
(uno de los idiomas oficiales de Bolivia)

4. OLAZCSAA _____
(apellido de una poeta boliviana)

5. PAZÑOAM _____
(tipo de flauta típica de la música andina)

6. ORTAOT _____
(material que los indígenas usan para hacer botes)

7. AEOMNLERCI _____
(tipo de centro que fue Tiahuanaco)

8. AALSKAASAY _____
(templo de las ruinas de Tiahuanaco)

panorama

Paraguay

5   **Preguntas del Paraguay**   Answer these questions about Paraguay.

1. ¿Dónde usan la lengua guaraní los paraguayos?

_____

2. ¿A qué se dedica el Teatro Guaraní?

_____

3. ¿Por qué se llaman *ñandutí* los encajes paraguayos?

_____

4. ¿Por qué visitan la represa Itaipú muchos turistas?

_____

5. ¿Qué ríos sirven de frontera entre Paraguay y Argentina?

_____

6. ¿Cuál es la importancia del río Paraná?

_____

6   **Sopa de letras**   Use the clues to find terms about Paraguay in the puzzle.

estuario al final del río Paraná	un idioma del Paraguay	central hidroeléctrica
una mujer de Paraguay	río con 3.200 km navegables	encaje artesanal paraguayo
cuarta ciudad del Paraguay	lugar originario del ñandutí	capital de Paraguay
zona poco poblada del Paraguay	país que hace frontera con Paraguay	guitarrista paraguayo

R	I	O	D	E	L	A	P	L	A	T	A
E	R	M	Z	L	U	S	G	A	D	M	R
I	I	T	A	I	P	U	L	M	Ñ	B	G
T	D	A	Q	Ñ	F	N	V	B	F	I	E
A	S	G	R	A	N	C	H	A	C	O	N
G	U	A	R	A	N	I	R	R	M	H	T
U	B	A	R	R	I	O	S	E	I	C	I
A	F	P	A	R	A	N	A	L	U	X	N
Ñ	A	N	D	U	T	I	G	O	R	Ñ	A
O	H	P	A	R	A	G	U	A	Y	A	R

7   **Datos paraguayos** Complete the sentences with information about Paraguay.

1. La represa Itaipú se encuentra en la frontera entre _____.

2. El ñandutí normalmente es de color _____.

3. El ñandutí tiene su origen en _____.

4. La construcción de la represa Itaipú duró _____.

5. Por la ruta del río Paraná pasan barcos de _____ toneladas.

8   **¿Cierto o falso?** Indicate if each statement is **cierto** or **falso**. Correct the false statements.

1. El 90 por ciento de los paraguayos habla guaraní.

_____

2. Josefina Plá es una famosa pintora del Paraguay.

_____

3. La construcción de la represa Itaipú empezó en 1974.

_____

4. Las Cataratas de Iguazú están cerca de la capital del país.

_____

5. En la zona del Gran Chaco viven muchos habitantes.

_____

9   **Fotos del Paraguay** Label the photos.

1. _____   2. _____

repaso   **Lecciones 13–15**

1 **¿Subjuntivo o indicativo?** Write sentences, using the elements provided and either the subjunctive or the indicative, depending on the cues and context.

1. Jorge / esperar / su madre / conseguir un trabajo pronto

_____

2. (nosotros) / no negar / la clase de matemáticas / ser difícil

_____

3. ser imposible / una casa nueva / costar tanto dinero

_____

4. Uds. / alegrarse / la fiesta / celebrarse cerca de su casa

_____

5. Ser una / lástima / Laura / no poder venir con nostotros

_____

2 **¡Que sí! ¡Que no!** Your mother and father disagree on the things that you and the family should do. Write positive and negative commands for the subjects indicated.

1. comer en casa (nosotros)

_____

2. estudiar por las noches (tú)

_____

3. visitar a la abuela (nosotros)

_____

4. comprar un coche nuevo (tú)

_____

5. limpiar la casa (nosotros)

_____

3 **Las conjunciones** Use the subjunctive or the indicative of the verbs in parentheses.

1. No quiero llegar a la fiesta después de que Marcelo (irse) _____.

2. Alicia siempre se levanta en cuanto (sonar) _____ el despertador.

3. No bebas ese vino a menos que (ser) _____ una ocasión especial.

4. Olga y Lisa tocaron a la puerta hasta que su madre las (oír) _____.

5. Cuando (tú) (llamar) _____ a la oficina, pregunta por Gustavo.

6. Lilia llega a los lugares sin que nadie le (dar) _____ direcciones.

4   **Hemos dicho** Complete the sentences with the present perfect indicative, past perfect indicative, or present perfect subjunctive of the verbs in parentheses. Use the English cues to decide on the tense.

1. (dar) El monitor (*has given*) _____ muchas clases de aeróbicos antes.

2. (pasar) Nosotros nunca antes (*had passed*) _____ por esta parte de la ciudad.

3. (estudiar) Quiero conocer a alguien que (*has studied*) _____ psicología.

4. (leer) En la clase de literatura, Uds. (*have read*) _____ varias novelas interesantes.

5. (oír) Mi madre nos (*had heard*) _____ decir antes que queríamos una motocicleta.

6. (estar) Necesitas hablar con personas que (*has been*) _____ en Cuba.

5   **Los países** Use the past participles of the verbs from the word bank to complete the sentences about the countries in **Panorama**. Use each verb only once.

llamar	fundar	nacer	convertir	compartir
escribir	reflejar	hacer	mantener	conectar

1. En Colombia, los objetos de oro precolombino estaban _____ con un gran cuidado.

2. Las creencias (*beliefs*) sobre el oro de los indígenas colombianos están _____ en sus objetos.

3. La novela *Cien años de soledad* está _____ en el estilo del realismo mágico.

4. _____ en Caracas, el científico Baruj Benacerraf ganó el Premio Nobel en 1980.

5. Desde los años cincuenta, Caracas se ha _____ en una ciudad cosmopolita.

6. El interior de Venezuela está _____ con Caracas por carreteras y autopistas recientes.

7. Simón Bolívar, _____ "El Libertador", fue el líder de la independencia sudamericana.

8. Los grupos quechua y aymará de Bolivia han _____ sus culturas y lenguas.

9. La música andina es _____ por Bolivia, Perú, Ecuador, Chile y Argentina.

10. Se piensa que el centro ceremonial de Tiahuanaco, en Bolivia, fue _____ hace 15.000 años.

6   **Los derechos civiles** Write a brief paragraph in Spanish about a minority group in the U.S., using these questions as a guide:

- What injustices or unfair conditions has this group suffered in the past?
- What did the lives of the members of this group use to be like in the past?
- What are you opinions about the injustices that occurred?
- What are some advances that this group has made? Under what conditions do the members of this group live today?
- What do you hope for the future of this group?
- What should we as a society do about the disadvantaged status of many minority groups?

contextos

Lección 1

1 **Identificar** You will hear six short exchanges. For each one, decide whether it is a greeting, an introduction, or a leave-taking. Mark the appropriate column with an **X**.

> **modelo**
> *You hear:* RAQUEL David, te presento a Paulina.
> DAVID Encantado.
> *You mark:* an **X** under *Introduction*.

	Greeting	Introduction	Leave-taking
Modelo	_____	**X** _____	_____
1.	_____	_____	_____
2.	_____	_____	_____
3.	_____	_____	_____
4.	_____	_____	_____
5.	_____	_____	_____
6.	_____	_____	_____

2 **Asociar** You will hear three conversations. Look at the drawing and write the number of the conversation under the appropriate group of people.

a. _____

b. _____

c. _____

3 **Preguntas** Listen to each question or statement and respond with an answer from the list in your lab manual. Repeat the correct response after the speaker.

a. Mucho gusto.   c. Nada.   e. Bien, gracias.
b. Chau.   d. Lo siento. f. Soy de los Estados Unidos.

pronunciación

The Spanish alphabet

The Spanish alphabet consisted of 30 letters until 1994, when the **Real Academia Española** (Royal Spanish Academy) removed **ch (che)** and **ll (elle)**. You may see **ch** and **ll** listed as separate letters in reference works printed before 1994. Two Spanish letters, **ñ (eñe)** and **rr (erre)**, don't appear in the English alphabet. The letters **k (ka)** and **w (doble ve)** are used only in words of foreign origin.

Letra	Nombre(s)	Ejemplo(s)	Letra	Nombre(s)	Ejemplo(s)
a	a	**a**diós	ñ	eñe	ma**ñ**ana
b	be	**b**ien, pro**b**lema	o	o	**o**nce
c	ce	**c**osa, **c**ero	p	pe	**p**rofesor
d	de	**d**iario, na**d**a	q	cu	**q**ué
e	e	**e**studiante	r	ere	**r**egular, seño**r**a
f	efe	**f**oto	rr	erre	ca**rr**o
g	ge	**g**racias, **G**erardo, re**g**ular	s	ese	**s**eñor
h	hache	**h**ola	t	te	**t**ú
i	i	**i**gualmente	u	u	**u**sted
j	jota	**J**avier	v	ve	**v**ista, nuevo
k	ka, ca	**k**ilómetro	w	doble ve	*walkman*
l	ele	**l**ápiz	x	equis	e**x**istir, Mé**x**ico
m	eme	**m**apa	y	i griega, ye	**y**o
n	ene	**n**acionalidad	z	zeta, ceta	**z**ona

1 **El alfabeto** Repeat the Spanish alphabet and example words after the speaker.

2 **Práctica** When you hear the number, say the corresponding word aloud and then spell it. Then listen to the speaker and repeat the correct response.

1. nada	6. por favor	11. Javier
2. maleta	7. San Fernando	12. Ecuador
3. quince	8. Estados Unidos	13. Maite
4. muy	9. Puerto Rico	14. gracias
5. hombre	10. España	15. Nueva York

3 **Dictado** You will hear six people introduce themselves. Listen carefully and write the people's names as they spell them.

1. _____

2. _____

3. _____

4. _____

5. _____

6. _____

estructura

1.1 Nouns and articles

1 Identificar You will hear a series of words. Decide whether the word is masculine or feminine, and mark an **X** in the appropriate column.

> **modelo**
> *You hear:* lección
> *You mark:* an **X** under *feminine.*

	Masculine	Feminine
Modelo	_____	X
1.	_____	_____
2.	_____	_____
3.	_____	_____
4.	_____	_____
5.	_____	_____
6.	_____	_____
7.	_____	_____
8.	_____	_____

2 Transformar Change each word from the masculine to the feminine. Repeat the correct answer after the speaker. (*6 items*)

> **modelo**
> el chico
> **la chica**

3 Cambiar Change each word from the singular to the plural. Repeat the correct answer after the speaker. (*8 items*)

> **modelo**
> una palabra
> **unas palabras**

4 Completar Listen as Silvia reads her shopping list. Write the missing words in your lab manual.

_____ diccionario
un _____
_____ cuadernos
_____ grabadora
_____ mapa de _____
_____ lápices

1.2 Numbers 0–30

1 **Identificar** Bingo You are going to play two games (*juegos*) of bingo. As you hear each number, mark it with an **X** on your bingo card.

Juego (*Game*) 1		
1	3	5
29	25	6
14	18	17
9	12	21

Juego (*Game*) 2		
0	30	27
10	3	2
16	19	4
28	22	20

2 **Números** Use the cue in your lab manual to tell how many there are of each item. Repeat the correct response after the speaker.

> **modelo**
> You see: 18 chicos
> You say: dieciocho chicos

1. 15 lápices
2. 4 computadoras
3. 8 cuadernos
4. 22 días
5. 9 grabadoras
6. 30 fotos
7. 1 palabra
8. 26 diccionarios
9. 12 países
10. 3 problemas
11. 17 escuelas
12. 25 turistas

3 **Completar** You will hear a series of math problems. Write the missing numbers and solve the problems.

1. _____ + _____ = _____
2. _____ − _____ = _____
3. _____ + _____ = _____
4. _____ − _____ = _____
5. _____ + _____ = _____
6. _____ + _____ = _____

4 **Preguntas** Look at the drawing and answer each question you hear. Repeat the correct response after the speaker. (*6 items*)

1.3 Present tense of verb **ser**

1   **Identificar** Listen to each sentence and mark an **X** in the column for the subject of the verb.

> *modelo*
> You hear: Son pasajeros.
> You mark: an **X** under **ellos**.

	yo	tú	él	nosotros	ellos
Modelo	_____	_____	_____	_____	X _____
1.	_____	_____	_____	_____	_____
2.	_____	_____	_____	_____	_____
3.	_____	_____	_____	_____	_____
4.	_____	_____	_____	_____	_____
5.	_____	_____	_____	_____	_____
6.	_____	_____	_____	_____	_____

2   **Cambiar** Form a new sentence using the cue you hear as the subject. Repeat the correct answer after the speaker. (*8 items*)

> *modelo*
> Isabel es de los Estados Unidos. (yo)
> Yo soy de los Estados Unidos.

3   **Escoger** Listen to each question and choose the most logical response.

1. a. Soy Patricia.   b. Es la señora Gómez.
2. a. Es de California.   b. Él es conductor.
3. a. Es del Ecuador.   b. Es un diccionario.
4. a. Es de Patricia.   b. Soy estudiante.
5. a. Él es conductor.   b. Es de España.
6. a. Es un cuaderno.   b. Soy de los Estados Unidos.

4   **Preguntas** Answer each question you hear using the cue in your lab manual. Repeat the correct response after the speaker.

> *modelo*
> You hear: ¿De dónde es Pablo?
> You see: Estados Unidos
> You say: Él es de los Estados Unidos.

1. España   2. California   3. México   4. Ecuador   5. Puerto Rico   6. Colorado

5   **¿Quiénes son?** Listen to this conversation and write the answers to the questions in your lab manual.

1. ¿Cómo se llama el hombre? _____   4. ¿De dónde es ella? _____
2. ¿Cómo se llama la mujer? _____   5. ¿Quién es estudiante? _____
3. ¿De dónde es él? _____   6. ¿Quién es profesor? _____

1.4 Telling time

1 **La hora** Look at the clock and listen to the statement. Indicate whether the statement is **cierto** or **falso.**

	Cierto	Falso			Cierto	Falso			Cierto	Falso
1.	○	○	2.		○	○	3.		○	○
4.	○	○	5.		○	○	6.		○	○

2 **Preguntas** Some people want to know what time it is. Answer their questions, using the cues in your lab manual. Repeat the correct response after the speaker.

> **modelo**
>
> *You hear:* ¿Qué hora es, por favor?
> *You see:* 3:10 p.m.
> *You say:* Son las tres y diez de la tarde.

1. 1:30 P.M.   3. 2:05 P.M.   5. 4:54 P.M.

2. 9:06 A.M.   4. 7:15 A.M.   6. 10:23 P.M.

3 **¿A qué hora?** You are trying to plan your class schedule. Ask your counselor what time these classes meet and write the answer.

> **modelo**
>
> *You see:* la clase de economía
> *You say:* ¿A qué hora es la clase de economía?
> *You hear:* Es a las once y veinte de la mañana.
> *You write:* 11:20 A.M.

1. la clase de biología: _____   4. la clase de literatura: _____

2. la clase de arte: _____   5. la clase de historia: _____

3. la clase de matemáticas: _____   6. la clase de sociología: _____

vocabulario

You will now hear the vocabulary for **Lección 1** (page 30 of your textbook). Listen and repeat each Spanish word or phrase after the speaker.

contextos   Lección 2

1 Identificar Look at each drawing and listen to the statement. Indicate whether the statement is cierto or falso.

	Cierto	Falso			Cierto	Falso			Cierto	Falso
1.	○	○	2.		○	○	3.		○	○
4.	○	○	5.		○	○	6.		○	○

2 ¿Qué día es? Your friend Diego is never sure what day of the week it is. Respond to his questions saying that it is the day before the one he mentions. Then repeat the correct answer after the speaker. (*6 items*)

> **modelo**
> Hoy es domingo, ¿no?
> No, hoy es sábado.

3 Preguntas You will hear a series of questions. Look at Susana's schedule for today and answer each question. Then repeat the correct response after the speaker. (*6 items*)

Martes 18

○

9:00 economía — Sr. Rivera

11:00 química —Sra. Hernández

12:15 cafetería—Carmen

1:30 prueba de contabilidad — Sr. Ramos

3:00 matemáticas — Srta. Torres

4:30 laboratorio de computación — Héctor

○

pronunciación

Spanish vowels

Spanish vowels are never silent; they are always pronounced in a short, crisp way without the glide sounds used in English.

    a   e   i   o   u

The letter a is pronounced like the a in *father*, but shorter.

    Álex   cl**a**se   n**a**d**a**   enc**a**nt**a**d**a**

The letter e is pronounced like the e in *they*, but shorter.

    el   **e**n**e**   m**e**sa   **e**l**e**fant**e**

The letter i sounds like the *ee* in *beet*, but shorter.

    Inés   ch**i**ca   t**i**za   señor**i**ta

The letter o is pronounced like the o in *tone*, but shorter.

    h**o**la   c**o**n   libr**o**   don Francisc**o**

The letter u sounds like the *oo* in *room*, but shorter.

    uno   reg**u**lar   sal**u**dos   g**u**sto

1 **Práctica** Practice the vowels by repeating the names of these places in Spain after the speaker.

1. Madrid
2. Alicante
3. Tenerife
4. Toledo
5. Barcelona
6. Granada
7. Burgos
8. La Coruña

2 **Oraciones** Repeat each sentence after the speaker, focusing on the vowels.

1. Hola. Me llamo Ramiro Morgado.
2. Estudio arte en la Universidad de Salamanca.
3. Tomo también literatura y contabilidad.
4. Ay, tengo clase en cinco minutos. ¡Nos vemos!

3 **Refranes** Repeat each saying after the speaker to practice vowels.

1. Del dicho al hecho hay un gran trecho.
2. Cada loco con su tema.

4 **Dictado** You will hear a conversation. Listen carefully and write what you hear during the pauses. The entire conversation will then be repeated so you can check your work.

JUAN _____

_____

_____

ROSA _____

JUAN _____

ROSA _____

estructura

2.1 The present tense of regular -ar verbs

1   **Identificar** Listen to each sentence and mark an **X** in the column for the subject of the verb.

> **modelo**
>
> *You hear:* Trabajo en la cafetería.
> *You mark:* an **X** under **yo**.

	yo	tú	él	nosotros	ellos
Modelo	X	_____	_____	_____	_____
1.	_____	_____	_____	_____	_____
2.	_____	_____	_____	_____	_____
3.	_____	_____	_____	_____	_____
4.	_____	_____	_____	_____	_____
5.	_____	_____	_____	_____	_____
6.	_____	_____	_____	_____	_____
7.	_____	_____	_____	_____	_____
8.	_____	_____	_____	_____	_____

2   **Cambiar** Form a new sentence using the cue you hear as the subject. Repeat the correct answer after the speaker. (*6 items*)

> **modelo**
>
> María practica los verbos ahora. (José y María)
> **José y María practican los verbos ahora.**

3   **Preguntas** Answer each question you hear in the negative. Repeat the correct response after the speaker. (*8 items*)

> **modelo**
>
> ¿Estudias geografía?
> **No, yo no estudio geografía.**

4   **Completar** Listen to the following description and write the missing words in your lab manual.

Teresa y yo _____1_____ en la Universidad Autónoma de Madrid. Teresa

_____2_____ lenguas extranjeras. Ella _____3_____ trabajar en las

Naciones Unidas (*United Nations*). Yo _____4_____ clases de periodismo. También me

gusta _____5_____ y _____6_____. Los sábados

_____7_____ con una tuna. Una tuna es una orquesta (*orchestra*) estudiantil. Los

jóvenes de la tuna _____8_____ por las calles (*streets*) y _____9_____

canciones (*songs*) tradicionales de España.

2.2 Forming questions in Spanish

1 **Escoger** Listen to each question and choose the most logical response.

1. a. Porque mañana es la prueba.   b. Porque no hay clase mañana.
2. a. Viaja en autobús.   b. Viaja a Toledo.
3. a. Llegamos a las cuatro y media.   b. Llegamos al estadio.
4. a. Isabel y Diego dibujan.   b. Dibujan en la clase de arte.
5. a. No, enseña física.   b. No, enseña en la Universidad Politécnica.
6. a. Escuchan la grabadora.   b. Escuchan música clásica.
7. a. Sí, me gusta mucho.   b. Miro la televisión en la residencia.
8. a. Hay diccionarios en la biblioteca.   b. Hay tres.

2 **Cambiar** Change each sentence into a question using the cue in your lab manual. Repeat the correct response after the speaker. *(8 items)*

> **modelo**
> *You see:* Los turistas toman el autobús.
> *You see:* ¿Quiénes?
> *You say:* ¿Quiénes toman el autobús?

1. ¿Dónde?   3. ¿Qué?   5. ¿Cuándo?   7. ¿Quiénes?
2. ¿Cuántos?   4. ¿Quién?   6. ¿Dónde?   8. ¿Qué?

3 **¿Lógico o ilógico?** You will hear some questions and the responses. Decide if they are **lógico** (*logical*) or **ilógico** (*illogical*).

1. Lógico   Ilógico   3. Lógico   Ilógico   5. Lógico   Ilógico
2. Lógico   Ilógico   4. Lógico   Ilógico   6. Lógico   Ilógico

4 **Un anuncio** Listen to this radio advertisement and answer the questions in your lab manual.

1. ¿Dónde está (*is*) Escuela Cervantes? _____

2. ¿Qué cursos ofrecen (*do they offer*) en Escuela Cervantes? _____

3. ¿Cuándo practican los estudiantes el español? _____

4. ¿Adónde viajan los estudiantes de Escuela Cervantes? _____

2.3 The present tense of **estar**

1   **Describir**   Look at the drawing and listen to each statement. Indicate whether the statement is **cierto** or **falso**.

	Cierto	Falso			Cierto	Falso			Cierto	Falso			Cierto	Falso
1.	○	○		3.	○	○		5.	○	○		7.	○	○
2.	○	○		4.	○	○		6.	○	○		8.	○	○

2   **Cambiar**   Form a new sentence using the cue you hear. Repeat the correct answer after the speaker. (8 *items*)

> **modelo**
>
> Irma está en la biblioteca. (Irma y Hugo)
> Irma y Hugo **están** en la biblioteca.

3   **Escoger**   You will hear some sentences with a beep in place of the verb. Decide which form of **ser** or **estar** should complete each sentence and circle it.

> **modelo**
>
> *You hear:* Javier *(beep)* estudiante.
> *You circle:* **es** because the sentence is *Javier es estudiante.*

1. es	está	5. es	está
2. es	está	6. eres	estás
3. es	está	7. son	están
4. Somos	Estamos	8. Son	Están

2.4 Numbers 31–100

1 **Números de teléfono** You want to invite some classmates to a party, but you don't have their telephone numbers. Ask the person who sits beside you what their telephone numbers are and write the answer.

> **modelo**
>
> *You see:* Elián
> *You say: ¿Cuál es el número de teléfono de Elián?*
> *You hear:* Es el ocho, cuarenta y tres, cero, ocho, treinta y cinco.
> *You write: 843-0835*

1. Arturo: _____

2. Alicia : _____

3. Roberto: _____

4. Graciela: _____

5. Simón: _____

6. Eva: _____

7. José Antonio: _____

8. Mariana: _____

2 **Preguntas** You and a coworker are taking inventory at the university bookstore. Answer your coworker's questions using the cues in your lab manual. Repeat the correct response after the speaker.

> **modelo**
>
> *You hear: ¿Cuántos diccionarios hay?*
> *You see:* 45
> *You say: Hay cuarenta y cinco diccionarios.*

1. 56	3. 64	5. 95	7. 31
2. 32	4. 83	6. 48	8. 79

3 **Mensaje telefónico** Listen to this telephone conversation and complete the phone message in your lab manual with the correct information.

Mensaje telefónico

Para (*For*) _____

De parte de (*From*) _____

Teléfono _____

Mensaje _____

_____

_____

_____

vocabulario

You will now hear the vocabulary for **Lección 2** (page 60 of your textbook). Listen and repeat each Spanish word or phrase after the speaker.

Nombre _____   Fecha _____

contextos

Lección 3

1 **Escoger** You will hear some questions. Look at the family tree and choose the correct answer to each question.

La familia González

1. a. Pilar   b. Concha
2. a. Luis Miguel   b. Eduardo
3. a. Sofía   b. Ana María
4. a. Raquel   b. Sofía

5. a. José Antonio y Ramón   b. Eduardo y Ana María
6. a. Joaquín   b. Eduardo
7. a. Ana María   b. Sofía
8. a. Luis Miguel   b. Juan Carlos

2 **La familia González** Héctor wants to verify the relationship between various members of the González family. Look at the drawing and answer his questions with the correct information. Repeat the correct response after the speaker. (*6 items*)

modelo

Juan Carlos es el abuelo de Eduardo, ¿verdad?
No, Juan Carlos es el padre de Eduardo.

3 **Profesiones** Listen to each statement and write the number of the statement below the drawing it describes.

a. _____   b. _____   c. _____   d. _____

Lección 3 Laboratory Activities

209

pronunciación

Diphthongs and linking

In Spanish, **a, e,** and **o** are considered strong vowels. The weak vowels are **i** and **u.**

    hermano   niña   cuñado

A diphthong is a combination of two weak vowels or of a strong vowel and a weak vowel. Diphthongs are pronounced as a single syllable.

    r**ui**do   par**ie**ntes   per**io**dista

Two identical vowel sounds that appear together are pronounced like one long vowel.

    l**a a**buela   m**i hi**jo   una clas**e e**xcelente

Two identical consonants together sound like a single consonant.

    co**n N**atalia   su**s s**obrinos   la**s s**illas

A consonant at the end of a word is always linked with the vowel sound at the beginning of the next word.

    E**s i**ngeniera.   mi**s a**buelos   su**s h**ijos

A vowel at the end of a word is always linked with the vowel sound at the beginning of the next word.

    m**i h**ermano   s**u e**sposa   nuestr**o a**migo

1   **Práctica** Repeat each word after the speaker, focusing on the diphthongs.

1. historia	4. novia	7. puerta	10. estudiar
2. nieto	5. residencia	8. ciencias	11. izquierda
3. parientes	6. prueba	9. lenguas	12. ecuatoriano

2   **Oraciones** When you hear the number, read the corresponding sentence aloud. Then listen to the speaker and repeat the sentence.

1. Hola. Me llamo Anita Amaral. Soy del Ecuador.
2. Somos seis en mi familia.
3. Tengo dos hermanos y una hermana.
4. Mi papá es del Ecuador y mi mamá es de España.

3   **Refranes** Repeat each saying after the speaker to practice diphthongs and linking sounds.

1. Cuando una puerta se cierra, otra se abre.
2. Hablando del rey de Roma, por la puerta se asoma.

4   **Dictado** You will hear eight sentences. Each will be said twice. Listen carefully and write what you hear.

1. _____
2. _____
3. _____
4. _____
5. _____
6. _____
7. _____
8. _____

estructura

3.1 Descriptive adjectives

1 **Transformar** Change each sentence from the masculine to the feminine. Repeat the correct answer after the speaker. (*6 items*)

> modelo
>
> El chico es mexicano.
> La chica es mexicana.

2 **Cambiar** Change each sentence from the singular to the plural. Repeat the correct answer after the speaker. (*6 items*)

> modelo
>
> El profesor es ecuatoriano.
> Los profesores son ecuatorianos.

3 **Mis compañeros de clase** Describe your classmates, using the cues in your lab manual. Repeat the correct response after the speaker.

> modelo
>
> *You hear:* María
> *You see:* alto
> *You say:* María es alta.

1. simpático
2. rubio
3. inteligente
4. pelirrojo y muy bonito

5. alto y moreno
6. delgado y trabajador
7. bajo y gordo
8. tonto

4 **Completar** Listen to the following description and write the missing words in your lab manual.

Mañana mis parientes llegan de Guayaquil. Son cinco personas: mi abuela Isabel, tío Carlos y tía

Josefina y mis primos Susana y Tomás. Mi prima es _____ y _____.

Baila muy bien. Tomás es un niño _____, pero es _____. Tío

Carlos es _____ y _____. Tía Josefina es _____

y _____. Mi abuela es _____ y muy _____.

5 **La familia Rivas** Look at the photo of the Rivas family and listen to each statement. Indicate whether the statement is **cierto** or **falso**.

	Cierto	Falso		Cierto	Falso
1.	O	O	5.	O	O
2.	O	O	6.	O	O
3.	O	O	7.	O	O
4.	O	O			

Mi abuela es _____

y muy _____.

3.2 Possessive adjectives

1 **Identificar** Listen to each statement and mark an **X** in the column for the possessive adjective you hear.

> **modelo**
>
> *You hear*: Es mi diccionario de español.
> *You mark*: an **X** *under* my.

	my	*your* (familiar)	*your* (formal)	*his/her*	*our*	*their*
Modelo	X	_____	_____	_____	_____	_____
1.	_____	_____	_____	_____	_____	_____
2.	_____	_____	_____	_____	_____	_____
3.	_____	_____	_____	_____	_____	_____
4.	_____	_____	_____	_____	_____	_____
5.	_____	_____	_____	_____	_____	_____
6.	_____	_____	_____	_____	_____	_____
7.	_____	_____	_____	_____	_____	_____
8.	_____	_____	_____	_____	_____	_____

2 **Escoger** Listen to each question and choose the most logical response.

1. a. No, su hijastro no está aquí.
   b. Sí, tu hijastro está aquí.
2. a. No, nuestros abuelos son canadienses.
   b. Sí, sus abuelos son norteamericanos.
3. a. Sí, tu hijo trabaja ahora.
   b. Sí, mi hijo trabaja en la librería Goya.
4. a. Sus padres regresan a las nueve.
   b. Mis padres regresan a las nueve.
5. a. Nuestra hermana se llama Margarita.
   b. Su hermana se llama Margarita.
6. a. Tus plumas están en el escritorio.
   b. Sus plumas están en el escritorio.
7. a. No, mi sobrino es ingeniero.
   b. Sí, nuestro sobrino es programador.
8. a. Su horario es muy bueno.
   b. Nuestro horario es muy bueno.

3 **Preguntas** Answer each question you hear in the affirmative using the appropriate possessive adjective. Repeat the correct response after the speaker. (*7 items*)

> **modelo**
>
> ¿Es tu lápiz?
> *Sí, es mi lápiz.*

3.3 Present tense of regular **–er** and **–ir** verbs

1   **Identificar**   Listen to each statement and mark an **X** in the column for the subject of the verb.

> *modelo*
>
> *You hear:* Corro con Dora mañana.
> *You mark:* an **X** under **yo**.

	yo	tú	él	nosotros	ellos
Modelo	_____	_____	_____	X _____	_____
1.	_____	_____	_____	_____	_____
2.	_____	_____	_____	_____	_____
3.	_____	_____	_____	_____	_____
4.	_____	_____	_____	_____	_____
5.	_____	_____	_____	_____	_____
6.	_____	_____	_____	_____	_____

2   **Cambiar**   Listen to the following statements. Using the cues you hear, say that these people do the same activities. Repeat the correct answer after the speaker. (*8 items*)

> *modelo*
>
> Julia aprende francés. (mi amigo)
> **Mi amigo también aprende francés.**

3   **Preguntas**   Answer each question you hear in the negative. Repeat the correct response after the speaker. (*8 items*)

> *modelo*
>
> ¿Viven ellos en una residencia estudiantil?
> *No, ellos no viven en una residencia estudiantil.*

4   **Describir**   Listen to each statement and write the number of the statement below the drawing it describes.

a. _____   b. _____   c. _____   d. _____

3.4 Present tense of **tener** and **venir**

1   **Cambiar** Form a new sentence using the cue you hear as the subject. Repeat the correct answer after the speaker. (*6 items*)

> *modelo*
>
> Alicia viene a las seis. (David y Rita)
> **David y Rita vienen a las seis.**

2   **Consejos** (*Advice*) Some people are not doing what they should. Say what they have to do. Repeat the correct response after the speaker. (*6 items*)

> *modelo*
>
> Elena no trabaja.
> **Elena tiene que trabajar.**

3   **Preguntas** Answer each question you hear using the cue in your lab manual. Repeat the correct answer after the speaker.

> *modelo*
>
> ¿Tienen sueño los niños? (no)
> **No, los niños no tienen sueño.**

1. sí	3. no	5. sí	7. el domingo
2. Roberto	4. dos	6. mis tíos	

4   **Situaciones** Listen to each situation and choose the appropriate **tener** expression. Each situation will be repeated.

1. a. Tienes sueño.   b. Tienes prisa.
2. a. Tienen mucho cuidado.   b. Tienen hambre.
3. a. Tenemos mucho calor.   b. Tenemos mucho frío.
4. a. Tengo sed.   b. Tengo hambre.
5. a. Ella tiene razón.   b. Ella no tiene razón.
6. a. Tengo miedo.   b. Tengo sueño.

5   **Mi familia** Listen to the following description. Then read the statements in your lab manual and decide whether they are **cierto** or **falso**.

	Cierto	Falso		Cierto	Falso
1. Francisco desea ser periodista.	○	○	4. Él tiene una familia pequeña.	○	○
2. Francisco tiene 20 años.	○	○	5. Su madre es inglesa.	○	○
3. Francisco vive con su familia.	○	○	6. Francisco tiene una hermana mayor.	○	○

vocabulario

You will now hear the vocabulary for **Lección 3** (page 92 of your textbook). Listen and repeat each Spanish word or phrase after the speaker.

contextos

1 **Lugares** You will hear six people describe what they are doing. Choose the place that corresponds to the activity.

1. _____
2. _____
3. _____
4. _____
5. _____
6. _____

a. el museo
b. el café
c. la piscina
d. el cine

e. el estadio
f. las montañas
g. el parque
h. la biblioteca

2 **Describir** For each drawing, you will hear two statements. Choose the one that corresponds to the drawing.

1. a.   b.

2. a.   b.

3. a.   b.

4. a.   b.

3 **Completar** Listen to this description and write the missing words in your lab manual.

Chapultepec es un _____₁_____ muy grande en el _____₂_____ de la

_____₃_____ de México. Los _____₄_____ muchas

_____₅_____ llegan a Chapultepec a pasear, descansar y practicar

_____₆_____ como (*like*) el _____₇_____ , el fútbol, el vóleibol y el

_____₈_____ . Muchos turistas también _____₉_____ por Chapultepec.

Visitan los _____₁₀_____ y el _____₁₁_____ a los Niños Héroes.

pronunciación

Word stress and accent marks

Every Spanish syllable contains at least one vowel. When two vowels are joined in the same syllable, they form a diphthong. A monosyllable is a word formed by a single syllable.

| pe - lí - cu - la | e - di - fi - cio | ver | yo |

The syllable of a Spanish word that is pronounced most emphatically is the "stressed" syllable.

| bi - blio - **te** - ca | vi - si - **tar** | **par** - que | **fút** - bol |

Words that end in **n**, **s**, or a vowel are usually stressed on the next to last syllable.

| pe - **lo** - ta | pis - **ci** - na | **ra**- tos | **ha** - blan |

If words that end in **n**, **s**, or a vowel are stressed on the last syllable, they must carry an accent mark on the stressed syllable.

| na - ta - **ción** | pa - **pá** | in - **glés** | Jo - **sé** |

Words that do not end in **n**, **s**, or a vowel are usually stressed on the last syllable.

| bai - **lar** | es - pa - **ñol** | u - ni - ver - si - **dad** | tra - ba - ja - **dor** |

If words that do not end in **n**, **s**, or a vowel are stressed on the next to last syllable, they must carry an accent mark on the stressed syllable.

| **béis** - bol | **lá** - piz | **ár** - bol | **Gó** - mez |

1 **Práctica** Repeat each word after the speaker, stressing the correct syllable.

1. profesor	4. Mazatlán	7. niños	10. México
2. Puebla	5. examen	8. Guadalajara	11. están
3. ¿Cuántos?	6. ¿Cómo?	9. programador	12. geografía

2 **Conversación** Repeat the conversation after the speaker to practice word stress.

MARINA Hola, Rafael. ¿Qué tal?
CARLOS Bien. Oye, ¿a qué hora es el partido de fútbol?
MARINA Creo que es a las siete.
CARLOS ¿Quieres ir?
MARINA Lo siento, pero no puedo. Tengo que estudiar.

3 **Refranes** Repeat each saying after the speaker to practice word stress.

1. Quien ríe de último, ríe mejor.   2. En la unión está la fuerza.

4 **Dictado** You will hear six sentences. Each will be said twice. Listen carefully and write what you hear.

1. _____

2. _____

3. _____

4. _____

5. _____

6. _____

estructura

4.1 The present tense of ir

1   **Identificar**   Listen to each sentence and mark an **X** in the column for the subject of the verb you hear.

> **modelo**
>
> *You hear:* Van a ver una película.
> *You mark:* an **X** under **ellos**.

	yo	tú	él	nosotros	ellos
Modelo	_____	_____	_____	_____	X
1.	_____	_____	_____	_____	_____
2.	_____	_____	_____	_____	_____
3.	_____	_____	_____	_____	_____
4.	_____	_____	_____	_____	_____
5.	_____	_____	_____	_____	_____
6.	_____	_____	_____	_____	_____

2   **Cambiar**   Form a new sentence using the cue you hear as the subject. Repeat the correct answer after the speaker. (*8 items*)

> **modelo**
>
> Uds. van al Museo Frida Kahlo. (yo)
> Yo voy al Museo Frida Kahlo.

3   **Preguntas**   Answer each question you hear using the cue in your lab manual. Repeat the correct response after the speaker.

> **modelo**
>
> *You hear:* ¿Quiénes van a la piscina?
> *You see:* Gustavo y Elisa
> *You say:* Gustavo y Elisa van a la piscina.

1. mis amigos   3. al partido de baloncesto   5. sí
2. en el Café Tacuba   4. no   6. pasear en bicicleta

4   **¡Vamos!**   Listen to this conversation. Then read the statements in your lab manual and decide whether they are **cierto** or **falso**.

	Cierto	Falso
1. Claudia va a ir al gimnasio.	O	O
2. Claudia necesita comprar una mochila.	O	O
3. Sergio va a visitar a su tía.	O	O
4. Sergio va al gimnasio a las ocho de la noche.	O	O
5. Sergio va a ir al cine a las seis.	O	O
6. Claudia y Sergio van a ver una película.	O	O

4.2 Present tense of stem-changing verbs

1 **Identificar** Listen to each sentence and write the infinitive form of the verb you hear.

> *modelo*
>
> *You hear:* No entiendo el problema.
> *You write:* entender

1. _____   4. _____   7. _____

2. _____   5. _____   8. _____

3. _____   6. _____

2 **Preguntas** Answer each question you hear using the cue in your lab manual. Repeat the correct response after the speaker.

> *modelo*
>
> *You see:* ¿A qué hora comienza el partido?
> *You see:* 2:15 P.M.
> *You say:* El partido comienza a las dos y cuarto de la tarde.

1. el jueves   3. sí   5. leer una revista   7. a las tres

2. no   4. sí   6. mirar la televisión   8. Samuel

3 **Diversiones** Look at these listings from the entertainment section in a newspaper. Then listen to the questions and write the answers in your lab manual.

23D

MÚSICA	Pinturas de José Clemente	Campeonato de baloncesto
Palacio de Bellas Artes	Orozco	los Universitarios vs. los Toros
Ballet Folklórico	Martes a domingo, 10:00 A.M.	Gimnasio Municipal
Viernes, 9, 8:30 P.M.	a 6:00 P.M.	Sábado 10, 7:30 P.M.
	Entrada libre	
Bosque de Chapultepec		**Torneo de Golf**
Concierto de música mexicana	**DEPORTES**	con Lee Treviño
Domingo, 1:00 P.M.	**Copa Internacional de Fútbol**	Club de Golf Atlas
	México vs. Guatemala	Domingo 8, 9:00 A.M
MUSEOS	Estadio Martín	
Museo de Arte Moderno	Viernes 9, 8:30 P.M.	

1. _____

2. _____

3. _____

4. _____

5. _____

4.3 Verbs with irregular **yo** forms

1 **Describir** For each drawing, you will hear two statements. Choose the one that corresponds to the drawing.

1. a. _____ b. _____

2. a. _____ b. _____

3. a. _____ b. _____

4. a. _____ b. _____

2 **Yo también** Listen to the following statements about Roberto and respond by saying that you do the same things. Repeat the correct answer after the speaker. (*5 items*)

> **modelo**
> Roberto siempre *(always)* hace ejercicio.
> Yo también hago ejercicio.

3 **Preguntas** Answer each question you hear using the cue in your lab manual. Repeat the correct response after the speaker.

> **modelo**
> *You hear:* ¿Salen ellos a las cinco?
> *You see:* no
> *You say:* No, ellos no salen a las cinco.

1. la tarea	3. sí	5. no	7. en el escritorio
2. no	4. Alicia	6. sí	8. no

4 **Completar** Listen to this telephone conversation and complete the statements in your lab manual.

1. Cristina ve _____.

2. Manuel y Ricardo quieren ir al parque para _____.

3. Manuel y Ricardo _____ las pelotas.

4. Manuel _____ la hora porque Cristina no _____.

5. Los chicos salen para el parque _____.

4.4 Weather expressions

1 **Escoger** Listen to each statement and choose the most appropriate activity for that weather condition.

1. a. Vamos a ir a la piscina.   b. Vamos a poner la televisión.

2. a. Voy a escribir una carta.   b. Voy a bucear.

3. a. Vamos al parque.   b. Vamos a tomar el sol.

4. a. Mañana voy a pasear en bicicleta.   b. Mañana voy a esquiar.

5. a. Queremos ir al cine.   b. Queremos nadar.

6. a. Voy a correr en el parque.   b. Voy a leer un libro.

7. a. Quiero escuchar música.   b. Quiero jugar al golf.

2 **¿Qué tiempo hace?** Look at the weather map of Mexico and answer each question you hear. Repeat the correct response after the speaker. (*6 items*)

modelo
¿Qué tiempo hace en Zacatecas?
Hace viento en Zacatecas.

3 **Pronóstico del tiempo** Listen to this weather forecast and complete the chart in your lab manual.

Ciudad	Clima	Temperatura (°C)
México, D.F.	_____	_____
Querétaro	_____	_____
Yucatán	_____	_____
Chihuahua	_____	_____

vocabulario

You will now hear the vocabulary for **Lección 4** (page 120 of your textbook). Listen and repeat each Spanish word or phrase after the speaker.

contextos

Lección 5

1   **Identificar** You will hear a series of words. Write the word that does not belong in each series.

1. _____   5. _____

2. _____   6. _____

3. _____   7. _____

4. _____   8. _____

2   **Describir** For each drawing, you will hear two statements. Choose the one that corresponds to the drawing.

1. a.   b.

2. a.   b.

3. a.   b.

4. a.   b.

3   **En la agencia de viajes** Listen to this conversation between Mr. Vega and a travel agent. Then read the statements in your lab manual and decide whether they are **cierto** or **falso**.

	Cierto	Falso
1. El Sr. Vega quiere esquiar, pescar y hacer turismo.	○	○
2. El Sr. Vega va a hacer una excursión a Puerto Rico.	○	○
3. El Sr. Vega quiere ir de vacaciones la primera semana de mayo.	○	○
4. Una habitación en Las Tres Palmas cuesta (costs) $85.00.	○	○
5. El hotel tiene restaurante, piscina y jacuzzi.	○	○

pronunciación

Spanish b and v

There is no difference in pronunciation between the Spanish letters **b** and **v**. However, each letter can be pronounced two different ways, depending on which letters appear next to them.

bueno	**v**óleibol	**bi**blioteca	vi**v**ir

B and **v** are pronounced like the English hard **b** when they appear either as the first letter of a word, at the beginning of a phrase, or after **m** or **n**.

bonito	**v**iajar	tam**b**ién	in**v**estigar

In all other positions, **b** and **v** have a softer pronunciation, which has no equivalent in English. Unlike the hard **b**, which is produced by tightly closing the lips and stopping the flow of air, the soft **b** is produced by keeping the lips slightly open.

de**b**er	no**v**io	a**b**ril	cer**v**eza

In both pronunciations, there is no difference in sound between **b** and **v**. The English **v** sound, produced by friction between the upper teeth and lower lip, does not exist in Spanish. Instead, the soft **b** comes from friction between the two lips.

bola	**v**ela	Cari**b**e	decli**v**e

When **b** or **v** begins a word, its pronunciation depends on the previous word. At the beginning of a phrase or after a word that ends in **m** or **n**, it is pronounced as a hard **b**.

Verónica y su esposo cantan ‿**b**oleros.

Words that begin with **b** or **v** are pronounced with a soft **b** if they appear immediately after a word that ends in a vowel or any consonant other than **m** or **n**.

Benito es de ‿**B**oquerón pero ‿**v**ive en ‿**V**ictoria.

---

1 **Práctica** Repeat these words after the speaker to practice the **b** and the **v**.

1. hablamos	4. van	7. doble	10. cabaña
2. trabajar	5. contabilidad	8. novia	11. llave
3. botones	6. bien	9. béisbol	12. invierno

---

2 **Oraciones** When you hear the number, read the corresponding sentence aloud, focusing on the **b** and **v** sounds. Then listen to the speaker and repeat the sentence.

1. Vamos a Guaynabo en autobús.
2. Voy de vacaciones a la Isla Culebra.
3. Tengo una habitación individual en el octavo piso.
4. Víctor y Eva van por avión al Caribe.
5. La planta baja es bonita también.
6. ¿Qué vamos a ver en Bayamón?
7. Beatriz, la novia de Víctor, es de Arecibo, Puerto Rico.

---

3 **Refranes** Repeat each saying after the speaker to practice the **b** and the **v**.

1. No hay mal que por bien no venga.
2. Hombre prevenido vale por dos.

---

4 **Dictado** You will hear four sentences. Each will be said twice. Listen carefully and write what you hear.

1. _____
2. _____
3. _____
4. _____

---

estructura

5.1 **Estar** with conditions and emotions

1   **Describir**   For each drawing, you will hear two statements. Choose the one that corresponds to the drawing.

1. a. _____   b. _____   2. a. _____   b. _____

3. a. _____   b. _____   4. a. _____   b. _____

2   **Cambiar**   Form a new sentence using the cue you hear as the subject. Repeat the correct answer after the speaker. (*5 items*)

> **modelo**
> Rubén está enojado con Patricia. (mamá)
> Mamá *está enojada con Patricia.*

3   **Preguntas**   Answer each question you hear using the cues in your lab manual. Repeat the correct response after the speaker. (*5 items*)

> **modelo**
> *You hear:* ¿Está triste Tomás?
> *You see:* no / contento/a
> *You say:* No, Tomás *está contento.*

1. no / abierto/a   3. su hermano   5. no / sucio/a
2. sí   4. no / ordenado/a   6. estar de vacaciones

4   **Situaciones**   You will hear four brief conversations. Choose the statement that expresses how the people feel in each situation.

1. a. Ricardo está nervioso.   b. Ricardo está cansado.

2. a. La señora Fuentes está contenta.   b. La señora Fuentes está preocupada.

3. a. Eugenio está aburrido.   b. Eugenio está avergonzado.

4. a. Rosario y Alonso están equivocados.   b. Rosario y Alonso están enojados.

5.2 The present progressive

1 **Escoger** Listen to what these people are doing. Then read the statements in your lab manual and choose the appropriate description.

1. a. Es profesor.   b. Es estudiante.

2. a. Es botones.   b. Es inspector de aduanas.

3. a. Eres artista.   b. Eres huésped.

4. a. Son jugadoras de fútbol.   b. Son programadoras.

5. a. Es ingeniero.   b. Es botones.

6. a. Son turistas.   b. Son empleados.

2 **Transformar** Change each sentence from the present tense to the present progressive. Repeat the correct answer after the speaker. (*6 items*)

> **modelo**
>
> Adriana confirma su reservación.
> Adriana *está confirmando su reservación.*

3 **Preguntas** Answer each question you hear using the cue in your lab manual and the present progressive. Repeat the correct response after the speaker.

> **modelo**
>
> *You hear:* ¿Qué hacen ellos?
> *You see:* jugar a los cartas
> *You say:* Ellos *están jugando a las cartas.*

1. hacer las maletas   3. dormir   5. hablar con el botones
2. pescar en el mar   4. correr en el parque   6. comer en el café

4 **Describir** You will hear some questions. Look at the drawing and respond to each question. Repeat the correct answer after the speaker. (*6 items*)

5.3 Comparing **ser** and **estar**

1 **Escoger** You will hear some questions with a beep in place of the verb. Decide which form of **ser** or **estar** should complete each question and circle it.

> **modelo**
> You hear: ¿Cómo (beep)?
> You circle: **estás** because the question is **¿Cómo estás?**

1. es   está   4. Es   Está
2. Son   Están   5. Es   Está
3. Es   Está   6. Es   Está

2 **¿Cómo es?** You just met Rosa Beltrán at a party. Describe her to a friend by using **ser** or **estar** with the cues you hear. Repeat the correct response after the speaker. (*6 items*)

> **modelo**
> muy amable
> Rosa es muy amable.

3 **¿Ser o estar?** You will hear the subject of a sentence. Complete the sentence using a form of **ser** or **estar** and the cue in your lab manual. Repeat the correct response after the speaker. (*6 items*)

> **modelo**
> You hear: Papá
> You see: en San Juan
> You say: Papá está en San Juan.

1. inspector de aduanas   3. a las diez   5. el 14 de febrero
2. la estación del tren   4. ocupados   6. corriendo a clase

4 **¿Lógico o no?** You will hear some statements. Decide if they are **lógico** or **ilógico**.

1. Lógico   Ilógico   4. Lógico   Ilógico
2. Lógico   Ilógico   5. Lógico   Ilógico
3. Lógico   Ilógico   6. Lógico   Ilógico

5 **Ponce** Listen to Carolina's description of her vacation and answer the questions in your lab manual.

1. ¿Dónde está Ponce?

_____

2. ¿Qué tiempo está haciendo?

_____

3. ¿Qué es el Parque de Bombas?

_____

4. ¿Que día es hoy?

_____

5. ¿Por qué no va al Parque de Bombas hoy?

_____

5.4 Direct object nouns and pronouns

1 **Escoger** Listen to each question and choose the most logical response.

1. a. Sí, voy a comprarlo.
   b. No, no voy a comprarla.

2. a. Joaquín lo tiene.
   b. Joaquín la tiene.

3. a. Sí, los puedo llevar.
   b. No, no te puedo llevar.

4. a. Irene los tiene.
   b. Irene las tiene.

5. a. Sí, te llevamos al partido.
   b. Sí, nos llevas al partido.

6. a. No, vamos a jugarla mañana.
   b. No, vamos a jugarlo mañana.

7. a. Va a conseguirlos mañana.
   b. Va a conseguirlas mañana.

8. a. Pienso visitarla el fin de semana.
   b. Pienso visitarte el fin de semana.

2 **Cambiar** Restate each sentence you hear using a direct object pronoun. Repeat the correct answer after the speaker. (6 *items*)

modelo
Isabel está mirando la televisión.
Isabel está mirándola.

Isabel está mirando la televisión... con Diego.

3 **No veo nada** You just broke your glasses and now you can't see anything. Respond to each statement using a direct object pronoun. Repeat the correct answer after the speaker. (6 *items*)

modelo
Allí está el Museo de Arte e Historia.
¿Dónde? No lo veo.

4 **Preguntas** Answer each question you hear in the negative. Repeat the correct response after the speaker. (6 *items*)

modelo
¿Haces la excursión a El Yunque?
No, no la hago.

5.5 Numbers 101 and higher

1 **Poblaciones** Look at the population figures in the chart and listen to each statement. Then indicate whether the statement is **cierto** or **falso.**

País	Población
Argentina	37.944.000
Chile	15.589.000
Colombia	43.821.000
Cuba	11.275.000
Ecuador	13.112.000
España	39.584.000
Guatemala	11.995.000
México	101.851.000
Perú	26.523.000
Puerto Rico	3.930.000

Cierto Falso
1. ○ ○
2. ○ ○
3. ○ ○
4. ○ ○
5. ○ ○
6. ○ ○

2 **Dictado** Listen carefully and write each number as numerals rather than words.

1. _____ 4. _____ 7. _____

2. _____ 5. _____ 8. _____

3. _____ 6. _____ 9. _____

3 **Preguntas** Answer each question you hear using the cue in your lab manual. Repeat the correct response after the speaker.

> modelo
> *You hear:* ¿Cuántas personas hay en Chile?
> *You see:* 15.589.000
> *You say:* Hay quince millones, quinientas ochenta y nueve mil personas en Chile.

1. 800 3. 1284 5. 172
2. 356 4. 711 6. unos 43.000

4 **Un anuncio** Listen to this radio advertisement and write the prices for each item listed in your lab manual. Then figure out what the total cost for the trip would be.

Pasaje de avión: _____

Barco: _____

Excursiones: _____

TOTAL: _____

vocabulario

You will now hear the vocabulary for **Lección 5** (page 150 of your textbook). Listen and repeat each Spanish word or phrase after the speaker.

contextos

Lección 6

1   **¿Lógico o ilógico?**   Listen to each statement and indicate if it is **lógico** or **ilógico**.

1. Lógico   Ilógico   5. Lógico   Ilógico
2. Lógico   Ilógico   6. Lógico   Ilógico
3. Lógico   Ilógico   7. Lógico   Ilógico
4. Lógico   Ilógico   8. Lógico   Ilógico

2   **Escoger**   Listen as each person talks about the clothing he or she needs to buy, then choose the activity for which the clothing would be appropriate.

1. a. ir a la playa   b. ir al cine
2. a. jugar al golf   b. buscar trabajo (*work*)
3. a. salir a bailar   b. ir a las montañas
4. a. montar a caballo   b. jugar a las cartas
5. a. jugar al voleibol   b. comer en un restaurante elegante
6. a. hacer un viaje   b. patinar en línea

3   **Preguntas**   Respond to each question saying that the opposite is true. Repeat the correct answer after the speaker. (*6 items*)

> modelo
>
> Las sandalias cuestan mucho, ¿no?
> No, las sandalias cuestan poco.

4   **Describir**   You will hear some questions. Look at the drawing and write the answer to each question.

1. _____

2. _____

3. _____

4. _____

pronunciación

The consonants **d** and **t**

Like **b** and **v**, the Spanish **d** can have a hard sound or a soft sound, depending on which letters appear next to it.

    ¿**D**ónde?   ven**d**er   na**d**ar   ver**d**a**d**

At the beginning of a phrase and after **n** or **l**, the letter **d** is pronounced with a hard sound. This sound is similar to the English *d* in *dog*, but a little softer and duller. The tongue should touch the back of the upper teeth, not the roof of the mouth.

    Don   **d**inero   tien**d**a   fal**d**a

In all other positions, **d** has a soft sound. It is similar to the English *th* in *there*, but a little softer.

    me**d**ias   ver**d**e   vesti**d**o   huéspe**d**

When **d** begins a word, its pronunciation depends on the previous word. At the beginning of a phrase or after a word that ends in **n** or **l**, it is pronounced as a hard **d**.

    Don **D**iego no tiene el **d**iccionario.

Words that begin with **d** are pronounced with a soft **d** if they appear immediately after a word that ends in a vowel or any consonant other than **n** or **l**.

    Doña **D**olores es **d**e la capital.

When pronouncing the Spanish **t**, the tongue should touch the back of the upper teeth, not the roof of the mouth. In contrast to the English *t*, no air is expelled from the mouth.

    traje   pan**t**alones   **t**arje**t**a   **t**ienda

1   **Práctica** Repeat each phrase after the speaker to practice the **d** and the **t**.

1. Hasta pronto.	5. No hay de qué.	9. Es estupendo.
2. De nada.	6. ¿De dónde es usted?	10. No tengo computadora.
3. Mucho gusto.	7. ¡Todos a bordo!	11. ¿Cuándo vienen?
4. Lo siento.	8. No puedo.	12. Son las tres y media.

2   **Oraciones** When you hear the number, read the corresponding sentence aloud, focusing on the **d** and **t** sounds. Then listen to the speaker and repeat the sentence.

1. Don Teodoro tiene una tienda en un almacén en La Habana.
2. Don Teodoro vende muchos trajes, vestidos y zapatos todos los días.
3. Un día un turista, Federico Machado, entra en la tienda para comprar un par de botas.
4. Federico regatea con don Teodoro y compra las botas y también un par de sandalias.

3   **Refranes** Repeat each saying after the speaker to practice the **d** and the **t**.

1. En la variedad está el gusto.   2. Aunque la mona se vista de seda, mona se queda.

4   **Dictado** You will hear four sentences. Each will be said twice. Listen carefully and write what you hear.

1. _____

2. _____

3. _____

4. _____

estructura

6.1 The preterite tense of regular verbs

1   **Identificar** Listen to each sentence and decide whether the verb is in the present or the preterite tense. Mark an **X** in the appropriate column.

> *modelo*
> *You hear:* Alejandro llevó un suéter marrón.
> *You mark:* an **X** under *preterite*.

	Present	Preterite
Modelo	_____	__X__
1.	_____	_____
2.	_____	_____
3.	_____	_____
4.	_____	_____
5.	_____	_____
6.	_____	_____
7.	_____	_____
8.	_____	_____

2   **Cambiar** Change each sentence from the present to the preterite. Repeat the correct answer after the speaker. (*8 items*)

> *modelo*
> Compro unas sandalias baratas.
> *Compré unas sandalias baratas.*

3   **Preguntas** Answer each question you hear using the cue in your lab manual. Repeat the correct response after the speaker.

> *modelo*
> *You hear:* ¿Dónde conseguiste tus botas?
> *You see:* en la tienda Lacayo
> *You say:* Conseguí mis botas en la tienda Lacayo.

1. $26,00   2. ayer   3. Marta   4. no   5. no   6. sí

4   **¿Estás listo?** Listen to this conversation between Matilde and Hernán. Make a list of the tasks Hernán has already done in preparation for his trip and a list of the tasks he still needs to do.

Tareas completadas   **Tareas que necesita hacer**

_____   _____

_____   _____

_____   _____

_____   _____

_____   _____

6.2 Indirect object pronouns

1 **Escoger** Listen to each question and choose the most logical response.

1. a. Sí, le mostré el abrigo.

   b. Sí, me mostró el abrigo.

2. a. No, no le presté el suéter azul.

   b. No, no te prestó el suéter azul.

3. a. Voy a comprarles ropa interior.

   b. Vamos a comprarle ropa interior.

4. a. Sí, está preguntándoles el precio.

   b. Sí, está preguntándole el precio.

5. a. Nos costaron veinte dólares.

   b. Les costaron veinte dólares.

6. a. Sí, le traigo un sombrero.

   b. Sí te traigo un sombrero.

2 **Transformar** Cecilia has been shopping. Say for whom she bought these items using indirect object pronouns. Repeat the correct answer after the speaker. (*6 items*)

> **modelo**
>
> Cecilia compró una bolsa para Dora.
> *Cecilia le compró una bolsa.*

3 **Preguntas** Answer each question you hear using the cue in your lab manual. Repeat the correct response after the speaker.

> **modelo**
>
> *You hear:* ¿Quién está esperándote?
> *You see:* Mauricio
> *You say:* Mauricio está esperándome.

1. sí	3. no	5. Antonio
2. $50.00	4. su traje nuevo	6. bluejeans

4 **En el centro comercial** Listen to this conversation and answer the questions in your lab manual.

1. ¿Quién es Gustavo?

_____

2. ¿Qué está haciendo Gustavo?

_____

3. ¿Qué le preguntó Gustavo a José?

_____

4. ¿Por qué le prestó dinero José?

_____

5. ¿Cuándo va a regalarle (*to give*) la falda a Norma?

_____

12

6.3 Demonstrative adjectives and pronouns

1 **En el mercado** A group of tourists is shopping at an open-air market. Listen to what they say, and mark an **X** in the column for the demonstrative adjective you hear.

> **modelo**
> *You hear:* Me gusta mucho esa bolsa.
> *You mark:* an **X** under *that.*

	this	that	these	those
Modelo	_____	**X**	_____	_____
1.	_____	_____	_____	_____
2.	_____	_____	_____	_____
3.	_____	_____	_____	_____
4.	_____	_____	_____	_____

2 **Cambiar** Form a new sentence using the cue you hear. Repeat the correct answer after the speaker. (*6 items*)

> **modelo**
> Quiero este suéter. (chaqueta)
> *Quiero esta chaqueta.*

3 **Transformar** Form a new sentence using the cue you hear. Repeat the correct answer after the speaker. (*6 items*)

> **modelo**
> Aquel abrigo es muy hermoso. (corbatas)
> *Aquellas corbatas son muy hermosas.*

4 **Preguntas** Answer each question you hear in the negative using a form of the demonstrative pronoun **ése**. Repeat the correct response after the speaker. (*8 items*)

> **modelo**
> ¿Quieres esta blusa?
> *No, no quiero ésa.*

5 **De compras** Listen to this conversation. Then read the statements in your lab manual and decide whether they are **cierto** or **falso**.

	Cierto	Falso
1. Flor quiere ir al almacén Don Guapo.	O	O
2. Enrique trabaja en el almacén Don Guapo.	O	O
3. El centro comercial está lejos de los chicos.	O	O
4. Van al almacén que está al lado del Hotel Plaza.	O	O

vocabulario

You will now hear the vocabulary for **Lección 6** (page 178 of your textbook). Listen and repeat each Spanish word or phrase after the speaker.

contextos   **Lección 7**

1 **Describir** For each drawing, you will hear two statements. Choose the one that corresponds to the drawing.

1. a. _____ b. _____

2. a. _____ b. _____

3. a. _____ b. _____

4. a. _____ b. _____

2 **Preguntas** Clara is going to baby-sit your nephew. Answer her questions about your nephew's daily routine using the cues in your lab manual. Repeat the correct response after the speaker.

> **modelo**
> *You hear:* ¿A qué hora va a la escuela?
> *You see:* 8:30 A.M.
> *You say:* Va a la escuela a las ocho y media de la mañana.

1. 7:00 A.M.   4. champú para niños
2. se lava la cara   5. 9:00 P.M.
3. por la noche   6. después de comer

3 **Entrevista** Listen to this interview. Then read the statements in your lab manual and decide whether they are cierto or falso.

	Cierto	Falso
1. Sergio Santos es jugador de fútbol.	○	○
2. Sergio se levanta a las 5:00 A.M.	○	○
3. Sergio se ducha por la mañana y por la noche.	○	○
4. Sergio se acuesta a las 11:00 P.M.	○	○

pronunciación

The consonants r and rr

In Spanish, **r** has a strong trilled sound at the beginning of a word. No English words have a trill, but English speakers often produce a trill when they imitate the sound of a motor.

    ropa   rutina   rico   **R**amón

In any other position, **r** has a weak sound similar to the English *tt* in *better* or the English *dd* in *ladder*. In contrast to English, the tongue touches the roof of the mouth behind the teeth.

    gustar   durante   primero   crema

The letter **rr**, which only appears between vowels, always has a strong trilled sound.

    pizarra   corro   marrón   aburrido

Between vowels, the difference between the strong trilled **rr** and the weak **r** is very important, as a mispronunciation could lead to confusion between two different words.

    caro   carro   pero   perro

1   **Práctica** Repeat each word after the speaker, focusing on the **r** and **rr** sounds.

1. Perú	5. comprar	9. Arequipa
2. Rosa	6. favor	10. tarde
3. borrador	7. rubio	11. cerrar
4. madre	8. reloj	12. despertador

2   **Oraciones** When you hear the number, read the corresponding sentence aloud, focusing on the **r** and **rr** sounds. Then listen to the speaker and repeat the sentence.

1. Ramón Robles Ruiz es programador. Su esposa Rosaura es artista.
2. A Rosaura Robles le encanta regatear en el mercado.
3. Ramón nunca regatea… le aburre regatear.
4. Rosaura siempre compra cosas baratas.
5. Ramón no es rico pero prefiere comprar cosas muy caras.
6. ¡El martes Ramón compró un carro nuevo!

3   **Refranes** Repeat each saying after the speaker to practice the **r** and the **rr**.

1. Perro que ladra no muerde.
2. No se ganó Zamora en una hora.

4   **Dictado** You will hear seven sentences. Each will be said twice. Listen carefully and write what you hear.

1. _____
2. _____
3. _____
4. _____
5. _____
6. _____
7. _____

estructura

7.1 Reflexive verbs

1 **Describir** For each drawing, you will hear two statements. Choose the one that corresponds to the drawing.

1. a. _____ b. _____   2. a. _____ b. _____

3. a. _____ b. _____   4. a. _____ b. _____

2 **Preguntas** Answer each question you hear in the affirmative. Repeat the correct response after the speaker. (*7 items*)

> **modelo**
> ¿Se levantó temprano Rosa?
> Sí, Rosa se levantó temprano.

3 **¡Esto fue el colmo** (*the last straw*)**!** Listen as Julia describes what happened in her dorm yesterday. Then choose the correct ending for each statement in your lab manual.

1. Julia se ducha en cinco minutos porque...
   a. siempre se levanta tarde.   b. las chicas de su piso comparten un cuarto de baño.
2. Ayer la chica nueva...
   a. se quedó dos horas en el baño.   b. se preocupó por Julia.
3. Cuando salió, la chica nueva...
   a. se enojó mucho.   b. se sintió (*felt*) avergonzada.

7.2 Indefinite and negative words

1 **¿Lógico o ilógico?** You will hear some questions and the responses. Decide if they are **lógico** or **ilógico**.

	Lógico	Ilógico			Lógico	Ilógico
1.	○	○		5.	○	○
2.	○	○		6.	○	○
3.	○	○		7.	○	○
4.	○	○		8.	○	○

2 **¿Pero o sino?** You will hear some sentences with a beep in place of a word. Decide if **pero** or **sino** should complete each sentence and circle it.

> **modelo**
>
> *You hear:* Ellos no viven en Lima *(beep)* Arequipa.
> *You circle:* **sino** because the sentence is *Ellos no viven en Lima sino Arequipa.*

1.	pero	sino		5.	pero	sino
2.	pero	sino		6.	pero	sino
3.	pero	sino		7.	pero	sino
4.	pero	sino		8.	pero	sino

3 **Transformar** Change each sentence you hear to say the opposite is true. Repeat the correct answer after the speaker. (*6 items*)

> **modelo**
>
> Nadie se ducha ahora.
> Alguien se ducha ahora.

4 **Preguntas** Answer each question you hear in the negative. Repeat the correct response after the speaker. (*6 items*)

> **modelo**
>
> ¿Qué estás haciendo?
> No estoy haciendo nada.

5 **Entre amigos** Listen to this conversation between Felipe and Mercedes. Then decide whether the statements in your lab manual are **cierto** or **falso**.

	Cierto	Falso
1. No hay nadie en la residencia.	○	○
2. Mercedes quiere ir al Centro Estudiantil.	○	○
3. Felipe tiene un amigo peruano.	○	○
4. Mercedes no visitó ni Machu Picchu ni Cuzco.	○	○
5. Felipe nunca visitó el Perú.	○	○
6. Mercedes no quiere volver jamás al Perú.	○	○

7.3 Preterite of **ser** and **ir**

1 **Escoger** Listen to each sentence and indicate whether the verb is a form of **ser** or **ir**.

1. ser   ir   5. ser   ir
2. ser   ir   6. ser   ir
3. ser   ir   7. ser   ir
4. ser   ir   8. ser   ir

2 **Cambiar** Change each sentence from the present to the preterite. Repeat the correct answer after the speaker. (*8 items*)

> modelo
> Uds. van en avión.
> Uds. fueron en avión.

3 **Preguntas** Answer each question you hear using the cue in your lab manual. Repeat the correct response after the speaker.

> modelo
> *You hear:* ¿Quién fue tu profesor de química?
> *You see:* el Sr. Ortega
> *You say:* El Sr. Ortega fue mi profesor de química.

1. al mercado al aire libre   4. fabulosa
2. muy buenas   5. al parque
3. no   6. difícil

4 **¿Qué hicieron** (*did they do*) **anoche?** Listen to this telephone conversation and answer the questions in your lab manual.

1. ¿Adónde fue Carlos anoche?

_____

2. ¿Cómo fue el partido? ¿Por qué?

_____

3. ¿Adónde fueron Katarina y Esteban anoche?

_____

4. Y Esteban, ¿qué hizo (*did he do*) allí?

_____

7.4 **Gustar** and verbs like **gustar**

1 Escoger Listen to each question and choose the most logical response.

1. a. Sí, me gusta.   b. Sí, te gusta.
2. a. No, no le interesa.   b. No, no le interesan.
3. a. Sí, les molestan mucho.   b. No, no les molesta mucho.
4. a. No, no nos importa.   b. No, no les importa.
5. a. Sí, le falta.   b. Sí, me falta.
6. a. Sí, les fascina.   b. No, no les fascinan.

2 Cambiar Form a new sentence using the cue you hear. Repeat the correct answer after the speaker. (6 items)

modelo
A ellos les interesan las ciencias. (a Ricardo)
A Ricardo le interesan las ciencias.

3 Preguntas Answer each question you hear using the cue in your lab manual. Repeat the correct response after the speaker. (8 items)

modelo
You hear: ¿Qué te encanta hacer?
You see: patinar en línea
You say: Me encanta patinar en línea.

1. la familia y los amigos   5. el baloncesto y el béisbol
2. sí   6. no
3. las computadoras   7. no / nada
4. $2,00   8. sí

4 Preferencias Listen to this conversation. Then fill in the chart with Eduardo's preferences and answer the question in your lab manual.

Le gusta	No le gusta

¿Que van a hacer los chicos esta tarde? _____

vocabulario

You will now hear the vocabulary for **Lección 7** (page 206 of your textbook). Listen and repeat each Spanish word or phrase after the speaker.

Nombre _____   Fecha _____

contextos

Lección 8

1 Identificar Listen to each question and mark an **X** in the appropriate category.

> *You hear*: ¿Qué es la piña?
> *You mark*: an **X** under **fruta.**

	carne	pescado	verdura	fruta	bebida
Modelo	___	___	___	X	___
1.	___	___	___	___	___
2.	___	___	___	___	___
3.	___	___	___	___	___
4.	___	___	___	___	___
5.	___	___	___	___	___
6.	___	___	___	___	___
7.	___	___	___	___	___
8.	___	___	___	___	___

2 Describir Listen to each sentence and write the number of the sentence below the drawing of the food or drink mentioned.

 a. ___   b. ___   c. ___   d. ___

 e. ___   f. ___   g. ___   h. ___

 i. ___   j. ___

3 En el restaurante You will hear a couple ordering a meal in a restaurant. Write the items they order in the appropriate categories.

	SEÑORA	SEÑOR
Primer plato		
Plato principal		
Verdura		
Bebida		

Lección 8 Laboratory Activities

241

pronunciación

ll, ñ, c, and z

Most Spanish speakers pronounce the letter **ll** like the *y* in *yes*.

    pollo   **llave**   e**ll**a   cebo**ll**a

The letter **ñ** is pronounced much like the *ny* in *canyon*.

    ma**ñ**ana   se**ñ**or   ba**ñ**o   ni**ñ**a

Before **a, o,** or **u,** the Spanish **c** is pronounced like the *c* in *car*.

    café   **c**olombiano   **c**uando   ri**c**o

Before **e** or **i,** the Spanish **c** is pronounced like the *s* in *sit*. In parts of Spain, **c** before **e** or **i** is pronounced like the *th* in *think*.

    cereales   deli**c**ioso   condu**c**ir   cono**c**er

The Spanish **z** is pronounced like the *s* in *sit*. In parts of Spain, **z** before a vowel is pronounced like the *th* in *think*.

    zeta   **z**anahoria   almuer**z**o   cerve**z**a

1   **Práctica** Repeat each word after the speaker to practice pronouncing **ll, ñ, c,** and **z.**

    1. mantequilla   5. español   9. quince
    2. cuñado   6. cepillo   10. compañera
    3. aceite   7. zapato   11. almorzar
    4. manzana   8. azúcar   12. calle

2   **Oraciones** When the speaker pauses, repeat the corresponding sentence or phrase, focusing on **ll, ñ, c,** and **z.**

    1. Mi compañero de cuarto se llama Tonio Núñez. Su familia es de la ciudad de Guatemala y de Quetzaltenango.
    2. Dice que la comida de su mamá es deliciosa, especialmente su pollo al champiñón y sus tortillas de maíz.
    3. Creo que Toño tiene razón porque hoy cené en su casa y quiero volver mañana para cenar allí otra vez.

3   **Refranes** Repeat each saying after the speaker to practice **ll, ñ, c,** and **z.**

    1. Las aparencias engañan.
    2. Panza llena, corazón contento.

4   **Dictado** You will hear five sentences. Each will be said twice. Listen carefully and write what you hear.

    1. _____

    2. _____

    3. _____

    4. _____

    5. _____

estructura

8.1 Preterite of stem-changing verbs

1   **Identificar** Listen to each sentence and decide whether the verb is in the present or the preterite tense. Mark an **X** in the appropriate column.

> **modelo**
> *You hear:* Pido bistec con papas fritas.
> *You write:* an **X** under *Present.*

	Present	Preterite
Modelo		
1. _____	**X**	_____
2. _____	_____	_____
3. _____	_____	_____
4. _____	_____	_____
5. _____	_____	_____
6. _____	_____	_____
7. _____	_____	_____
8. _____	_____	_____

2   **Cambiar** Change each sentence you hear substituting the new subject given. Repeat the correct response after the speaker. (*6 items*)

> **modelo**
> Tú no dormiste bien anoche. (Los niños)
> *Los niños no durmieron bien anoche.*

3   **Preguntas** Answer each questions you hear using the cue in your lab manual. Repeat the correct response after the speaker.

> **modelo**
> *You hear:* ¿Qué pediste?
> *You see:* pavo asado con papas y arvejas
> *You say:* *Pedí pavo asado con papas y arvejas.*

1. Sí	3. leche	5. No
2. No	4. Sí	6. la semana pasada

4   **Un día largo** Listen as Ernesto describes what he did yesterday. Then read the statements in your lab manual and decide whether they are **cierto** or **falso**.

	Cierto	Falso
1. Ernesto se levantó a las seis y media de la mañana.	○	○
2. Se bañó y se vistió.	○	○
3. Los clientes empezaron a llegar a la una.	○	○
4. Almorzó temprano.	○	○
5. Pidió pollo asado con papas.	○	○
6. Después de almorzar, Ernesto y su primo siguieron trabajando.	○	○

8.2 Double object pronouns

1 **Escoger** The manager of **El Gran Pavo** Restaurant wants to know what items the chef is going to serve to the customers today. Listen to each question and choose the correct response.

1. a. Sí, se las voy a servir.   b. No, no se los voy a servir.

2. a. Sí, se la voy a servir.   b. No, no se lo voy a servir.

3. a. Sí, se los voy a servir.   b. No, no se las voy a servir.

4. a. Sí, se los voy a servir.   b. No, no se las voy a servir.

5. a. Sí, se la voy a servir.   b. No, no se lo voy a servir.

6. a. Sí, se lo voy a servir.   b. No, no se la voy a servir.

2 **Cambiar** Repeat each statement, replacing the direct object noun with a pronoun. (6 *items*)

> *modelo*
> María te hace ensalada.
> María *te la hace.*

3 **Preguntas** Answer each question using the cue you hear and object pronouns. Repeat the correct response after the speaker. (5 *items*)

> *modelo*
> ¿Me recomienda Ud. los mariscos? (Sí)
> *Sí, se los recomiendo.*

4 **Una fiesta** Listen to this conversation between Eva and Marcela. Then read the statements in your lab manual and decide whether they are **cierto** or **falso**.

	Cierto	Falso
1. Le van a hacer una fiesta a Sebastián.	○	○
2. Le van a preparar langosta.	○	○
3. Le van a preparar una ensalada de mariscos.	○	○
4. Van a tener vino tinto, cerveza, agua mineral y té helado.	○	○
5. Clara va a comprar cerveza.	○	○
6. Le compraron un cinturón.	○	○

8.3 Saber and conocer

1 **¿Saber o conocer?** You will hear some sentences with a beep in place of the verb. Decide which form of **saber** or **conocer** should complete each sentence and circle it.

> **modelo**
>
> *You hear: (Beep) cantar.*
> *You circle: Sé because the sentence is Sé cantar.*

1. Sé	Conozco	3. Sabemos	Conocemos	5. Sé	Conozco
2. Saben	Conocen	4. Sé	Conozco	6. Sabes	Conoces

2 **Cambiar** Listen to the following statements and say that you do the same activities. Repeat the correct answer after the speaker. (*5 items*)

> **modelo**
>
> Julia sabe nadar.
> Yo también sé nadar.

3 **Preguntas** Answer each question using the cue you hear. Repeat the correct response after the speaker. (*6 items*)

> **modelo**
>
> ¿Conocen tus padres Antigua? (Sí)
> Sí, mis padres conocen Antigua.

4 **Mi compañera de cuarto** Listen as Jennifer describes her roommate. Then read the statements in your lab manual and decide whether they are **cierto** or **falso**.

	Cierto	Falso
1. Jennifer conoció a Laura en la escuela primaria.	O	O
2. Laura sabe hacer muchas cosas.	O	O
3. Laura sabe hablar alemán.	O	O
4. Laura sabe preparar comida mexicana.	O	O
5. Laura sabe patinar en línea.	O	O
6. Laura conoce a algunos muchachos simpáticos.	O	O

5 **La mejor comida** Listen to this conversation between Jorge and Rosalía. Then choose the correct answers to the questions in your lab manual.

1. ¿Por qué conoce Jorge muchos restaurantes?

   a. Es aficionado a los restaurantes.

   b. Él es camarero.

2. ¿Qué piensa Rosalía de la buena comida?

   a. Piensa que la gente no necesita ir a un restaurante para comer bien.

   b. Piensa que la gente encuentra la mejor comida en un restaurante.

3. ¿Dónde están Jorge y Rosalía?

   a. Están en la universidad.

   b. Están trabajando.

4. ¿Sabe Rosalía dónde está el restaurante?

   a. Sí, lo sabe.

   b. No lo conoce.

8.4 Comparisons and superlatives

1 **Escoger** You will hear a series of descriptions. Choose the statement in your lab manual that expresses the correct comparison.

1. a. Yo tengo más dinero que Rafael.
   b. Yo tengo menos dinero que Rafael.
2. a. Elena es mayor que Juan.
   b. Elena es menor que Juan.
3. a. Enrique come más hamburguesas que José.
   b. Enrique come tantas hamburguesas como José.
4. a. La comida de la Fonda es mejor que la comida del Café Condesa
   b. La comida de la Fonda es peor que la comida del Café Condesa.
5. a. Las langostas cuestan tanto como los camarones.
   b. Los camarones cuestan menos que las langostas.
6. a. El pavo es más caro que la salchicha.
   b. El pavo no es tan caro como la salchicha.

2 **Comparar** Look at each drawing and answer the question you hear with a comparative statement. Repeat the correct response after the speaker.

Ricardo   Sara

Héctor   Alejandro

Leonor   Melissa

1. _____   2. _____   3. _____

3 **Al contrario** You are babysitting Anita, a small child, who starts boasting about herself and her family. Respond to each statement using a comparative of equality. Then repeat the correct answer after the speaker. (*6 items*)

> *modelo*
> Mi mamá es más bonita que tu mamá.
> Al contrario, mi mamá es tan bonita como tu mamá.

4 **Preguntas** Answer each question you hear using the absolute superlative. Repeat the correct response after the speaker. (*6 items*)

> *modelo*
> La comida de la cafetería es mala, ¿no?
> Sí, es malísima.

8.5 Pronouns after prepositions

1 **Cambiar** Listen to each statement and say that the feeling is not mutual. Use a pronoun after the preposition in your response. Then repeat the correct answer after the speaker. (*6 items*)

> **modelo**
> Carlos quiere desayunar con nosotros.
> **Pero nosotros *no queremos* desayunar con él.**

2 **Preguntas** Answer each question you hear using the appropriate pronoun after the preposition and the cue in your lab manual. Repeat the correct response after the speaker.

> **modelo**
> *You hear:* ¿Almuerzas con Alberto hoy?
> *You see:* No
> *You say:* No, no almuerzo con él hoy.

1. Sí   4. Sí
2. Luis   5. No
3. Sí   6. Francisco

3 **Preparativos** (*Preparations*) Listen to this conversation between David and Andrés. Then answer the questions in your lab manual.

1. ¿Qué necesitan comprar para la fiesta?

_____

2. ¿Con quién quiere Alfredo ir a la fiesta?

_____

3. ¿Por qué ella no quiere ir con él?

_____

4. ¿Con quién va Sara?

_____

5. ¿Para quién quieren comprar algo especial?

_____

vocabulario

You will now hear the vocabulary for **Lección 8** (page 240 of your textbook). Listen and repeat each Spanish word or phrase after the speaker.

contextos

Lección 9

1 **¿Lógico o ilógico?** You will hear some statements. Decide if they are **lógico** or **ilógico**.

1. Lógico   Ilógico   5. Lógico   Ilógico
2. Lógico   Ilógico   6. Lógico   Ilógico
3. Lógico   Ilógico   7. Lógico   Ilógico
4. Lógico   Ilógico   8. Lógico   Ilógico

2 **Escoger** For each drawing, you will hear three statements. Choose the one that corresponds to the drawing.

1. a.   b.   c.   2. a.   b.   c.

3. a.   b.   c.   4. a.   b.   c.

3 **Una celebración** Listen as Sra. Jiménez talks about a party she has planned. Then answer the questions in your lab manual.

1. ¿Para quién es la fiesta?

_____

2. ¿Cuándo es la fiesta?

_____

3. ¿Por qué hacen la fiesta?

_____

4. ¿Quiénes van a la fiesta?

_____

5. ¿Qué van a hacer los invitados en la fiesta?

_____

pronunciación

The letters **h**, **j**, and **g**

The Spanish **h** is always silent.

helado	**h**ombre	**h**ola	**h**ermosa

The letter **j** is pronounced much like the English *h* in *his*.

Jos**é**	**j**ubilarse	de**j**ar	pare**j**a

The letter **g** can be pronounced three different ways. Before **e** or **i**, the letter **g** is pronounced much like the English *h*.

a**g**encia	**g**eneral	**G**il	**G**isela

At the beginning of a phrase or after the letter **n**, the Spanish **g** is pronounced like the English *g* in *girl*.

Gustavo, **g**racias por llamar el domin**g**o.

In any other position, the Spanish **g** has a somewhat softer sound.

Me **g**radué en a**g**osto.

In the combinations **gue** and **gui**, the **g** has a hard sound and the **u** is silent. In the combination **gua**, the **g** has a hard sound and the **u** is pronounced like the English *w*.

Guerra	conse**gui**r	**gua**ntes	a**gua**

1 **Práctica** Repeat each word after the speaker to practice pronouncing **h, j,** and **g.**

1. hamburguesa	4. guapa	7. espejo	10. gracias	13. Jorge
2. jugar	5. geografía	8. hago	11. hijo	14. tengo
3. oreja	6. magnífico	9. seguir	12. galleta	15. ahora

2 **Oraciones** When you hear the number, read the corresponding sentence aloud. Then listen to the speaker and repeat the sentence.

1. Hola. Me llamo Gustavo Hinojosa Lugones y vivo en Santiago de Chile.
2. Tengo una familia grande; somos tres hermanos y tres hermanas.
3. Voy a graduarme en mayo.
4. Para celebrar mi graduación mis padres van a regalarme un viaje a Egipto.
5. ¡Qué generosos son!

3 **Refranes** Repeat each saying after the speaker to practice pronouncing **h, j,** and **g.**

1. A la larga, lo más dulce amarga.   2. El hábito no hace al monje.

4 **Dictado** Victoria is talking to her friend Mirta on the phone. Listen carefully and write what she says during the pauses. The entire passage will then be repeated so that you can check your work.

_____

_____

_____

_____

estructura

9.1 Dar and decir

1 **Identificar** Listen to each sentence and mark an **X** in the column for the subject of the verb.

	yo	tú	él	nosotros	ellos
Modelo	_____	**X**	_____	_____	_____
1. _____	_____	_____	_____	_____	_____
2. _____	_____	_____	_____	_____	_____
3. _____	_____	_____	_____	_____	_____
4. _____	_____	_____	_____	_____	_____
5. _____	_____	_____	_____	_____	_____
6. _____	_____	_____	_____	_____	_____
7. _____	_____	_____	_____	_____	_____
8. _____	_____	_____	_____	_____	_____

2 **Preguntar** Answer each question you hear using the cues in your lab manual. Repeat the correct response after the speaker.

1. Francisco   3. nunca   5. nosotros
2. dulces   4. sí   6. no

3 **Chismes** (*Gossip*) Listen to the conversation and then select the best response for the questions in your lab manual.

1. ¿Qué dice Marta que es mentira?

a. Que se comprometieron Julia y Héctor.   b. Que ella no se lleva bien con Julia.

2. ¿Por qué Marta no le da a Jorge las notas?

a. Porque las notas del año pasado ya no sirven.   b. Porque Marta da malos consejos.

3. ¿Es una sorpresa para Marta la información que Sara le da?

a. No, no es una sorpresa. Ella ya compró una revista.   b. Sí, es una sorpresa.

9.2 Irregular preterites

1 **Escoger** Listen to each question and choose the most logical response.

1. a. No, no conduje hoy.
   b. No, no condujo hoy.
2. a. Te dije que tengo una cita con Gabriela esta noche.
   b. Me dijo que tiene una cita con Gabriela esta noche.
3. a. Estuvimos en la casa de Marta.
   b. Estuvieron en la casa de Marta.
4. a. Porque tuvo que estudiar.
   b. Porque tiene que estudiar.
5. a. Lo supieron la semana pasada.
   b. Lo supimos la semana pasada.
6. a. Los pusimos en la mesa.
   b. Los pusieron en la mesa.
7. a. No, sólo tradujimos un poco.
   b. No, sólo traduje un poco.
8. a. Sí, le di $20,000.
   b. Sí, le dio $20,000.

2 **Cambiar** Change each sentence from the present to the preterite. Repeat the correct answer after the speaker. (*8 items*)

> modelo
> Él pone el flan sobre la mesa.
> Él *puso el flan sobre la mesa.*

3 **Preguntas** Answer each question you hear using the cue in your lab manual. Substitute object pronouns for the direct object when possible. Repeat the correct answer after the speaker.

> modelo
> *You hear:* ¿Quién condujo el auto?
> *You see:* yo
> *You say:* Yo lo conduje.

1. Gerardo
2. Mateo y Yolanda
3. nosotros
4. muy buena
5. ¡Felicitaciones!
6. mi papá

4 **Completar** Listen to the dialogue and write the missing words in your lab manual.

_____ (1) por un amigo que los Márquez _____ (2) a visitar a su hija. Me _____ (3) que _____ (4) desde Antofagasta y que se _____ (5) en el Hotel Carrera. Les _____ (6) una llamada (*call*) anoche pero no _____ (7) el teléfono. Sólo _____ (8) dejarles un mensaje. Hoy ellos me _____ (9) y me _____ (10) si mi esposa y yo teníamos tiempo para almorzar con ellos. Claro que les _____ (11) que sí.

9.3 Verbs that change meaning in the preterite

1 **Identificar** Listen to each sentence and mark and **X** in the column for the subject of the verb.

> **modelo**
>
> *You hear:* ¿Cuándo lo supiste?
> *You mark:* an **X** under **tú**.

	yo	tú	ella	nosotros	ellos
Modelo	____	**X**	____	____	____
1. ____	____	____	____	____	____
2. ____	____	____	____	____	____
3. ____	____	____	____	____	____
4. ____	____	____	____	____	____
5. ____	____	____	____	____	____
6. ____	____	____	____	____	____
7. ____	____	____	____	____	____
8. ____	____	____	____	____	____

2 **Preguntas** Answer each question you hear using the cue in your lab manual. Substitute object pronouns for the direct object when possible. Repeat the correct response after the speaker.

> **modelo**
>
> *You hear:* ¿Conocieron ellos a Sandra?
> *You see:* sí
> *You say:* Sí, la conocieron.

1. sí   2. en la casa de Ángela   3. el viernes   4. no   5. no   6. anoche

3 **¡Qué lástima!** (*What a shame!*) Listen as José talks about some news he recently received. Then read the statements and decide whether they are **cierto** or **falso**.

	Cierto	Falso
1. Supieron de la muerte ayer.	○	○
2. Se sonrieron cuando oyeron las noticias (*news*).	○	○
3. Carolina no se pudo comunicar con la familia.	○	○
4. Francisco era (*was*) joven.	○	○
5. Mañana piensan llamar a la familia de Francisco.	○	○

4 **Relaciones amorosas** Listen as Susana describes what happened between her and Pedro. Then answer the questions in your lab manual.

1. ¿Por qué no pudo salir Susana con Pedro? _____

2. ¿Qué supo por su amiga? _____

3. ¿Cómo se puso ella cuando Pedro llamó? _____

4. ¿Qué le dijo Susana a Pedro? _____

9.4 ¿Qué? and ¿cuál?

1 **¿Lógico o ilógico?** You will hear some questions and the responses. Decide if they are **lógico** or **ilógico**.

1. Lógico   Ilógico   5. Lógico   Ilógico
2. Lógico   Ilógico   6. Lógico   Ilógico
3. Lógico   Ilógico   7. Lógico   Ilógico
4. Lógico   Ilógico   8. Lógico   Ilógico

2 **Preguntas** You will hear a series of responses to questions. Using **¿qué?** or **¿cuál?**, form the question that prompted each response. Repeat the correct answer after the speaker. (*8 items*)

> modelo
>
> Santiago de Chile es la capital de Chile.
> ¿Cuál es la capital de Chile?

3 **De compras** Look at Marcela's shopping list for Christmas and answer each question you hear. Repeat the correct response after the speaker. (*6 items*)

Raúl	2 camisas, talla 17
Cristina	blusa, color azul
Pepe	bluejeans y tres pares de calcetines blancos
Abuelo	cinturón
Abuela	suéter blanco

4 **Escoger** Listen to this radio commercial and choose most logical response to each question.

1. ¿Qué hace Fiestas Mar?
a. Organiza fiestas.   b. Es una tienda que vende cosas para fiestas.   c. Es un club en el mar.
2. ¿Para qué tipo de fiesta no usaría Fiestas Mar?
a. Para una boda.   b. Para una fiesta de sorpresa.   c. Para una cena con los suegros.
3. ¿Cuál de estos servicios no ofrece Fiestas Mar?
a. Poner las decoraciones.   b. Proveer (*provide*) el lugar.   c. Proveer los regalos.
4. ¿Qué tiene que hacer el cliente si usa Fiestas Mar?
a. Tiene que preocuparse por la lista de invitados.   b. Tiene que preocuparse por la música.
c. Tiene que preparar la comida.
5. Si uno quiere contactar Fiestas Mar, ¿qué debe hacer?
a. Debe escribirles un mensaje electrónico.   b. Debe llamarlos.   c. Debe ir a Casa Mar.

vocabulario

You will now hear the vocabulary for **Lección 9** (page 266 of your textbook). Listen and repeat each Spanish word or phrase after the speaker.

contextos

Lección 10

1 **Identificar** You will hear a series of words. Write each one in the appropriate category.

> **modelo**
> *You hear:* el hospital
> *You write:* el **hospital** under **Lugares.**

Lugares	Medicinas	Condiciones y síntomas médicos
el hospital		

2 **Describir** For each drawing, you will hear two statements. Choose the one that corresponds to the drawing.

1. a.   b.   2. a.   b.

3. a.   b.   4. a.   b.

pronunciación

c (before a consonant) and q

In Lesson 8, you learned that, in Spanish, the letter **c** before the vowels **a, o,** and **u** is pronounced like the *c* in the English word *car*. When the letter **c** appears before any consonant except **h,** it is also pronounced like the *c* in *car*.

| **c**línica | bici**c**leta | **cr**ema | do**ct**ora | o**ct**ubre |

In Spanish, the letter **q** is always followed by a **u,** which is silent. The combination **qu** is pronounced like the *k* sound in the English word *kitten*. Remember that the sounds **kwa, kwe, kwi, kwo,** and **koo** are always spelled with the combination **cu** in Spanish, never with **qu.**

| **qu**erer | par**que** | **qu**eso | **qu**ímica | mante**qu**illa |

1 **Práctica** Repeat each word after the speaker, focusing on the **c** and **q** sounds.

1. quince	5. conductor	9. aquí
2. querer	6. escribir	10. ciclismo
3. pequeño	7. contacto	11. electrónico
4 equipo	8. increíble	12. quitarse

2 **Oraciones** When you hear the number, read the corresponding sentence aloud. Then listen to the speaker and repeat the sentence.

1. El Dr. Cruz quiso sacarle la muela.
2. Clara siempre se maquilla antes de salir de casa.
3. ¿Quién perdió su equipaje?
4. Pienso comprar aquella camisa porque me queda bien.
5. La chaqueta cuesta quinientos cuarenta dólares, ¿no?
6. Esa cliente quiere pagar con tarjeta de crédito.

3 **Refranes** Repeat each saying after the speaker to practice the **c** and **q** sounds.

1. Ver es creer. [1]
2. Quien mal anda, mal acaba. [2]

4 **Dictado** You will hear five sentences. Each will be said twice. Listen carefully and write what you hear.

1. _____
2. _____
3. _____
4. _____
5. _____

Seeing is believing. [1]
He who lives badly, ends badly. [2]

Nombre _____   Fecha _____

estructura

10.1 The imperfect tense

1 Identificar Listen to each sentence and circle the verb tense you hear.

1. a. present   b. preterite   c. imperfect
2. a. present   b. preterite   c. imperfect
3. a. present   b. preterite   c. imperfect
4. a. present   b. preterite   c. imperfect
5. a. present   b. preterite   c. imperfect
6. a. present   b. preterite   c. imperfect
7. a. present   b. preterite   c. imperfect
8. a. present   b. preterite   c. imperfect
9. a. present   b. preterite   c. imperfect
10. a. present   b. preterite   c. imperfect

2 Cambiar Form a new sentence using the cue you hear. Repeat the correct answer after the speaker. (6 items)

modelo
Iban a casa. (Eva)
Eva iba a casa.

3 Preguntas A reporter is writing an article about funny things people used to do when they were children. Answer her questions, using the cues in your lab manual. Then repeat the correct response after the speaker.

modelo
You hear: ¿Qué hacía Miguel de niño?
You see: ponerse pajitas (straws) en la nariz
You say: Miguel se ponía pajitas en la nariz.

1. quitarse los zapatos en el restaurante
2. vestirnos con la ropa de mamá
3. sólo querer comer dulces
4. jugar con un amigo invisible
5. usar las botas de su papá
6. comer con las manos

4 Completar Listen to this description of Ángela's medical problem and write the missing words in your lab manual.

_____(1)_____ Ángela porque _____(2)_____ día y noche. _____(3)_____ que _____(4)_____ un resfriado, pero se _____(5)_____ bastante saludable. Se _____(6)_____ de la biblioteca después de poco tiempo porque les _____(7)_____ a los otros estudiantes. Sus amigas, Laura y Petra, siempre le _____(8)_____ que _____(9)_____ alguna alergia. Por fin, decidió hacerse un examen médico. La doctora le dijo que ella _____(10)_____ alérgica y que _____(11)_____ muchas medicinas para las alergias. Finalmente, le recetó unas pastillas. Al día siguiente (following), Ángela se _____(12)_____ mejor porque _____(13)_____ cuál era el problema y ella dejó de estornudar después de tomar las pastillas.

10.2 Constructions with se

1 **Escoger** Listen to each question and choose the most logical response.

1. a. Ay, se te quedó en casa.
   b. Ay, se me quedó en casa.
2. a. No, se le olvidó llamarlo.
   b. No, se me olvidó llamarlo.
3. a. Se le rompieron jugando al fútbol.
   b. Se les rompieron jugando al fútbol.

4. a. Ay, se les olvidaron.
   b. Ay, se nos olvidaron.
5. a. No, se me perdió.
   b. No se le perdió.
6. a. Se nos rompió.
   b. Se le rompieron.

2 **Preguntas** Answer each question you hear using the cue in your lab manual and the impersonal **se**. Repeat the correct response after the speaker.

> **modelo**
>
> *You hear:* ¿Qué lengua se habla en Costa Rica?
> *You see:* español
> *You say:* Se habla español.

1. a las seis
2. gripe
3. en la farmacia

4. en la caja
5. en la Oficina de Turismo
6. tomar el autobús #3

3 **Letreros** (*Signs*) Some or all of the type is missing on the signs in your lab manual. Listen to the speaker and write the appropriate text below each sign. The text for each sign will be repeated.

_____

_____

_____

_____

_____

_____

_____

_____

_____

_____

_____

_____

10.3 Adverbs

1 Completar Listen to each statement and circle the word or phrase that best completes it.

1. a. casi   b. mal   c. ayer
2. a. con frecuencia   b. además   c. ayer
3. a. poco   b. tarde   c. bien
4. a. a menudo   b. muy   c. menos
5. a. así   b. apenas   c. tranquilamente
6. a. bastante   b. a tiempo   c. normalmente

2 Cambiar Form a new sentence by changing the adjective in your lab manual to an adverb. Repeat the correct answer after the speaker.

> **modelo**
> You hear: Juan dibuja.
> You see: fabuloso
> You say: Juan dibuja fabulosamente.

1. regular   4. constante
2. rápido   5. general
3. feliz   6. fácil

3 Preguntas Answer each question you hear in the negative, using the cue in your lab manual. Repeat the correct response after the speaker.

> **modelo**
> You hear: ¿Salió bien la operación?
> You see: mal
> You say: No, la operación salió mal.

1. lentamente   4. nunca
2. tarde   5. tristemente
3. muy   6. poco

4 Situaciones You will hear four brief conversations. Choose the phrase that best completes each sentence in your lab manual.

1. Mónica…
   a. llegó tarde al aeropuerto.
   b. casi perdió el avión a San José.
   c. decidió no ir a San José.

2. Pilar…
   a. se preocupa por la salud de Tomás.
   b. habla con su médico.
   c. habla con Tomás sobre un problema médico.

3. La Sra. Blanco…
   a. se rompió la pierna hoy.
   b. quiere saber si puede correr mañana.
   c. se lastimó el tobillo hoy.

4. María está enojada porque Vicente…
   a. no va a recoger (to pick up) su medicina.
   b. no recogió su medicina ayer.
   c. no debe tomar antibióticos.

10.4 Time expressions with **hacer**

1 **¿Cuánto tiempo hace?** Look at the clocks and figure out how much time has elapsed. Then listen to each statement and decide if it is **cierto** or **falso**.

	Cierto	Falso			Cierto	Falso
1.	○	○		2.	○	○
3.	○	○		4.	○	○
5.	○	○		6.	○	○

2 **Preguntas** Answer each question you hear using the cues in your lab manual. Repeat the correct response after the speaker.

> **modelo**
> *You hear:* ¿Cuánto tiempo hace que te hicieron la operación?
> *You see:* dos años
> *You say:* Hace dos años que me hicieron la operación.

1. tres días	3. cuatro meses	5. un año
2. diez días	4. un par de días	6. dos semanas

3 **Un chisme** Listen to this piece of gossip and answer the questions in your lab manual.

1. ¿Cuánto tiempo hace que se casaron el príncipe Carlos y la princesa Margarita?

_____

2. ¿Cuánto tiempo hace que el rey (*the king*) sufrió un ataque al corazón?

_____

3. ¿Cuánto tiempo hace que la princesa Margarita visita al doctor?

_____

4. ¿Qué quiere saber esta reportera?

_____

vocabulario

You will now hear the vocabulary for **Lección 10** (page 294 of your textbook). Listen and repeat each Spanish word or phrase after the speaker.

contextos
Lección 11

1 **Asociaciones** Circle the word or words that are not logically associated with each word you hear.

1. la impresora	el semáforo	el *fax*
2. guardar	imprimir	chocar
3. la carretera	el motor	el sitio Web
4. los frenos	el ratón	el aceite
5. el parabrisas	el bulevar	el mecánico
6. el kilómetro	el centímetro	el disco
7. el archivo	la televisión	la llanta
8. el módem	la policía	la velocidad

2 **¿Lógico o ilógico?** You will hear some statements. Decide if they are **lógico** or **ilógico**.

	Lógico	Ilógico		Lógico	Ilógico
1.	○	○	5.	○	○
2.	○	○	6.	○	○
3.	○	○	7.	○	○
4.	○	○	8.	○	○

3 **Identificar** For each drawing in your lab manual, you will hear two statements. Choose the statement that best corresponds to the drawing.

1. a.   b.

2. a.   b.

3. a.   b.

4. a.   b.

pronunciación

c (before e or i), s, and z

In Latin America, **c** before **e** or **i** sounds much like the *s* in *sit*.

| medi**c**ina | **c**elular | cono**c**er | pa**c**iente |

In parts of Spain, **c** before **e** or **i** is pronounced like the *th* in *think*.

| condu**c**ir | poli**c**ía | ve**z** | velo**c**idad |

The letter **s** is pronounced like the *s* in *sit*.

| **s**ubir | be**s**ar | **s**onar | impre**s**ora |

In Latin America, the Spanish **z** is pronounced like the s in *sit*.

| cabe**z**a | nari**z** | abra**z**ar | embara**z**ada |

The **z** is pronounced like the *th* in *think* in parts of Spain.

| **z**apatos | **z**ona | pla**z**a | bra**z**o |

1 **Práctica** Repeat each word after the speaker to practice pronouncing **s**, **z**, and **c** before **i** and **e**.

1. funcionar	4. sitio	7. zanahoria	10. perezoso
2. policía	5. disco	8. marzo	11. quizás
3. receta	6. zapatos	9. comenzar	12. operación

2 **Oraciones** When you hear the number, read the corresponding sentence aloud. Then listen to the speaker and repeat the sentence.

1. Vivió en Buenos Aires en su niñez pero siempre quería pasar su vejez en Santiago.

2. Cecilia y Zulaima fueron al centro a cenar al restaurante Las Delicias.

3. Sonó el despertador a las seis y diez pero estaba cansado y no quiso oírlo.

4. Zacarías jugaba al baloncesto todas las tardes después de cenar.

3 **Refranes** Repeat each saying after the speaker to practice pronouncing **s**, **z**, and **c** before **i** and **e**.

1. Zapatero, a tus zapatos. [1]

2. Primero es la obligación que la devoción. [2]

4 **Dictado** You will hear a friend describing Azucena's weekend experiences. Listen carefully and write what you hear during the pauses. The entire passage will be repeated so that you can check your work.

_____

_____

_____

_____

_____

_____

_____

Mind your P's and Q's. (lit. Shoemaker, to your shoes.) [1]
Business before pleasure. [2]

estructura

11.1 The preterite and the imperfect

1 **Identificar** Listen to each statement and identify the verbs in the preterite and imperfect. Write them in the appropriate column.

> **modelo**
>
> *You hear:* ¿Cuando arrancó el carro, llovía fuertemente.
> *You write:* **arrancó** under *preterite*, and **llovía** under *imperfect*.

	preterite	imperfect
Modelo	arrancó	llovía
1.		
2.		
3.		
4.		
5.		
6.		
7.		
8.		

2 **Responder** Answer the questions using the cues in your lab manual. Substitute direct object pronouns for the direct object nouns when appropriate. Repeat the correct response after the speaker.

> **modelo**
>
> *You hear:* ¿Por qué no llamaste a Soledad la semana pasada?
> *You see:* teléfono estar descompuesto
> *You say:* Porque el teléfono estaba descompuesto.

1. ir al cine
2. no tener las llaves
3. ya tenerlo
4. sábado

5. no haber mucho tráfico
6. haber aceite en la carretera
7. en la calle
8. no, llevarla conmigo

3 **¡Qué día!** Listen as Mercedes tells a friend about her day. Then read the statments in your lab manual and decide whether they are **cierto** or **falso**.

	Cierto	Falso
1. Mercedes tenía mucha experiencia con la computadora.	○	○
2. Mercedes no encontró nada interesante en Internet.	○	○
3. A Mercedes le dolía la cabeza porque tenía gripe.	○	○
4. Mercedes decidió escuchar un disco compacto.	○	○
5. Mercedes necesita tomar una clase de computación.	○	○
6. Mercedes imprimió unas páginas de un sitio Web.	○	○

11.2 Por and para

1 **Escoger** You will hear some sentences with a beep in place of a preposition. Decide if **por** or **para** should complete each sentence.

> *modelo*
>
> *You hear:* El teclado es (*beep*) la computadora de Nuria.
> *You mark:* an **X** under **para**.

	por	para
Modelo		X
1.		
2.		
3.		
4.		
5.		
6.		
7.		
8.		

2 **La aventura** (*adventure*) Complete each phrase about Jaime with **por** or **para** and the cue in your lab manual. Repeat each correct response after the speaker.

> *modelo*
>
> *You hear:* Jaime estudió
> *You see:* médico
> *You say:* Jaime estudió para médico.

1. unos meses
2. hacer sus planes
3. mil dólares
4. hacer turismo
5. la ciudad
6. su mamá
7. pesos
8. las montañas

3 **Los planes** Listen to the telephone conversation between Antonio and Sonia and then select the best response for the questions in your lab manual.

1. ¿Por dónde quiere ir Sonia para ir a Bariloche?
   a. Quiere ir por Santiago de Chile.
   b. Va a ir por avión.
2. ¿Para qué va Sonia a Bariloche?
   a. Va para esquiar.
   b. Va para comprar esquíes.
3. ¿Por qué tiene que ir de compras Sonia?
   a. Para comprar una bolsa.
   b. Necesita un abrigo por el frío.
4. ¿Por qué quiere ir Antonio con ella hoy?
   a. Quiere ir para estar con ella.
   b. Quiere ir para comprar un regalo.

11.3 Reciprocal reflexives

1 **Escoger** Listen to each question and, in your lab manual, choose the most logical response.

1. a. Hace cuatro años que nos conocimos.
   b. Se vieron todos los fines de semana.
2. a. Nos besamos antes de salir a trabajar.
   b. Sandra me dijo que no se besaron.
3. a. Nos llevamos mal sólo el último año.
   b. Se llevaron mal siempre.
4. a. Sí, nos saludaban con un abrazo y un beso.
   b. Nos saludaron desde lejos.
5. a. Casi nunca me miraban.
   b. Creo que se miraban con mucho amor.
6. a. Sólo nos ayudamos para el examen.
   b. Se ayudan a menudo.
7. a. Creo que se hablan todas las noches.
   b. Le hablan mucho porque tienen celulares.
8. a. Cuando se casaron se querían mucho.
   b. Cada día nos queremos más.

2 **Responder** Answer each question in the affirmative. Repeat the correct answer after the speaker. (6 *items*)

> **modelo**
> ¿Se abrazaron tú y Carolina en la primera cita?
> *Sí, nos abrazamos en la primera cita.*

3 **Los amigos** Listen to a description of a friendship and then, in your lab manual, choose the phrase that best completes each sentence.

1. Desde los once años, los chicos _____ con frecuencia.
   a. se veían   b. se ayudaban   c. se besaban
2. Samuel y Andrea _____ por la amistad (*friendship*) de sus madres.
   a. se escribían   b. se entendían   c. se conocieron
3. Las madres de Andrea y Samuel _____ .
   a. se ayudaban   b. se conocían bien   c. se odiaban
4. Andrea y Samuel no _____ por un tiempo por un problema.
   a. se conocieron   b. se hablaron   c. se ayudaron
5. Después de un tiempo, _____ .
   a. se besaron   b. se pidieron perdón   c. se odiaron
6. La separación sirvió para enseñarles que _____ .
   a. se querían   b. se hablaban mucho   c. se conocían bien
7. No es cierto. Andrea y Samuel no _____ .
   a. se casaron   b. se entendían bien   c. se querían
8. Los dos amigos _____ por un tiempo.
   a. se besaban   b. se comprometieron   c. se llevaron mal

11.4 Stressed possessive adjectives and pronouns

1 **Identificar** Listen to each statement and mark an **X** in the column identifying the possessive pronoun you hear.

> **modelo**
> *You hear:* Ya arreglaron todos los coches pero el tuyo no.
> *You write:* an **X** under yours.

	mine	yours	his/hers	ours	theirs
Modelo	_____	**X** ____	_____	_____	_____
1.	_____	_____	_____	_____	_____
2.	_____	_____	_____	_____	_____
3.	_____	_____	_____	_____	_____
4.	_____	_____	_____	_____	_____
5.	_____	_____	_____	_____	_____
6.	_____	_____	_____	_____	_____
7.	_____	_____	_____	_____	_____
8.	_____	_____	_____	_____	_____

2 **Transformar** Restate each sentence you hear, using the cues in your lab manual. Repeat the correct answer after the speaker.

> **modelo**
> *You hear:* ¿De qué año es el carro suyo?
> *You see:* mine
> *You say:* ¿De qué año es el carro mío?

1. his   2. ours   3. yours (fam.)
4. theirs   5. mine   6. hers

3 **Cierto o falso** You will hear two brief conversations. Listen carefully and then indicate whether the statements in your lab manual are **cierto** or **falso**.

	Cierto	Falso
Conversación 1		
1. Los de la primera conversación comparten sus cosas mejor que los de la segunda.	◯	◯
2. Está claro que los de la primera conversación van a ir a la universidad.	◯	◯
3. Los de la primera conversación van a vivir juntos.	◯	◯
Conversación 2		
4. Las personas que hablan o se mencionan en la segunda conversación no saben compartir sus cosas.	◯	◯
5. En la segunda conversación, Adela y su prima hacen planes para sus estudios.	◯	◯
6. En la segunda conversación, Julián necesita la calculadora para sus estudios.	◯	◯

vocabulario

You will now hear the vocabulary for **Lección 11** (page 324 of your textbook). Listen and repeat each Spanish word or phrase after the speaker.

contextos   Lección 12

1   **Describir**   Listen to each sentence and write the number of the sentence below the drawing of the household item mentioned.

a. _____   b. _____   c. _____

d. _____   e. _____   f. _____

g. _____   h. _____

2   **Identificar**   You will hear a series of words. Write the word that does not belong in each series.

1. _____   4. _____   7. _____

2. _____   5. _____   8. _____

3. _____   6. _____

3   **Quehaceres domésticos**   Your children are complaining about the state of things in your house. Respond to their complaints by telling them what household chores they should do to correct the situation. Repeat the correct response after the speaker. (*6 items*)

> **modelo**
> La ropa está arrugada (*wrinkled*).
> *Debes planchar la ropa.*

4   **En la oficina de la agente inmobiliaria**   Listen to this conversation between Mr. Fuentes and a real estate agent. Then read the statements in your lab manual and decide whether they are **cierto** or **falso**.

	Cierto	Falso
1. El Sr. Fuentes quiere alquilar una casa.	O	O
2. El Sr. Fuentes quiere vivir en las afueras.	O	O
3. Él no quiere pagar más de 900 balboas al mes.	O	O
4. Él vive solo (*alone*).	O	O
5. La casa de apartamentos tiene ascensor.	O	O
6. El apartamento tiene lavadora.	O	O

pronunciación

The letter x

In Spanish, the letter **x** has several sounds. When the letter **x** appears between two vowels, it is usually pronounced like the *ks* sound in *eccentric* or the *gs* sound in *egg salad*.

conexión   examen   saxofón

If the letter x is followed by a consonant, it is pronounced like *s* or *ks*.

explicar   sexto   excursión

In Old Spanish, the letter **x** had the same sound as the Spanish **j**. Some proper names and some words from native languages like Náhuatl and Maya have retained this pronunciation.

Don Quixote   Ximena   Texas

1   **Práctica**   Repeat each word after the speaker, focusing on the **x** sound.

1. éxito
2. reflexivo
3. exterior
4. excelente
5. expedición
6. mexicano
7. expresión
8. examinar
9. excepto
10. exagerar
11. contexto
12. Maximiliano

2   **Oraciones**   When you hear the number, read the corresponding sentence aloud. Then listen to the speaker and repeat the sentence.

1. Xavier Ximénez va de excursión a Ixtapa.
2. Xavier es una persona excéntrica y se viste de trajes extravagantes.
3. Él es un experto en lenguas extranjeras.
4. Hoy va a una exposición de comidas exóticas.
5. Prueba algunos platos exquisitos y extraordinarios.

3   **Refranes**   Repeat each saying after the speaker to practice the **x** sound.

1. Ir por extremos no es de discretos.[1]
2. El que de la ira se deja vencer, se expone a perder. [2]

4   **Dictado**   You will hear five sentences. Each will be said twice. Listen carefully and write what you hear.

1. _____
2. _____
3. _____
4. _____
5. _____

Prudent people don't go to extremes. [1]
He who allows anger to overcome him, risks losing. [2]

estructura

12.1 Relative pronouns

1 **Escoger** You will then hear some sentences with a beep in place of the relative pronoun. Decide whether **que**, **quien**, or **lo que** should complete each sentence and circle it.

> **modelo**
>
> *You hear:* (*Beep*) me gusta de la casa es el jardín.
> *You circle:* **Lo que** *because the sentence is* **Lo que me**
> **gusta de la casa es el jardín.**

1. que   quien   lo que   6. que   quien   lo que
2. que   quien   lo que   7. Que   Quien   Lo que
3. que   quien   lo que   8. que   quien   lo que
4. que   quien   lo que   9. que   quien   lo que
5. que   quien   lo que   10. que   quien   lo que

2 **Completar** You will hear some incomplete sentences. Choose the correct ending for each sentence.

1. a. con que trabaja tu amiga.   4. a. con que barres el suelo.
   b. que se mudó a Portobelo.   b. que queremos vender.

2. a. que vende muebles baratos.   5. a. lo que deben.
   b. que trabajábamos.   b. que deben.

3. a. a quienes escribí son mis primas. 6. a. que te hablo es ama de casa.
   b. de quien te escribí.   b. en quien pienso es ama de casa.

3 **Preguntas** Answer each question you hear using a relative pronoun and the cues in your lab manual. Repeat the correct response after the speaker.

> **modelo**
>
> *You hear:* ¿Quiénes son los chicos rubios?
> *You see:* mis primos / viven en Colón
> *You say:* Son mis primos que viven en Colón.

1. chica / conocí en el café   4. agente / nos ayudó
2. el cliente / llamó ayer   5. vecinos / viven en la casa azul
3. chico / se casa Patricia   6. chica / trabajo

4 **Un robo** (*theft*) There has been a theft at the Rivera's house. The detective they have hired has gathered all the family members in the living room to reveal the culprit. Listen to his conclusions. Then complete the list of clues (**pistas**) in your lab manual and answer the question.

Pistas

1. El reloj que _____

2. La taza que _____

3. La almohada que _____

Pregunta

¿Quién se llevó las cucharas de la abuela y por qué se las llevó? _____

_____

12.2 Formal (**Ud.** and **Uds.**) commands

1 **Identificar** You will hear some sentences. If the verb is a formal command, circle **Sí**. If the verb is not a command, circle **No**.

> **modelo**
> *You hear:* Saque la basura.
> *You circle:* **Sí** because **Saque** is a formal command.

1. Sí   No
2. Sí   No
3. Sí   No
4. Sí   No
5. Sí   No

6. Sí   No
7. Sí   No
8. Sí   No
9. Sí   No
10. Sí   No

2 **Cambiar** A physician is giving a patient advice. Change each sentence you hear from an indirect command to a formal command. Repeat the correct answer after the speaker. (*6 items*)

> **modelo**
> Ud. tiene que dormir ocho horas cada noche.
> Duerma *ocho horas cada noche.*

3 **Preguntas** Answer each question you hear in the affirmative using a formal command and a direct object pronoun. Repeat the correct response after the speaker. (*8 items*)

> **modelo**
> ¿Cerramos las ventanas?
> Sí, *ciérrenlas.*

4 **Más preguntas** Answer each question you hear using a formal command and the cue in your lab manual. Repeat the correct response after the speaker. (*6 items*)

> **modelo**
> *You hear:* ¿Debo llamar al Sr. Rodríguez?
> *You see:* no / ahora
> *You say:* No, no lo llame ahora.

1. no
2. a las cinco
3. sí / aquí

4. no
5. el primer día del mes
6. que estamos ocupados

5 **Direcciones** Julia is going to explain how to get to her home. Listen to her instructions, then number the instructions in your lab manual in the correct order. Two items will not be used.

_____ a. entrar al edificio que está al lado del Banco Popular

_____ b. tomar el ascensor al cuarto piso

_____ c. buscar las llaves debajo de la alfombra

_____ d. ir detrás del edificio

_____ e. bajarse del metro en la estación Santa Rosa

_____ f. subir las escaleras al tercer piso

_____ g. caminar hasta el final del pasillo

12.3 The present subjunctive

1 **Escoger** You will hear some sentences with a beep in place of a verb. Decide which verb should complete each sentence and circle it.

> **modelo**
> *You hear:* Es urgente que (*beep*) al médico.
> *You see:* vas vayas
> *You circle:* **vayas because the sentence is Es urgente que vayas.**

1. tomamos   tomemos
2. conduzcan   conducen
3. aprenda   aprende
4. arreglas   arregles

5. se acuestan   se acuesten
6. sabes   sepas
7. almorcemos   almorzamos
8. se mude   se muda

2 **Cambiar** You are a Spanish instructor, and it's the first day of class. Tell your students what it is important for them to do using the cues you hear. (*8 items*)

> **modelo**
> hablar español en la clase
> Es importante que Uds. hablen español en la clase.

3 **Transformar** Change each sentence you hear to the subjunctive mood using the expression in your lab manual. Repeat the correct answer after the speaker.

> **modelo**
> *You hear:* Pones tu ropa en el armario.
> *You see:* Es necesario
> *You say:* Es necesario que pongas tu ropa en el armario.

1. Es mejor
2. Es urgente
3. Es malo
4. Es importante
5. Es bueno
6. Es necesario

4 **¿Qué pasa aquí?** Listen to this conversation. Then choose the phrase that best completes each sentence in your lab manual.

1. Esta conversación es entre…
   a. un empleado y una cliente.
   b. un hijo y su madre.
   c. un camarero y la dueña de un restaurante.
2. Es necesario que Mario…
   a. llegue temprano.
   b. se lave las manos.
   c. use la lavadora.
3. Es urgente que Mario…
   a. ponga las mesas.
   b. quite las mesas.
   c. sea listo.

12.4 Subjunctive with verbs of will and influence

1 **Identificar** Listen to each sentence. If you hear a verb in the subjunctive, mark **Sí**. If you don't hear the subjunctive, mark **No**.

1. Sí No
2. Sí No
3. Sí No

4. Sí No
5. Sí No
6. Sí No

2 **Transformar** Some people are discussing what they or their friends want to do. Say that you don't want them to do those things. Repeat the correct response after the speaker. (*6 items*)

> modelo
>
> Esteban quiere invitar a tu hermana a una fiesta.
> No quiero que Esteban invite a mi hermana a una fiesta.

3 **Situaciones** Listen to each situation and make a recommendation using the cues in your lab manual.

> modelo
>
> *You hear:* Sacamos una "F" en el examen de química.
> *You see:* estudiar más
> *You say:* Les recomiendo que estudien más.

1. ponerte un suéter
2. quedarse en la cama
3. regalarles una tostadora

4. no hacerlo
5. comprarlas en la Casa Bonita
6. ir a La Cascada

4 **¿Qué hacemos?** Listen to this conversation and answer the questions in your lab manual.

1. ¿Qué quiere el Sr. Barriga que hagan los chicos?

_____

2. ¿Qué le pide el chico?

_____

3. ¿Qué les sugiere el señor a los chicos?

_____

4. ¿Qué tienen que hacer los chicos si no consiguen el dinero?

_____

5. Al final, ¿en qué insiste el Sr. Barriga?

_____

vocabulario

You will now hear the vocabulary for **Lección 12** (page 358 of your textbook). Listen and repeat each Spanish word or phrase after the speaker.

contextos

Lección 13

---

1 **¿Lógico o ilógico?** You will hear some brief conversations. Indicate if they are **lógico** or **ilógico**.

1. Lógico	Ilógico	4. Lógico	Ilógico
2. Lógico	Ilógico	5. Lógico	Ilógico
3. Lógico	Ilógico	6. Lógico	Ilógico

---

2 **Eslóganes** You will hear a some slogans created by environmentalists. Write the number of each slogan next to the ecological problem it addresses.

_____ a. la contaminación del aire   _____ d. la contaminación del agua

_____ b. la deforestación   _____ e. la lluvia ácida

_____ c. la extinción de animales   _____ f. la basura en las calles

---

3 **Preguntas** Look at the drawings and answer each question you hear. Repeat the correct response after the speaker.

1.

2.

3.

4.

---

4 **Completar** Listen to this radio advertisement and write the missing words in your lab manual.

Para los que gustan del _____ , la agencia Eco-Guías los invita a viajar a la

1

_____ amazónica. Estar en el Amazonas es convivir (*to coexist*) con la

2

_____ . Venga y _____ los misterios del

3   4

_____ . Admire de cerca las diferentes _____ y

5   6

_____ mientras navega por un _____ que parece mar.

7   8

Duerma bajo un _____ lleno de _____ . Piérdase en un

9   10

_____ de encanto (*enchantment*).

11

---

pronunciación

l, ll, and y

In Spanish, the letter **l** is pronounced much like the *l* sound in the English word *lemon*.

cielo   lago   lata   luna

In Lesson 8, you learned that most Spanish speakers pronounce the letter **ll** like the *y* in the English word *yes*. The letter **y** is often pronounced in the same manner.

estrella   valle   mayo   playa

When the letter **y** occurs at the end of a syllable or by itself, it is pronounced like the Spanish letter **i**.

ley   muy   voy   y

---

1   **Práctica**   Repeat each word after the speaker focusing on the **l, ll,** and **y** sounds.

1. lluvia	6. pasillo	11. yogur
2. desarrollar	7. limón	12. estoy
3. animal	8. raya	13. taller
4. reciclar	9. resolver	14. hay
5. llegar	10. pantalla	15. mayor

---

2   **Oraciones**   When you hear the number, read the corresponding sentence aloud. Then listen to the speaker and repeat the sentence.

1. Ayer por la mañana Leonor se lavó el pelo y se maquilló.
2. Ella tomó café con leche y desayunó pan con mantequilla.
3. Después su yerno vino a su casa para ayudarla.
4. Pero él se cayó en las escaleras del altillo y se lastimó la rodilla.
5. Leonor lo llevó al hospital.
6. Allí le dieron unas pastillas para el dolor.

---

3   **Refranes**   Repeat each saying after the speaker to practice pronouncing the **l, ll,** and **y** sounds.

1. Quien no oye consejo, no llega a viejo.[1]
2. A caballo regalado, no le mires el diente.[2]

---

4   **Dictado**   You will hear five sentences. Each will be said twice. Listen carefully and write what you hear.

1. _____

2. _____

3. _____

4. _____

5. _____

He who doesn't listen to advice, doesn't reach old age. [1]
Don't look a gift horse in the mouth. [2]

---

estructura

13.1 The subjunctive with verbs of emotion

1 **Escoger** Listen to each statement and, in your lab manual, choose the most logical response.

1. a. Ojalá que se mejore pronto.
   b. Me alegro de que esté bien.
2. a. Espero que podamos ir a nadar mañana.
   b. Es una lástima que ya no lo podamos usar.
3. a. Me sorprende que venga temprano.
   b. Siento que se pierda la película.
4. a. Temo que el río esté contaminado.
   b. Me alegro de que vea bien.

5. a. Es ridículo que el gobierno controle cuando nos bañemos.
   b. Me gusta cepillarme los dientes.
6. a. Es triste que la gente cuide la césped.
   b. Me molesta que no hagamos nada para mejorar la situación.

2 **Transformar** Change each sentence you hear to the subjunctive mood using the expression in your lab manual. Repeat the correct answer after the speaker.

> *modelo*
> *You hear:* Cada año hay menos árboles en el mundo.
> *You see:* Es una lástima
> *You say:* **Es una lástima que cada año haya menos árboles en el mundo.**

1. Es triste
2. Es extraño
3. Es terrible
4. Es ridículo
5. Es una lástima
6. Me molesta

3 **Preguntas** Answer each question you hear using the cues in your lab manual. Repeat the correct response after the speaker.

> *modelo*
> *You hear:* ¿De qué tienes miedo?
> *You see:* nosotros / no resolver la crisis de energía
> *You say:* **Tengo miedo de que nosotros no resolvamos la crisis de energía.**

1. Ricardo / estudiar ecología
2. muchas personas / no preocuparse por el medio ambiente
3. tú / hacer un viaje a la selva
4. el gobierno / controlar el uso de la energía nuclear
5. los turistas / recoger las flores
6. haber / tantas plantas en el desierto

4 **El Club de Ecología** Listen to this conversation. Then read the statements in your lab manual and decide whether they are **cierto** or **falso**.

	Cierto	Falso
1. Carmen se alegra de que la presidenta del club empiece un programa de reciclaje.	O	O
2. Héctor espera que Carmen se enoje con la presidenta.	O	O
3. Carmen teme que los otros miembros (*members*) quieran limpiar las playas.	O	O
4. A Carmen le gusta ir a la playa.	O	O
5. A Héctor le sorprende que Carmen abandone (*resigns from*) el club.	O	O
6. Carmen cree que la presidenta va a cambiar de idea.	O	O

13.2 The subjunctive with doubt, disbelief, and denial

1 **Identificar** Listen to each sentence and decide whether you hear a verb in the indicative or the subjunctive in the subordinate clause. Mark an **X** in the appropriate column.

> **modelo**
>
> *You hear:* Creo que Nicolás va de excursión.
> *You mark:* an **X** under *indicative* because you heard **va.**

	indicative	subjunctive
Modelo	X	
1.		
2.		
3.		
4.		
5.		
6.		
7.		

2 **Cambiar** Change each sentence you hear to the negative. Repeat the correct answer after the speaker. (*7 items*)

> **modelo**
>
> Dudo que haga frío en Bogotá.
> *No dudo que hace frío en Bogotá.*

3 **Te ruego** Listen to this conversation between a father and daughter. Then choose the word or phrase in your lab manual that best completes each sentence.

1. Juanita quiere ir a la selva amazónica para _____.
   a. vivir con ls indios   b. estudiar las aves tropicales   c. estudiar las plantas tropicales

2. Ella _____ que quiere ir.
   a. está segura de   b. no está segura de   c. niega

3. Su papá _____ que se enferme con malaria.
   a. está seguro   b. teme   c. niega

4. Juanita _____ que se enferme.
   a. duda   b. no duda   c. cree

5. _____ que el papá no quiera que ella vaya.
   a. Es cierto   b. No es cierto   c. No hay duda de

6. El papá dice que _____ que la selva amazónica es un lugar fantástico.
   a. es improbable   b. es imposible   c. no cabe duda de

7. _____ Juanita va a la selva amazónica.
   a. Es seguro que   b. Tal vez   c. No es probable que

8. Juanita _____ que su papá es el mejor papá del mundo.
   a. duda   b. no cree   c. cree

13.3 Conjunctions that require the subjunctive

1 **¿Lógico o ilógico?** You will hear some sentences. Decide if they are **lógico** or **ilógico**.

1. Lógico   Ilógico   4. Lógico   Ilógico
2. Lógico   Ilógico   5. Lógico   Ilógico
3. Lógico   Ilógico   6. Lógico   Ilógico

2 **Completar** Complete each statement you hear using the cues in your lab manual. Repeat the correct answer after the speaker.

> **modelo**
>
> *You hear:* Va a haber demasiada basura a menos que...
> *You see:* la gente / reciclar
> *You say:* Va a haber demasiada basura a menos que la gente recicle.

1. ser tarde   4. ser reciclados
2. la gente / respetarlas (*respect them*)   5. alguien / prestarme dinero
3. llover pronto   6. (ellos) / servir mariscos

3 **A la entrada del parque** Listen to the park ranger's instructions. Then number the drawings in your lab manual in the correct order.

a. _____

b. _____

c. _____

d. _____

13.4 Familiar (tú) commands

1 **Identificar** You will hear some sentences. If the verb is a tú command, circle **Sí** in your lab manual. If the verb is not a **tú** command, circle **No**.

> **modelo**
>
> *You hear:* Ayúdanos a limpiar el parque.
> *You circle:* **Sí because Ayúdanos is a tú command.**

1. Sí   No
2. Sí   No
3. Sí   No
4. Sí   No
5. Sí   No

6. Sí   No
7. Sí   No
8. Sí   No
9. Sí   No
10. Sí   No

2 **Cambiar** Change each command you hear to the negative. Repeat the correct answer after the speaker. (*8 items*)

> **modelo**
>
> Cómprame una botella de agua.
> No me compres una botella de agua.

3 **Preguntas** Answer each question you hear using an affirmative **tú** command. Repeat the correct response after the speaker. (*7 items*)

> **modelo**
>
> ¿Reciclo las latas?
> Sí, recicla las latas

4 **Consejos prácticos** You will hear a conversation among three friends. Using **tú** commands and the ideas presented, write six pieces of advice that someone can follow to help the environment.

1. _____
2. _____
3. _____
4. _____
5. _____
6. _____

vocabulario

You will now hear the vocabulary for **Lección 13** (page 390 of your textbook). Listen and repeat each Spanish word or phrase after the speaker.

contextos

Lección 14

1 **¿Lógico o ilógico?** You will hear some questions and the responses. Decide if they are **lógico** or **ilógico**.

1. Lógico   Ilógico   4. Lógico   Ilógico
2. Lógico   Ilógico   5. Lógico   Ilógico
3. Lógico   Ilógico   6. Lógico   Ilógico

2 **Hacer diligencias** Look at the drawing in your lab manual and listen to Sofía's description of her day. During each pause, write the name of the place she went. The first one has been done for you.

1. _____Lavandería Rosa_____   5. _____
2. _____   6. _____
3. _____   7. _____
4. _____   8. _____

3 **Preguntas** Look once again at the drawing in activity 2 in your lab manual and answer each question you hear with the correct information. Repeat the correct response after the speaker. (6 *items*)

> modelo
> La joyería está al norte de la plaza, ¿verdad?
> No, la joyería está al este de la plaza.

4 **Perdidos en el centro** Listen to Carlos and Victoria's conversation and answer the questions in your lab manual.

1. ¿Qué buscan Carlos y Victoria? _____

2. ¿Quién les da la dirección? _____

3. ¿Qué deben hacer en el semáforo? _____

4. ¿A cúantas cuadras está del semáforo? _____

pronunciación

m and n

The letter **m** is pronounced like the *m* in the English word *made*.

| mamá | marzo | mandar | mesa |

The letter **n** is pronounced like the *n* in the English word *none*.

| norte | nadie | nunca | nieto |

When **n** is followed by the letter **v**, the **n** is pronounced like the Spanish **m**.

| enviar | invierno | invitado | con Víctor |

1 **Práctica** Repeat each word or phrase after the speaker to practice pronouncing **m** and **n**.

1. imposible
2. mañana
3. mano
4. manejar
5. número
6. invitar
7. moreno
8. envase
9. enamorado
10. monumento
11. empleado
12. encima
13. matrimonio
14. confirmar
15. con Víctor
16. ningún

2 **Oraciones** When you hear each number, read the corresponding sentence aloud. Then listen to the speaker and repeat the sentence.

1. A mí no me gustan nada los mariscos.
2. En el mercado compro naranjas, melocotones y manzanas.
3. Mañana invito a Mario Martín a cenar conmigo.
4. Mario es el mejor mecánico de motocicletas del mundo.
5. También le importa mucho la conservación del medio ambiente.
6. Siempre envía los envases de aluminio al centro de reciclaje en Valencia.

3 **Refranes** Repeat each saying after the speaker to practice pronouncing **m** and **n**.

1. Más vale poco y bueno que mucho y malo. [1]
2. Mala hierba nunca muere. [2]

4 **Dictado** You will hear a paragraph. Listen carefully and write what you hear during the pauses. The entire paragraph will then be repeated so that you can check your work.

_____

_____

_____

_____

_____

_____

Quality is more important than quantity. [1]
Like a bad penny, it just keeps turning up. (lit. Bad grass never dies.) [2]

estructura

14.1 The subjunctive in adjective clauses

1 Identificar Listen to each statement or question. If it refers to a person, place, or thing that clearly exists or is known, mark an **X** in the **Sí** row. If it refers to a person, place, or thing that either does not exist or whose existence is uncertain, mark an **X** in the **No** row.

> **modelo**
> *You hear:* Buscamos un hotel que tenga piscina.
> *You mark:* an **X** in the **No** row because the existence of the hotel is uncertain.

	Modelo	1.	2.	3.	4.	5.	6.
Sí	_____	_____	_____	_____	_____	_____	_____
No	X	_____	_____	_____	_____	_____	_____

2 Escoger You will hear some sentences with a beep in place of the verb. Decide which verb best completes each sentence and circle it.

> **modelo**
> *You hear:* Tengo una cuenta corriente que *(beep)* gratis.
> *You circle:* **es** because the existence of the **cuenta corriente** is not in doubt.

1. tiene   tenga   2. vende   venda   3. vende   venda   4. hacen   hagan

3 Cambiar Change each sentence you hear into the negative. Repeat the correct answer after the speaker. (*6 items*)

> **modelo**
> Hay un restaurante aquí que sirve comida venezolana.
> No hay ningún restaurante aquí que sirva comida venezolana.

4 Buscando amistad Read the ads for pen pals found in your lab manual. Then listen to the four recorded personal ads. In your lab manual, write the name of the person whose written ad best suits each recorded personal ad.

Nombre: Gustavo Carrasquillo
Dirección: Casilla 204, La Paz, Bolivia
Edad: 20 años
Pasatiempos: Ver películas en inglés, leer revistas de política, escalar montañas, esquiar y hacer amistad con jóvenes de todo el mundo. Me pueden escribir en inglés o alemán.

Nombre: Claudia Morales
Dirección: Calle 4–14, Guatemala, Guatemala
Edad: 18 años
Pasatiempos: Ir a conciertos de rock, escuchar la radio, ver películas extranjeras, mandar y recibir correo electrónico.

Nombre: Alicia Duque
Dirección: Avenida Gran Capitán 26, Córdoba, España
Edad: 18 años
Pasatiempos: Ir al cine, a fiestas, bailar, hablar por teléfono y escribir canciones de amor. Pueden escribirme en francés.

Nombre: Antonio Ávila
Dirección: Apartado Postal 3007, Panamá, Panamá

Edad: 21 años
Pasatiempos: Entre mis pasatiempos están escribir cartas a amigos por todas partes del mundo, escuchar la radio, practicar deportes y leer revistas.

Nombre: Rosalinda Guerrero
Dirección: Calle 408 #3, Hatillo, Puerto Rico
Edad: 19 años
Pasatiempos: Navegar por el Internet, leer sobre política, ir a conciertos y visitar museos de arte.

1. _____   3. _____

2. _____   4. _____

14.2 Conjunctions followed by the subjunctive or the indicative

1 **Identificar** Listen to each sentence and mark an **X** in the appropriate column to indicate whether the subordinate clause expresses a future action, a habitual action, or a past action.

> **modelo**
> *You hear:* Voy a ir al banco tan pronto como firmes el cheque.
> *You mark:* an **X** under *future action.*

	future action	*habitual action*	*past action*
Modelo	X	_____	_____
1.	_____	_____	_____
2.	_____	_____	_____
3.	_____	_____	_____
4.	_____	_____	_____
5.	_____	_____	_____
6.	_____	_____	_____
7.	_____	_____	_____
8.	_____	_____	_____

2 **Cambiar** Change each sentence you hear to a logical compound sentence by adding the correct subordinate clause from the list in your lab manual. Repeat the correct answer after the speaker. (*6 items*)

> **modelo**
> *You hear:* Voy a enviar el paquete.
> *You choose:* en cuanto tenga tiempo
> *You say:* Voy a enviar el paquete en cuanto tenga tiempo.

- cuando hago cola
- después de que vayas al correo
- después de que voy a la peluquería
- en cuanto puedan

- en cuanto tenga tiempo
- hasta que doblaste en la esquina
- tan pronto como pude

3 **¿Dónde se van a encontrar?** Look at the map in your lab manual and listen to Eduardo's directions. Circle the place where he will meet you.

1 Hotel El Dorado
2 Oficina de Correos
3 Café Melia
4 Estación de trenes
5 Supermercado Gigante
6 Panadería La Francesita
7 Banco Orinoco
8 Gimnasio Santander
9 Cine Rex
10 Restaurante Del Mar

14.3 Nosotros/as commands

1 **Identificar** Listen to each statement. Mark an **X** in the **Sí** row if it is a command. Mark an **X** in the **No** row if it is not.

> **modelo**
> You hear: Abramos la tienda.
> You mark: an **X** next to **Sí.**

	Modelo	1.	2.	3.	4.	5.	6.
Sí	X	_____	_____	_____	_____	_____	_____
No	_____	_____	_____	_____	_____	_____	_____

2 **Cambiar** Change each sentence you hear to a **nosotros/as** command. Repeat the correct answer after the speaker. (*8 items*)

> **modelo**
> Vamos a visitar la Plaza Bolívar.
> Visitemos la Plaza Bolívar.

3 **Preguntas** Answer each question you hear negatively. Then make another suggestion using the cue in your lab manual and a **nosotros/as** command.

> **modelo**
> You hear: ¿Cocinamos esta noche?
> You see: Comer en el Restaurante Cambur.
> You say: No, no cocinemos esta noche. Comamos en el Restaurante Cambur.

1. jugar a las cartas

2. esquiarla

3. ir a la biblioteca

4. limpiar el sótano

4 **¿Cierto o falso?** Listen to the Manuel and Elise's conversation. Then read the statements in your lab manual and decide whether they are **cierto** or **falso**.

	Cierto	Falso
1. Manuel está muy ocupado.	O	O
2. Manuel va a acompañar a Elisa a hacer diligencias.	O	O
3. Primero van a ir al correo para comprar sellos.	O	O
4. Elisa quiere primero depositar el cheque.	O	O
5. Manuel y Elisa van a comprar el postre antes de que vayan al banco.	O	O
6. Elisa sugiere cortarse el pelo de último.	O	O

14.4 Past participles used as adjectives

1 **Identificar** Listen to each sentence and write the past participle that is being used as an adjective.

> **modelo**
> *You hear:* Los programas musicales son divertidos.
> *You write: divertidos*

1. _____   5. _____

2. _____   6. _____

3. _____   7. _____

4. _____   8. _____

2 **Preguntas** It has been a very bad day. Answer each question using the cue in your lab manual. Repeat the correct response after the speaker.

> **modelo**
> *You hear:* ¿Dónde está el libro?
> *You see:* perder
> *You say: El libro está perdido.*

1. romper	3. divorciar	5. caer	7. abrir	9. vender
2. morir	4. gastar	6. comer	8. dañar	

3 **¿Cierto o falso?** Look at the drawing in your lab manual and listen to each statement. Indicate whether each statement is **cierto** or **falso**.

                        Cierto Falso

1. ○ ○
2. ○ ○
3. ○ ○
4. ○ ○
5. ○ ○
6. ○ ○

vocabulario

You will now hear the vocabulary for **Lección 14** (page 420 of your textbook). Listen and repeat each Spanish word or phrase after the speaker.

contextos

Lección 15

1 **Identificar** You will hear a series of words or phrases. Write the word or phrase that does not belong in each group.

1. _____   3. _____   5. _____

2. _____   4. _____   6. _____

2 **Describir** For each drawing, you will hear a brief description. Indicate whether it is **cierto** or **falso** according to what you see.

1.   Cierto   Falso

2.   Cierto   Falso

3.   Cierto   Falso

4.   Cierto   Falso

3 **A entrenarse** Listen as Marisela describes her new fitness program. Then list the activities she plans to do each day in your lab manual.

lunes: _____

martes: _____

miércoles: _____

jueves: _____

viernes: _____

sábado: _____

domingo: _____

pronunciación

ch and p

In Spanish, the letter **ch** is pronounced like the *ch* sound in *church* and *chair*.

| Co**ch**ambamba | no**ch**e | mo**ch**ila | mu**ch**a**ch**o | que**ch**ua |

In English, the letter *p* at the beginning of a word is pronounced with a puff of air. In contrast, the Spanish **p** is pronounced without the puff of air. It is somewhat like the *p* sound in *spin*. To check your pronunciation, hold the palm of your hand in front of your mouth as you say the following words. If you are making the **p** sound correctly, you should not feel a puff of air.

| La **P**az | **p**eso | **p**iscina | a**p**urarse | **p**roteína |

1 **Práctica** Repeat each word after the speaker, focusing on the **ch** and **p** sounds.

1. archivo
2. derecha
3. chau
4. lechuga
5. preocupado
6. operación
7. pie
8. cuerpo
9. computadora
10. chuleta
11. champiñón
12. leche

2 **Oraciones** When you hear the number, read the corresponding sentence aloud. Then listen to the speaker and repeat the sentence.

1. A muchos chicos les gusta el chocolate.
2. Te prohibieron comer chuletas por el colesterol.
3. ¿Has comprado el champán para la fiesta?
4. Chela perdió el cheque antes de depositarlo.
5. Levanto pesas para perder peso.
6. ¿Me prestas el champú?

3 **Refranes** Repeat each saying after the speaker to practice the **ch** and **p** sounds.

1. Del dicho al hecho, hay mucho trecho. [1]
2. A perro flaco todo son pulgas. [2]

4 **Dictado** You will hear eight sentences. Each will be said twice. Listen carefully and write what you hear.

1. _____
2. _____
3. _____
4. _____
5. _____
6. _____
7. _____
8. _____

It's easier said than done. [1]
It never rains, but it pours. [2]

estructura

15.1 The present perfect

1 Identificar Listen to each statement and mark an **X** in the column for the subject of the verb.

> *modelo*
> You hear: Nunca han hecho ejercicios aeróbicos.
> You mark: an **X** under **ellos**.

	yo	tú	él	nosotros	ellos
Modelo	_____	_____	_____	_____	X _____
1.	_____	_____	_____	_____	_____
2.	_____	_____	_____	_____	_____
3.	_____	_____	_____	_____	_____
4.	_____	_____	_____	_____	_____
5.	_____	_____	_____	_____	_____
6.	_____	_____	_____	_____	_____

2 Transformar Change each sentence you hear from the present indicative to the present perfect indicative. Repeat the correct answer after the speaker. (*8 items*)

> *modelo*
> Pedro y Ernesto salen del gimnasio.
> Pedro y Ernesto han salido del gimnasio.

3 Preguntas Answer each question you hear using the cue in your lab manual. Repeat the correct answer after the speaker.

> *modelo*
> You hear: ¿Ha adelgazado Miguel?
> You see: sí / un poco
> You say: Sí, Miguel ha adelgazado un poco.

1. sí   3. no   5. no
2. sí   4. sí   6. no / todavía

4 Consejos de una amiga Listen to this conversation between Eva and Manuel. Then choose the correct ending for each statement in your lab manual.

1. Ellos están hablando de...
   a. que fumar es malo.   b. la salud de Manuel.   c. los problemas con sus clases.
2. Manuel dice que sufre presiones cuando...
   a. tiene exámenes.   b. hace gimnasia.   c. no puede dormir y fuma mucho.
3. Eva dice que ella...
   a. estudia durante el día.   b. ha estudiado poco.   c. también está nerviosa.
4. Eva le dice a Manuel que...
   a. deje de fumar.   b. estudie más.   c. ellos pueden estudiar juntos.

15.2 The past perfect

1   **¿Lógico o ilógico?**   You will hear some brief conversations. Indicate if they are **lógico** or **ilógico**.

1. Lógico   Ilógico   3. Lógico   Ilógico   5. Lógico   Ilógico
2. Lógico   Ilógico   4. Lógico   Ilógico   6. Lógico   Ilógico

2   **Transformar**   Change each sentence you hear from the preterite to the past perfect indicative. Repeat the correct answer after the speaker. (6 *items*)

> **modelo**
> Marta nunca sufrió muchas presiones.
> *Marta nunca había sufrido muchas presiones.*

3   **Describir**   Using the cues in your lab manual, describe what you and your friends had already done before your parents arrived for a visit. Repeat the correct answer after the speaker.

> **modelo**
> *You see:* preparar la cena
> *You hear:* mis amigas
> *You say:* Mis amigas ya habían preparado la cena.

1. limpiar el baño y la sala   3. sacudir los muebles   5. hacer las camas
2. sacar la basura   4. poner la mesa   6. darle de comer al gato

4   **Completar**   Listen to this conversation and write the missing words in your lab manual. Then answer the questions.

JORGE   ¡Hola, chico! Ayer vi a Carmen y no me lo podía creer, me dijo que te _____ _____ en el gimnasio. ¡Tú, que siempre _____ _____ tan sedentario! ¿Es cierto?

RUBÉN   Pues, sí. _____ mucho de peso y me dolían las rodillas. Hacía dos años que el médico me _____ que tenía que mantenerme en forma. Y finalmente, hace cuatro meses, decidí hacer gimnasia casi todos los días.

JORGE   Te felicito (*I congratulate*), amigo. Yo también _____ hace un año a hacer gimnasia. ¿Qué días vas? Quizás nos podemos encontrar allí.

RUBÉN   _____ todos los días al salir del trabajo. ¿Y tú? ¿Vas con Carmen?

JORGE   Siempre _____ juntos hasta que compré mi propio carro. Ahora voy cuando quiero. Pero la semana que viene voy a tratar de ir después del trabajo para verte por allí.

1. ¿Por qué es extraño que Rubén esté en el gimnasio?

_____

2. ¿Qué le había dicho el médico a Rubén?

_____

3. ¿Por qué no va Jorge con Carmen al gimnasio?

_____

15.3 The present perfect subjunctive

1 **Identificar** Listen to each sentence and decide whether you hear a verb in the present perfect indicative, the past perfect indicative, or the present perfect subjunctive.

1. a. present perfect   b. past perfect   c. present perfect subjunctive
2. a. present perfect   b. past perfect   c. present perfect subjunctive
3. a. present perfect   b. past perfect   c. present perfect subjunctive
4. a. present perfect   b. past perfect   c. present perfect subjunctive
5. a. present perfect   b. past perfect   c. present perfect subjunctive
6. a. present perfect   b. past perfect   c. present perfect subjunctive
7. a. present perfect   b. past perfect   c. present perfect subjunctive
8. a. present perfect   b. past perfect   c. present perfect subjunctive

2 **Completar** Complete each sentence you hear using the cue in your lab manual and the present perfect subjunctive. Repeat the correct response after the speaker.

> **modelo**
> You see: usted / llegar muy tarde
> You hear: Temo que...
> You say: Temo que usted haya llegado muy tarde.

1. ella / estar enferma
2. tú / dejar de fumar
3. ellos / salir de casa ya
4. nosotros / entrenarnos lo suficiente
5. él / ir al gimnasio
6. yo / casarme

3 **En el Gimnasio Cosmos** Listen to this conversation between Eduardo and a personal trainer, then complete the form in your lab manual.

```
GIMNASIO COSMOS
Tel. 52-9023
Datos del cliente
Nombre: _____
Edad: _____
¿Cuándo fue la última vez que hizo ejercicio? _____
¿Qué tipo de vida ha llevado últimamente, activa o pasiva? _____
¿Consume alcohol? _____
¿Fuma o ha fumado alguna vez? _____
¿Cuándo fumó por última vez? _____
¿Desea perder peso? _____
¿Conoce a alguien que haya venido al gimnasio? _____
```

vocabulario

You will now hear the vocabulary for **Lección 15** (page 448 of your textbook). Listen and repeat each Spanish word or phrase after the speaker.

Nombre _____ Fecha _____

¡Todos a bordo!   Lección 1

Antes de ver el video

1 **¿Qué tal?** In this video segment, Álex, Javier, Maite, and Inés are meeting for the first time as they prepare to leave for a hiking trip. Look at the video still and write down what you think Álex and Javier are saying to each other.

_____
_____
_____
_____
_____
_____
_____

Mientras ves el video

2 **Completar** (00:02:18 – 00:04:54) Watch the **¡Todos a bordo!** segment of this video module and complete the gaps in the following sentences.

1. SRA. RAMOS: Hola, don Francisco. ¿Cómo _____ usted?
2. DON FRANCISCO: Bien, gracias. ¿Y _____?
3. SRA. RAMOS: ¿_____ hora es?
4. DON FRANCISCO: _____ las diez.
5. SRA. RAMOS: Tengo _____ documentos para ustedes.
6. DON FRANCISCO: Y _____ soy don Francisco, el conductor.
7. SRA. RAMOS: Aquí tienes _____ documentos de viaje.
8. INÉS: Sí, yo _____ Inés.
9. JAVIER: ¿Qué tal? Me _____ Javier.
10. ÁLEX: Mucho _____, Javier.
11. ÁLEX: _____ soy Álex.
12. INÉS: _____ permiso.

3 **¿De dónde son?** (00:04:55 – 00:05:49) Watch the **Resumen** segment of this video module and indicate which country each traveler is from.

Nombre	País (country)
1. Inés	_____
2. Maite	_____
3. Javier	_____
4. Álex	_____

Después de ver el video

4 **¿Quién?** Write the name of the person who said each thing.

1. Sí, señora. _____
2. Soy del Ecuador, de Portoviejo. _____
3. Oye, ¿qué hora es? _____
4. Oiga, ¿qué hora es? _____
5. ¡Adiós a todos! _____
6. Y tú eres Alejandro Morales Paredes, ¿no? _____
7. Son todos. _____
8. Mucho gusto, Javier. _____
9. De Puerto Rico. ¿Y tú? _____
10. ¿Javier Gómez Lozano? _____
11. Buenos días, chicos. _____
12. Aquí, soy yo. _____
13. ¡Todos a bordo! _____
14. ¿Y los otros? _____
15. ¡Buen viaje! _____

5 **Ho, ho, hola...** Imagine that you have just met the man or woman of your dreams, who speaks only Spanish! Don't be shy! In the space provided, write down what the two of you would say in your first conversation to get to know each other.

_____
_____
_____
_____
_____
_____
_____
_____

6 **Episodio dos** In the second episode of the video program, the four travelers talk about their classes. What kinds of things do you think they will say to each other?

_____
_____
_____
_____
_____
_____
_____

¿Qué clases tomas?   Lección 2

Antes de ver el video

1 **Impresiones** Based on the impressions you got of the four travelers in Lesson 1, write the names of the classes you think each person is taking and the classes you think each person is most interested in. Circle the name of the character you think is the most studious, and underline the name of the character you think is the most talkative.

ÁLEX	INÉS	JAVIER	MAITE
_____	_____	_____	_____
_____	_____	_____	_____
_____	_____	_____	_____

Mientras ves el video

2 **¿Quién y a quién?** (00:06:10 – 00:10:14) Watch the **¿Qué clases tomas?** segment of this video module and indicate who asks these questions and to whom each question is directed. One question is directed to two different people.

Preguntas	¿Quién?	¿A quién?
1. ¿Qué tal las clases en la UNAM?	_____	_____
2. ¿También tomas tú geografía?	_____	_____
3. ¿Cómo te llamas y de dónde eres?	_____	_____
4. ¿En qué clase hay más chicos?	_____	_____
5. ¿No te gustan las computadoras?	_____	_____

3 **En la UNAM** (00:07:21 – 00:07:47) Watch Álex's flashback about the **Universidad Nacional Autónoma de México**. Write a check mark beside all the people, actions, items, and places shown in this flashback.

chicas _____   hablar _____   grabadora _____

turistas _____   dibujar _____   papel _____

estudiantes _____   estudiar _____   computadoras _____

chicos _____   viajar _____   biblioteca _____

4 **Resumen** (00:10:15 – 00:11:49) Watch the **Resumen** segment of this video module and complete the following sentences.

1. Hay _____ personas en el grupo.

2. Hay _____ chicos en el grupo.

3. Hay _____ chicas en el grupo.

4. Inés toma inglés, historia, arte, sociología y _____.

5. Maite toma inglés, literatura y _____.

6. Los chicos son de la Universidad San Francisco de _____.

7. Javier toma _____ clases este semestre.

8. Javier toma historia y _____ los lunes, miércoles y viernes.

9. Javier toma _____ los martes y jueves.

10. Para Javier, ¡las _____ no son interesantes!

Después de ver el video

5 Corregir The underlined elements in the following statements are incorrect. Supply the correct words in the blanks provided.

1. <u>Javier</u> tiene (*has*) una computadora.

_____

2. <u>Álex</u> toma geografía, inglés, historia, arte y sociología.

_____

3. <u>Maite</u> tiene un amigo en la UNAM.

_____

4. Inés es de <u>México</u>.

_____

5. <u>Inés</u> toma una clase de computación.

_____

6. <u>Álex</u> toma inglés, literatura y periodismo.

_____

7. <u>Javier</u> toma cinco clases este semestre.

_____

8. Javier es de <u>Portoviejo</u>.

_____

6 Asociar List the three words or phrases from the box that you associate with each character.

historia, computación, arte   cinco clases   ¡Qué aventura!
del Ecuador   dibujar   de Puerto Rico
periodismo   Radio Andina   ¡Adiós, Mitad del Mundo!
la UNAM   estudiar mucho   Hola, Ricardo…

1. Álex	2. Maite	3. Inés	4. Javier

7 ¿Y tú? Write a brief paragraph that tells who you are, where you are from, where you study (city and name of university), and what classes you are taking this semester.

_____
_____
_____
_____
_____
_____

¿Es grande tu familia?

Lección 3

Antes de ver el video

1 **Examinar el título** Look at the title of the video module. Based on the title and the video still below, what do you think you will see in this episode? Use your imagination.

_____
_____
_____
_____
_____
_____
_____

Mientras ves el video

2 **¿Sí o no?** (00:12:14 – 00:15:23) Indicate whether each statement about the **¿Es grande tu familia?** video segment is correct.

Afirmación	Sí	No
1. Inés tiene una familia muy pequeña.		
2. La cuñada de Inés es una médica italiana.		
3. Javier no tiene hermanos.		
4. El padre de Javier es alto.		
5. El abuelo de Javier tiene setenta y un años.		
6. El abuelo de Javier trabaja mucho.		

3 **La familia de Inés** (00:12:41 – 00:13:29) Check off each person or thing shown in Inés's flashback about her family.

____ a family dinner

____ the skyline of Quito

____ scenes of the Ecuadorian countryside

____ Inés hugging her mother

____ Inés's sister-in-law, Francesca

____ Inés's niece, Graciela

____ Inés's nephew, Vicente

____ Inés's younger brother

____ Inés's older brother

____ Inés's grandparents

____ an infant seated in a high chair

____ the parents of Inés's sister-in-law

4 **Resumen** (00:15:25 – 00:16:35) Watch the **Resumen** segment of this video module and indicate whether each statement is **cierto** or **falso**.

	Cierto	Falso
1. La familia de Inés vive en el Ecuador.	O	O
2. Inés tiene una familia pequeña.	O	O
3. Javier habla del padre de su papá.	O	O
4. Maite cree que el padre de Javier es muy alto.	O	O
5. Javier tiene una foto de sus padres.	O	O

Después de ver el video

5 Seleccionar Select the letter of the word or phrase that best completes each sentence.

1. Vicente es el _____ de Pablo y de Francesca.

   a. primo b. abuelo c. padre d. sobrino

2. Los _____ de Pablo viven en Roma.

   a. abuelos b. suegros c. hermanos d. padres

3. El _____ de Inés es periodista.

   a. padre b. sobrino c. primo d. hermano

4. Inés tiene una _____ que se llama Margarita.

   a. tía b. abuela c. prima d. suegra

5. _____ de Javier es _____.

   a. El abuelo; guapo b. La madre; trabajadora c. El padre; alto d. El hermano; simpático

6. _____ de Javier es _____.

   a. La abuela; trabajadora b. El hermano; alto c. El padre; trabajador d. La mamá; bonita

7. _____ tiene _____.

   a. Javier; calor b. Maite; frío c. Inés; sueño d. don Francisco; hambre

8. Javier dibuja a _____.

   a. Inés b. Álex c. don Francisco d. Maite

6 Preguntas Answer these questions about the video episode.

1. ¿Quién tiene una familia grande?

2. ¿Tiene hermanos Javier?

3. ¿Cómo se llama la madre de Javier?

4. ¿Cuántos años tiene el sobrino de Inés?

5. ¿Cómo es el abuelo de Javier?

7 Preguntas personales Answer these questions about your family.

1. ¿Cuántas personas hay en tu familia? ¿Cuál es más grande (*bigger*), tu familia o la familia de Inés?

2. ¿Tienes hermanos/as? ¿Cómo se llaman?

3. ¿Tienes un(a) primo/a favorito/a? ¿Cómo es?

4. ¿Cómo es tu tío/a favorito/a? ¿Dónde vive?

¡Vamos al parque!   Lección 4

Antes de ver el video

1 **Álex y Maite** In this video module, the travelers arrive in Otavalo and have an hour of free time before they check in at their hotel. Álex and Maite, who still don't know each other very well, decide to go to the park together and chat. What kinds of things do you think they will see in the park? What do you think they will talk about?

_____
_____
_____
_____
_____
_____
_____

Mientras ves el video

2 **Completar** (00:17:00 – 00:21:02) These sentences are taken from the **¡Vamos al parque!** segment of this video module. Watch this segment and fill in the blanks with the missing verbs.

1. _____ una hora libre.
2. Tenemos que _____ a las cabañas a las cuatro.
3. ¿Por qué no _____ al parque, Maite?
4. Podemos _____ y _____ el sol.

3 **El Parque del Retiro** (00:18:47 – 00:19:21) Check off all the activities you see people doing in Maite's flashback about this famous park in Madrid.

____ una mujer patina   ____ tres señoras corren

____ unos jóvenes esquían   ____ un hombre pasea en bicicleta

____ dos chicos pasean en bicicleta   ____ un niño pequeño está con sus padres

____ un chico y una chica bailan   ____ dos chicos pasean

4 **Resumen** (00:21:03 – 00:22:03) In the **Resumen** segment of this video episode, don Francisco reflects on the fact that he's not as young as he used to be. Fill in each blank in Column A with the correct word from Column B.

A
1. Los jóvenes tienen mucha _____ .
2. Inés y Javier desean _____ por la ciudad.
3. Álex y Maite deciden ir al _____ .
4. Maite desea _____ unas postales en el parque.
5. A veces Álex _____ por la noche.
6. Álex invita a Maite a _____ con él.
7. Don Francisco no _____ deportes.
8. Pero don Francisco sí tiene mucha energía... para leer el periódico y _____ un café.

B
corre
pasear
tomar
parque
practica
energía
escribir
correr

Después de ver el video

5 **¿De dónde es?** For items 1-11, fill in the missing letters in each word. For item 12, put the letters in the boxes in the right order to find out the nationality of the young man playing soccer in the park.

1. Álex y Maite van al p __ __ __ __ ☐.

2. A las cuatro tienen que ir a las __ __ __ ☐ __ __ __.

3. ☐ __ r __ __ __ es uno de los pasatiempos favoritos de Maite.

4. Hoy hace mucho s ☐ __.

5. Inés y Javier van a pasear por la __ __ ☐ d __ __.

6. Don Francisco lee el __ e __ __ __ __ __ __ ☐.

7. Los cuatro estudiantes tienen una hora l __ __ ☐ __.

8. Los chicos están en la ciudad de __ ☐ __ v __ __ __.

9. Álex es muy __ f __ __ __ __ __ ☐ __ __ __ a los deportes.

10. Cuando está en __ a __ __ ☐ __, Maite pasea mucho por el Parque el Retiro.

11. Don Francisco toma un c ☐ __ __.

12. El joven del parque es _____.

6 **Me gusta** Complete the chart with the activities, pastimes, or sports that you enjoy participating in. Also indicate when and where you do each activity.

Mis pasatiempos favoritos	¿Cuándo?	¿Dónde?

7 **Preguntas** Answer these questions in Spanish.

1. ¿Son aficionados/as a los deportes tus amigos/as? ¿Cuáles son sus deportes favoritos?

_____

_____

_____

2. ¿Qué hacen tú y tus amigos/as cuando tienen tiempo libre?

_____

_____

_____

3. ¿Qué vas a hacer esta noche? ¿Vas a estudiar? ¿Descansar? ¿Mirar televisión? ¿Ver una película? ¿Por qué? _____

_____

_____

_____

Tenemos una reservación.   Lección 5

Antes de ver el video

1 **¿Qué hacen?** Don Francisco and the travelers have just arrived at the **cabañas**. Based on the video still, what do you think they are they doing right now? What do you think they will do next?

_____

_____

_____

_____

_____

_____

_____

_____

Mientras ves el video

2 **¿Quién?** (00:22:28 – 00:25:40) Watch the **Tenemos una reservación** segment of this video module and write the name of the person who says each thing.

Afirmación	Nombre
1. ¿Es usted nueva aquí?	_____
2. ¡Uf! ¡Menos mal!	_____
3. Hola, chicas. ¿Qué están haciendo?	_____
4. Y todo está muy limpio y ordenado.	_____
5. Hay muchos lugares interesantes por aquí.	_____

3 **Los hoteles** (00:23:53 – 00:24:09) Watch don Francisco's flashback about Ecuadorian hotels and then place a check mark beside the sentence that best sums it up.

_____ 1. No hay muchos hoteles en el Ecuador.

_____ 2. Hay muchas cabañas bonitas en la capital del Ecuador.

_____ 3. Don Francisco no va a muchos hoteles.

_____ 4. Don Francisco tiene muchos hoteles impresionantes.

_____ 5. Los hoteles del Ecuador son impresionantes… hay hoteles de todos tipos (*types*).

4 **Resumen** (00:25:41 – 00:27:36) Watch the **Resumen** segment of this video module and fill in the missing words in each sentence.

1. ÁLEX   Javier, Maite, Inés y yo estamos en nuestro _____ en Otavalo.

2. JAVIER   Oigan, no están nada mal las _____, ¿verdad?

3. INÉS   Oigan, yo estoy aburrida. ¿_____ hacer algo?

4. MAITE   Estoy cansada y quiero _____ un poco porque (…) voy a correr con Álex.

5. ÁLEX   Es muy inteligente y simpática… y también muy _____.

Después de ver el video

5 **¿Cierto o falso?** Indicate whether each statement about this video episode is **cierto** or **falso**. Then correct each false statement.

	Cierto	Falso
1. Don Francisco y los viajeros llegan a la universidad.	○	○
2. Don Francisco habla con una empleada del hotel.	○	○
3. Inés y Álex están aburridos.	○	○
4. Javier desea ir a explorar la ciudad un poco más.	○	○
5. Maite desea descansar.	○	○
6. Álex y Maite van a correr a las seis.	○	○

6 **Resumir** In your own words, write a short summary of this video episode in Spanish. Try not to leave out any important information.

_____

_____

_____

_____

_____

_____

_____

_____

7 **Preguntas** Answer these questions in Spanish.

1. ¿Te gusta ir de vacaciones? ¿Por qué? _____

_____

_____

2. ¿Adónde te gusta ir de vacaciones? ¿Por qué? _____

_____

_____

3. ¿Con quién(es) vas de vacaciones? _____

_____

_____

¡Qué ropa más bonita!   Lección 6

Antes de ver el video

1 **Describir** Look at the video still and describe what you see. Your description should answer these questions: Where is Javier? Who is Javier talking to? What is the purpose of their conversation?

_____

_____

_____

_____

_____

_____

_____

Mientras ves el video

2 **Ordenar** (00:28:03 – 00:33:06) Watch the **¡Qué ropa más bonita!** segment of this video module and indicate the order in which you heard these lines.

_____ 1. Le cuesta ciento cincuenta mil sucres.

_____ 2. Me gusta aquélla. ¿Cuánto cuesta?

_____ 3. La vendedora me lo vendió a muy buen precio.

_____ 4. ¡Qué mal gusto tienes!

_____ 5. Mejor vamos a tomar un café. ¡Yo invito!

_____ 6. Me gusta regatear con los vendedores.

3 **San Juan** (00:29:03 – 00:29:31) Place a check mark beside each thing you see during Javier's flashback about shopping in San Juan.

_____ 1. una vendedora   _____ 4. un mercado al aire libre

_____ 2. un centro comercial   _____ 5. un dependiente

_____ 3. unas camisetas   _____ 6. una tienda de ropa para niños

4 **Resumen** (00:33:07 – 00:34:11) Watch the **Resumen** segment of this video module and indicate whether Inés, Javier, or the Vendedor said each sentence.

_____ 1. Bueno, para usted… sólo ciento treinta mil sucres.

_____ 2. (…) es muy simpático… ¡y regatea muy bien!

_____ 3. Voy a ir de excursión a las montañas y necesito un buen suéter.

_____ 4. Hoy (…) visitamos un mercado al aire libre.

_____ 5. Mmm… quiero comprarlo. Pero, señor, no soy rico.

Después de ver el video

5 **Completar** Complete the following sentences with the correct words from the word box.

vestido	sombrero	botas
impermeable	caro	montañas
blusa	suéter	rosado
hermana	talla	libre

1. Inés y Javier van de compras a un mercado al aire _____.

2. Inés quiere comprar algo (*something*) para su _____ Graciela.

3. Javier compra un _____ en el mercado.

4. Las bolsas del vendedor son típicas de las _____.

5. Inés compra una bolsa, una _____ y un _____.

6. Javier usa _____ grande.

6 **Corregir** All of these statements about this video episode are false. Rewrite them and correct the false information.

1. Javier compró un sombrero y una camisa.

_____

2. Inés prefiere la camisa gris con rayas rojas.

_____

3. Inés compró una blusa para su hermana.

_____

4. Javier quiere comprar un traje de baño porque va a la playa.

_____

7 **Preguntas** Answer these questions in Spanish.

1. ¿Te gusta ir de compras? ¿Por qué? _____

_____

2. ¿Adónde vas de compras? ¿Por qué? _____

_____

3. ¿Con quién(es) vas de compras? ¿Por qué? _____

_____

4. Imagina que estás en un centro comercial y que tienes mil dólares. ¿Qué vas a comprar? ¿Por qué?

_____

_____

5. Cuando compras un auto, ¿regateas con el/la vendedor(a)? _____

¡Jamás me levanto temprano!

Lección 7

Antes de ver el video

1   **La rutina diaria**   In this video module, Javier and Álex chat about their morning routines. What kinds of things do you think they will mention?

_____

_____

_____

_____

_____

_____

_____

_____

Mientras ves el video

2   **¿Álex o Javier?** (00:34:37 – 00:37:52)   Watch the **¡Jamás me levanto temprano!** segment of this video module and put a check mark in the appropriate column to indicate whether each activity is part of the daily routine of Álex or Javier.

	Álex	Javier
1. levantarse tarde	____	____
2. dibujar por la noche	____	____
3. despertarse a las seis	____	____
4. correr por la mañana	____	____
5. escuchar música por la noche	____	____

3   **Ordenar** (00:35:53 – 00:36:12)   Watch Álex's flashback about his daily routine and indicate in what order he does the following things.

____ 1. ducharse   ____ 4. despertarse a las seis

____ 2. vestirse   ____ 5. afeitarse

____ 3. levantarse temprano   ____ 6. cepillarse los dientes

4   **Resumen** (00:37:53 – 00:39:11)   Watch the **Resumen** segment of this video module and fill in the missing words in these sentences.

1. JAVIER   Álex no sólo es mi _____ sino mi despertador.

2. ÁLEX   Me gusta _____ temprano.

3 ÁLEX   Vuelvo, me ducho, _____ y a las siete y media te _____.

4. JAVIER   Hoy _____ a un mercado al aire libre con Inés.

5. ÁLEX   _____ levanto a las siete menos cuarto y _____ por treinta minutos.

Después de ver el video

5 **Preguntas** In Spanish, answer these questions about the video module.

1. ¿Qué está haciendo Álex cuando vuelve Javier del mercado?

   _____

2. ¿Le gusta a Álex el suéter que compró Javier?

   _____

3. ¿Por qué Javier no puede despertarse por la mañana?

   _____

4. ¿A qué hora va a levantarse Álex mañana?

   _____

5. ¿A qué hora sale el autobús mañana?

   _____

6. ¿Dónde está la crema de afeitar?

   _____
   _____

6 **Preguntas personales** Answer these questions in Spanish.

1. ¿A qué hora te levantas durante la semana? ¿Y los fines de semana?

   _____
   _____

2. ¿Prefieres acostarte tarde o temprano? ¿Por qué?

   _____
   _____

3. ¿Te gusta más bañarte o ducharte? ¿Por qué?

   _____
   _____

4. ¿Cuántas veces por día (*How many times a day*) te cepillas los dientes?

   _____
   _____

5. ¿Te lavas el pelo todos los días (*every day*)? ¿Por qué?

   _____
   _____

7 **Tu rutina diaria** In Spanish, describe your morning routine.

_____
_____
_____
_____
_____

¿Qué tal la comida?   # Lección 8

Antes de ver el video

1 **En un restaurante** What kinds of things do you do and say when you have lunch at a restaurant?

_____
_____
_____
_____
_____
_____
_____
_____
_____

Mientras ves el video

2 **¿Quién?** (00:39:36 – 00:44:52) Watch the **¿Qué tal la comida?** segment of this video module and write the name of the person who says each of the following lines.

Afirmación	Nombre
1. ¡Tengo más hambre que un elefante!	_____
2. Pero si van a ir de excursión deben comer bien.	_____
3. Y de tomar, les recomiendo el jugo de piña, frutilla y mora.	_____
4. Hoy es el cumpleaños de Maite.	_____
5. ¡Rico, rico!	_____

3 **Los restaurantes de Madrid** (00:43:45 – 00:44:04) Watch Maite's flashback about restaurants in Madrid and place a check mark beside the sentence that best summarizes the flashback.

_____ 1. Es muy caro salir a cenar en Madrid.

_____ 2. A Maite no le gustan los restaurantes de Madrid.

_____ 3. Hay una gran variedad de restaurantes en Madrid.

_____ 4. Los restaurantes de Madrid son muy elegantes.

4 **Resumen** (00:44:53 – 00:46:32) Watch the **Resumen** segment of this video module and fill in the missing words in these sentences.

1. JAVIER   ¿Qué nos _____ usted?

2. DON FRANCISCO Debo _____ más a menudo.

3. DOÑA RITA ¿_____ lo traigo a todos?

4. DON FRANCISCO Es bueno _____ a la dueña del mejor restaurante de la ciudad.

5. ÁLEX Para mí las _____ de maíz y el ceviche de _____.

Después de ver el video

5 **Opiniones** Write the names of the video characters who expressed the following opinions, either verbally or through body language.

_____ 1. Don Francisco es un conductor excelente.

_____ 2. El servicio en este restaurante es muy rápido.

_____ 3. Nuestros pasteles son exquisitos.

_____ 4. ¡Caldo de patas! Suena (*It sounds*) como un plato horrible.

_____ 5. Las tortillas de maíz son muy sabrosas. Se las recomiendo.

_____ 6. Las montañas de nuestro país son muy hermosas.

6 **Corregir** Correct these false statements about the **¿Qué tal la comida?** video episode.

1. El Cráter es un mercado al aire libre.

_____

2. La Sra. Perales trabaja en el Cráter. Es camarera.

_____

3. Maite pide las tortillas de maíz y la fuente de fritada.

_____

4. Álex pide el caldo de patas y una ensalada.

_____

5. De beber, todos piden té.

_____

6. La Sra. Perales dice (*says*) que los pasteles de El Cráter son muy caros.

_____

7 **Preguntas personales** Answer these questions in Spanish.

1. ¿Almuerzas en la cafetería de tu universidad? ¿Por qué sí o por qué no? _____

_____

2. ¿Cuál es tu plato favorito? ¿Por qué? _____

_____

3. ¿Cuál es el mejor restaurante de tu comunidad? Explica (*Explain*) tu opinión. _____

_____

4. ¿Cuál es tu restaurante favorito? ¿Cuál es la especialidad de ese restaurante? _____

_____

5. ¿Sales mucho a cenar con tus amigos/as? ¿Adónde van a cenar? _____

_____

¡Feliz cumpleaños, Maite!

Lección 9

Antes de ver el video

1 **Una fiesta** In this video episode, Sra. Perales and don Francisco surprise Maite with a birthday party. Based on this information, what kinds of things do you expect to see in this episode?

_____

_____

_____

_____

_____

_____

_____

_____

Mientras ves el video

2 **Ordenar** (00:47:00 – 00:50:40) Watch the **¡Feliz cumpleaños, Maite!** segment of this video module and put the following events in the correct order.

____ 1. Álex recuerda la quinceañera de su hermana.

____ 2. Los estudiantes miran el menú.

____ 3. Javier pide un pastel de chocolate para su cumpleaños.

____ 4. La Sra. Perales trae un flan, un pastel y una botella de vino.

____ 5. Los estudiantes deciden dejarle una buena propina a la Sra. Perales.

3 **La quinceañera** (00:49:28 – 00:49:44) Watch Álex's flashback about his sister's **quinceañera**. Place a check mark in the **Sí** column if the following actions occurred in the flashback; place a check mark in the **No** column if the actions did *not* occur.

Acción	Sí	No
1. Álex canta para su hermana.	_____	_____
2. Todos se sientan a cenar.	_____	_____
3. Todos nadan en la piscina.	_____	_____
4. Varias personas bailan.	_____	_____

4 **Resumen** (00:50:41 – 00:51:52) Watch the **Resumen** segment of this video module and indicate who says the following lines.

_____ 1. Sra. Perales, mi cumpleaños es el primero de octubre...

_____ 2. Dicen que las fiestas son mejores cuando son una sorpresa.

_____ 3. ¿Hoy es tu cumpleaños, Maite?

_____ 4. Ayer te lo pregunté, ¡y no quisiste decírmelo!

Después de ver el video

5 **Corregir** All of the following statements about this video episode are false. Rewrite them so that they will be correct.

1. Álex le sirve un pastel de cumpleaños a Maite.

2. Don Francisco le deja una buena propina a la Sra. Perales.

3. Maite cumple los diecinueve años.

4. Don Francisco toma una copa de vino.

5. El cumpleaños de Javier es el quince de diciembre.

6. El cumpleaños de Maite es el primero de octubre.

6 **Eventos importantes** In Spanish, list the three events from this video episode that you consider to be the most important, and explain your choices.

7 **Preguntas personales** Answer these questions in Spanish.

1. ¿Vas a muchas fiestas? ¿Qué haces en las fiestas?

2. ¿Qué haces antes de ir a una fiesta? ¿Y después?

3. ¿Cuándo es tu cumpleaños? ¿Cómo vas a celebrarlo?

4. ¿Te gusta recibir regalos en tu cumpleaños? ¿Qué tipo de regalos?

¡Uf! ¡Qué dolor!   Lección 10

Antes de ver el video

1 **Un accidente** Look at the video still. Where do you think Javier and don Francisco are? What is happening in this scene?

_____
_____
_____
_____
_____
_____
_____
_____

Mientras ves el video

2 **¿Quién?** (00:52:19 – 00:56:29) Watch the **¡Uf! ¡Qué dolor!** segment of this video module and place a check mark in the correct column to indicate who said each sentence.

Oración	Javier	don Francisco	Dra. Márquez
1. ¡Creo que me rompí el tobillo!	_____	_____	_____
2. ¿Cómo se lastimó el pie?	_____	_____	_____
3. ¿Embarazada? Definitivamente NO.	_____	_____	_____
4. ¿Está roto el tobillo?	_____	_____	_____
5. No te preocupes, Javier.	_____	_____	_____

3 **Clínicas y hospitales** (00:54:20 – 00:54:41) Watch Javier's flashback about medical facilities in Puerto Rico and place a check mark beside the things you see.

_____ 1. una paciente   _____ 6. letreros (*signs*)
_____ 2. una computadora   _____ 7. unos edificios
_____ 3. enfermeras   _____ 8. unas pastillas
_____ 4. un termómetro   _____ 9. un microscopio
_____ 5. una radiografía   _____ 10. una inyección

4 **Resumen** (00:56:30 – 00:57:39) Watch the **Resumen** segment of this video module. Then write the name of the person who said each sentence and fill in the missing words.

_____ 1. De niño tenía que ir mucho a una _____ en San Juan.

_____ 2. ¿Cuánto tiempo _____ que se cayó?

_____ 3. Tengo que descansar durante dos o tres días porque me _____ el tobillo.

_____ 4. No está _____ el tobillo.

_____ 5. Pero por lo menos no necesito el _____ para dibujar.

Después de ver el video

5 **Seleccionar** In the blanks provided, write the letter of the word or words that best complete each sentence.

1. ____ conoce a una doctora que trabaja en una clínica cercana (*nearby*).

   a. Don Francisco b. Maite c. Álex d. Inés

2. La doctora Márquez le va a ____ unas pastillas a Javier.

   a. vender b. comprar c. recetar d. romper

3. Cuando era ____, ____ se enfermaba mucho de la garganta

   a. niña; la Dra. Márquez b. niño; Javier c. niño; Álex d. niño; don Francisco

4. La doctora Márquez quiere ver si Javier se rompió uno de los huesos ____.

   a. de la pierna b. del pie c. del tobillo d. de la rodilla

5. Una vez ____ se rompió la pierna jugando al ____.

   a. don Francisco; fútbol b. Javier; béisbol c. la Dra. Márquez; baloncesto d. Álex; fútbol

6. ____ se cayó cuando estaba en ____.

   a. Álex; el parque b. Javier; el autobús c. Don Francisco; la clínica d. Javier; el restaurante

6 **Preguntas** Answer the following questions in Spanish.

1. ¿Tiene fiebre Javier? ¿Está mareado?

   _____

2. ¿Cuánto tiempo hace que se cayó Javier?

   _____

3. ¿Cómo se llama la clínica donde trabaja la doctora Márquez?

   _____

4. ¿A quién no le gustaban mucho las inyecciones ni las pastillas?

   _____

5. ¿Va a poder ir Javier de excursión con sus amigos?

   _____

7 **Preguntas personales** Answer these questions in Spanish.

1. ¿Te gusta ir al/a la médico/a? ¿Por qué sí o por qué no?_____

   _____

2. ¿Tienes muchas alergias? ¿Eres alérgico/a a algún medicamento?_____

   _____

3. ¿Cuándo es importante ir a la sala de emergencias?_____

   _____

4. ¿Qué haces cuando tienes fiebre y te duele la garganta? _____

   _____

Tecnohombre, ¡mi héroe!   Lección 11

Antes de ver el video

1 **¿Qué pasa?** Look at the video still. Where do you think Inés and don Francisco are? What do you think they are doing, and why?

_____
_____
_____
_____
_____
_____
_____
_____

Mientras ves el video

2 **¿Qué oíste?** (00:58:05 – 01:03:23) Watch the **Tecnohombre, ¡mi héroe!** segment of this video module and place a check mark beside the items you hear.

____ 1. Lo siento. No está.

____ 2. Con él habla.

____ 3. Con el Sr. Fonseca, por favor.

____ 4. ¡A sus órdenes!

____ 5. ¡Uy! ¡Qué dolor!

____ 6. ¡No me digas!

____ 7. Estamos en Ibarra.

____ 8. Viene enseguida.

____ 9. No puede venir hoy.

____ 10. No veo el problema.

3 **Madrid** (00:58:34 – 00:58:55) Watch Maite's flashback about getting around in Madrid and place a check mark beside the things you see.

____ 1. calles

____ 2. semáforos

____ 3. carros

____ 4. una motocicleta

____ 5. monumentos

____ 6. taxis

____ 7. una mujer policía

____ 8. un taller

____ 9. una ambulancia

____ 10. una gasolinera

4 **Resumen** (01:03:24 – 01:04:30) Watch the **Resumen** segment of this video module. Then write the name of the person who said each line.

_____ 1. Cuando estaba en la escuela secundaria, trabajé en el taller de mi tío.

_____ 2. Y Álex (...) usó su teléfono celular para llamar a un mecánico.

_____ 3. Al salir de Quito los otros viajeros y yo no nos conocíamos muy bien.

_____ 4. Piensa que puede arreglar el autobús aquí mismo.

_____ 5. Es bueno tener superamigos, ¿no?

Después de ver el video

5 **Corregir** All of these statements about the video episode are false. Rewrite them so that they will be true.

1. Don Francisco llamó al señor Fonseca, el mecánico.

_____

2. Maite aprendió a arreglar autobuses en el taller de su tío.

_____

3. Don Francisco descubre que el problema está en el alternador.

_____

4. El mecánico saca una foto de Tecnohombre y la Mujer Mecánica con Maite y don Francisco.

_____

5. El asistente del señor Fonseca está mirando la televisión.

_____

6. El autobús está a unos treinta y cinco kilómetros de la ciudad.

_____

6 **Una carta** Imagine that Maite is writing a short letter to a friend about today's events. In Spanish, write what you think Maite would say in her letter.

_____

_____

_____

_____

_____

_____

_____

_____

_____

7 **Preguntas personales** Answer these questions in Spanish.

1. Cuando tu carro está descompuesto, ¿lo llevas a un(a) mecánico/a o lo arreglas tú mismo/a?
¿Por qué? _____

_____

_____

2. ¿Conoces a un(a) buen(a) mecánico/a? ¿Cómo se llama? _____

_____

_____

3. ¿Tienes un teléfono celular? ¿Para qué lo usas? _____

_____

_____

¡Les va a encantar la casa!

Lección 12

Antes de ver el video

1 **En la casa** In this lesson, the students arrive at the house in Ibarra near the area where they will go on their hiking excursion. Keeping this information in mind, look at the video still and describe what you think is going on.

_____
_____
_____
_____
_____
_____

Mientras ves el video

2 **¿Cierto o falso?** (01:04:59 – 01:09:00) Watch the **¡Le va a encantar la casa!** segment of this video module and indicate whether each statement is **cierto** or **falso**.

	Cierto	Falso
1. La señora Vives es la hermana de don Francisco.	O	O
2. Hay mantas y almohadas en el armario de la alcoba de los chicos.	O	O
3. El guía llega mañana a las siete y media de la mañana.	O	O
4. Don Francisco va a preparar todas las comidas.	O	O
5. La señora Vives cree que Javier debe poner las maletas en la cama.	O	O

3 **En México** (01:05:49 – 01:06:26) Watch Álex's flashback about lodgings in Mexico and place a check mark beside the things you see.

_____ 1. balcones   _____ 4. una bicicleta

_____ 2. puertas   _____ 5. un perro (*dog*)

_____ 3. apartamentos   _____ 6. una vaca (*cow*)

4 **Resumen** (01:09:01 – 01:10:15) Watch the **Resumen** segment of this video module. Then place a check mark beside each event that occurred in the **Resumen**.

_____ 1. La señora Vives les dice a los estudiantes que deben descansar.

_____ 2. Inés habla de la llegada (*arrival*) de los estudiantes a la casa.

_____ 3. Inés dice que va a acostarse porque el guía llega muy temprano mañana.

_____ 4. Don Francisco les dice a los estudiantes que les va a encantar la casa.

_____ 5. Javier dice que los estudiantes van a ayudar a la señora Vives con los quehaceres domésticos.

Después de ver el video

5 **Seleccionar** Write the letter of the words that best complete each sentence.

1. Don Francisco dice que la casa es _____.

   a. pequeña pero bonita b. pequeña pero cómoda c. cómoda y grande

2. La habitación de los chicos tiene dos camas, una _____ y una _____.

   a. mesita de noche; cómoda b. cafetera; lavadora c. cómoda; tostadora

3. El sofá y los sillones _____ son muy cómodos.

   a. del jardín b. de la sala c. de las alcobas

4. Al fondo del _____ hay un _____.

   a. apartamento; comedor b. edificio; baño c. pasillo; baño

5. Inés le dice a _____ que los estudiantes quieren ayudarla a _____ la comida.

   a. Maite; comprar b. la Sra. Vives; preparar c. don Francisco; comprar

6 **Preguntas** Answer the following questions about this video episode in Spanish.

1. ¿Cómo se llama el guía que viene mañana?

   _____

   _____

2. ¿Quién puso su maleta en la cama?

   _____

   _____

3. ¿Cómo se llama el ama de casa?

   _____

   _____

4. ¿Quién quiere que los estudiantes hagan sus camas?

   _____

   _____

5. Según don Francisco, ¿por qué deben acostarse temprano los estudiantes?

   _____

   _____

7 **Escribir** Imagine that you are one of the characters you saw in this video episode. Write a paragraph from that person's point of view, summarizing what happened in this episode.

   _____

   _____

   _____

   _____

   _____

   _____

¡Qué paisaje más hermoso!

Lección 13

Antes de ver el video

1   **En la casa**   In this video episode, Martín takes the students out to see the area where they will go hiking. What do you think the students and Martín talk about when they get to the hiking area?

_____

_____

_____

_____

_____

_____

_____

Mientras ves el video

2   **Opiniones** (01:10:38 – 01:14:15)   Watch the **¡Qué paisaje más hermoso!** segment and place a check mark beside each opinion that was expressed in this video segment.

_____ 1. Hay un gran problema de contaminación en la ciudad de México.

_____ 2. En las montañas, la contaminación no afecta al río.

_____ 3. El aire aquí en las montañas está muy contaminado.

_____ 4. No es posible hacer mucho para proteger el medio ambiente.

_____ 5. Es importante controlar el uso de automóviles.

3   **Los paisajes de Puerto Rico** (01:11:52 – 01:12:22)   Watch Javier's flashback about Puerto Rico's countryside and place a check mark beside the things you see.

_____ 1. un río   _____ 4. una flor

_____ 2. unas montañas   _____ 5. unas nubes

_____ 3. un pez   _____ 6. unos árboles

4   **Resumen** (01:14:16 – 01:15:37)   Watch the **Resumen** segment of this video module. Then indicate who made each statement, and complete the statements with the correct words

_____ 1. Martín nos explicó lo que teníamos que hacer para proteger el _____.

_____ 2. Y sólo deben caminar por el _____.

_____ 3. No creo que haya _____ más bonitos en el mundo.

_____ 4. La _____ es un problema en todo el mundo.

_____ 5. ¡_____ que las comparta conmigo!

Después de ver el video

5 **¿Cierto o falso?** Indicate whether each sentence about this video episode is **cierto** or **falso**. If an item is false, rewrite it so that it will be correct.

	Cierto	Falso
1. Maite dice que su carro contamina mucho el aire.	○	○
2. Martín dice que el río no está contaminado cerca de las ciudades.	○	○
3. A Maite no le gusta el paisaje.	○	○
4. Según Martín, es muy importante cuidar la naturaleza.	○	○
5. Martín cree que es importante tocar las flores y las plantas.	○	○

6 **Preguntas** Answer the following questions about this video episode in Spanish.

1. ¿Se pueden tomar fotos durante la excursión?

_____

_____

2. Según Javier, ¿cómo son los paisajes de Puerto Rico?

_____

_____

3. ¿Qué deben hacer los estudiantes si ven por el sendero botellas, papales o latas?

_____

_____

4. ¿Qué va a hacer Maite si no puede conducir su carro en Madrid?

_____

_____

5. Según Álex, ¿cómo es el aire de la capital de México?

_____

_____

7 **Describir** List a few things that people can do to protect your community's environment.

_____

_____

_____

_____

_____

_____

Estamos perdidos.

Lección 14

Antes de ver el video

1 **En el centro** In this video episode, Álex and Maite get lost while running errands. What kinds of errands do you think they are running? Based on the video still, what do you think they will do to get their bearings?

_____

_____

_____

_____

_____

_____

_____

Mientras ves el video

2 **Ordenar** (01:16:02 – 01:20:02) Watch the **Estamos perdidos** segment of this lesson's video module and number the following events from one to five, according to the order in which they occurred on the video.

_____ 1. Maite le describe a Inés los eventos del día.

_____ 2. Don Francisco y Martín les dan consejos a los estudiantes sobre la excursión.

_____ 3. Álex y Maite se pierden pero un joven les da direcciones.

_____ 4. Maite y Álex van al banco y al supermercado.

_____ 5. Álex y Maite deciden ir al centro.

3 **Completar** (01:16:02 – 01:20:02) Watch the **Estamos perdidos** segment and complete the following sentences.

1. Estamos conversando sobre la _____ de mañana.

2. Les _____ que traigan algo de comer.

3. Hay un _____ por aquí con cajero automático?

4. Fuimos al banco y al _____.

5. También buscamos un _____.

4 **Resumen** (01:20:03 – 01:21:58) Watch the **Resumen** segment of this video module. Then place a check mark beside the events that you saw in the **Resumen**.

_____ 1. Maite sugiere que vayan ella y Álex al supermercado para comprar comida.

_____ 2. Inés dice que necesita ir al banco y al supermercado.

_____ 3. Maite le pregunta al joven si hay un banco en la ciudad con cajero automático.

_____ 4. Álex y Maite toman un helado juntos

Después de ver el video

5 **Seleccionar** In the blanks provided, write the letter of the word or words that best completes each sentence.

1. Don Francisco les recomienda a los estudiantes que ____ para la excursión.

   a. compren comida   b. traigan refrescos   c. lleven ropa adecuada   d. compren un mapa

2. Martín les aconseja a los estudiantes que traigan ____.

   a. comida   b. unos refrescos   c. un teléfono celular   d. helado

3. Inés quiere que Maite le compre ____.

   a. un mapa   b. unas estampillas   c. unas postales   d. una cámara

4. Álex y Maite van al banco, al correo y ____.

   a. al supermercado   b. a la joyería   c. al consultorio   d. al cine

5. Antes de volver a la casa Álex y Maite van a una ____.

   a. pescadería   b. joyería   c. heladería   d. panadería

6. Maite piensa que el joven que les dio direcciones es ____.

   a. guapo pero antipático   b. alto y guapo   c. simpático e inteligente   d. guapo y simpático

6 **Escribir** Write a summary of today's events from Maite's point of view.

_____

_____

_____

_____

_____

_____

_____

_____

_____

7 **Las diligencias** Write a short paragraph describing some of the errands you ran last week. What did the errands involve, and what places in your community did you visit while running your errands?

_____

_____

_____

_____

_____

_____

_____

_____

_____

¡Qué buena excursión!

Lección 15

Antes de ver el video

1 **Una excursión** List the types of things you would probably do and say during a hiking trip through a scenic area.

_____
_____
_____
_____
_____
_____
_____
_____

Mientras ves el video

2 **¿Quién?** (01:22:23 – 01:27:41) Watch the **¡Qué buena excursión!** segment of this video module and indicate who said the following things.

_____ 1. Ya veo que han traído lo que necesitan.

_____ 2. No puedo creer que finalmente haya llegado el gran día.

_____ 3. Increíble, don Efe. Nunca había visto un paisaje tan espectacular.

_____ 4. Nunca había hecho una excursión.

_____ 5. Creo que la Sra. Vives nos ha preparado una cena muy especial.

3 **Un gimnasio en Madrid** (01:23:34 – 01:24:04) Watch Maite's flashback about her gym in Madrid and place a check mark beside the people and things you see.

____ 1. una mujer que hace abdominales (*is doing sit-ups*)

____ 2. un hombre que lleva pantalones cortos rojos

____ 3. un hombre que levanta pesas

____ 4. una mujer que lleva una camiseta roja

4 **Resumen** (01:27:42 – 01:28:50) Watch the **Resumen** segment of this video module. Then number the following events from one to five according to the order in which they occurred in the **Resumen**.

_____ 1. Javier dice que sacó muchísimas fotos.

_____ 2. Inés menciona que Martín es un guía muy bueno.

_____ 3. Inés dice que se alegra de haber conocido a los otros estudiantes.

_____ 4. Martín recomienda que los chicos hagan unos ejercicios de estiramiento.

_____ 5. Maite dice que se divirtió mucho durante la excursión.

Nombre _____   Fecha _____

Después de ver el video

5 **¿Cierto o falso?** Indicate whether each sentence about this video episode is **cierto** or **falso**. If an item is false, rewrite it so that it will be correct.

	Cierto	Falso
1. Según Álex, es muy bonita el área donde hicieron la excursión.	○	○
2. Martín y los estudiantes hacen unos ejercicios de estiramiento después de la excursión.	○	○
3. Don Francisco dice que el grupo debe volver a la casa para preparar la cena.	○	○
4. Maite va a un gimnasio cuando está en Madrid.	○	○
5. Maite va a tener mucho que decirle a su familia cuando regrese a España.	○	○

6 **Preguntas personales** Answer the following questions in Spanish.

1. ¿Vas al gimnasio todos los días? ¿Por qué sí o por qué no? _____

2. ¿Sacas muchas fotos cuando estás de vacaciones? ¿Por qué sí o por qué no? _____

3. ¿Te gusta comer una cena grande después de hacer ejercicio? Explica por qué. _____

4. ¿Has visto alguna vez un paisaje tan bonito como el paisaje que vieron Álex, Maite, Javier e Inés? ¿Dónde? _____

5. ¿Quieres hacer una excursión como la que hicieron los cuatro estudiantes? Explica tu respuesta.

7 **Describir** Write a description of your personal fitness routine. You may write about an imaginary fitness routine if you wish.